Björn Haberer

Die Resonanz der Jugendoffiziere der Bundeswehr in der Zielgruppe und deren Rolle bei der Vertrauensgenerierung

Björn Haberer

Die Resonanz der Jugendoffiziere der Bundeswehr in der Zielgruppe und deren Rolle bei der Vertrauensgenerierung

2017

Carola Hartmann Miles-Verlag

Bibliografische Information der Deutschen Nationalbibliothek

Die Deutsche Nationalbibliothek verzeichnet diese Publikation in der Deutschen Nationalbibliografie; detaillierte bibliografische Daten sind im Internet über www.dnb.de abrufbar.

www.miles-verlag.jimdo.com
email: miles-verlag@t-online.de

Printed in Germany

ISBN 978-3-945861-47-9

Abbildungsverzeichnis

Einleitung: Problem, Fragen, Vorgehen

„Eine verantwortliche Teilhabe der Bürger an der politischen Willensbildung des Volkes setzt voraus, dass der einzelne von den zu entscheidenden Sachfragen, von den durch die verfassten Staatsorgane getroffene Entscheidungen, Maßnahmen und Lösungsvorschlägen genügend weiß, um sie beurteilen, billigen oder verwerfen zu können. Auch dazu vermag staatliche Öffentlichkeitsarbeit einen wesentlichen Beitrag zu leisten."

So heißt es in der Urteilsbegründung des Bundesverfassungsgerichts aus dem Jahre 1977.[1]

Die Regierung eines demokratischen Staates ist darauf angewiesen, dass seine Bürger - und damit auch Wähler - staatliches Handeln nachvollziehen, akzeptieren oder sich persönlich politisch engagieren können. Die Bürger sollen dem Staat und seiner Arbeit vertrauen und für staatliches Wirken Verständnis haben.

> Politisch zielt diese Verständigung innerhalb einer Gesellschaft auf Gemeinsamkeiten über grundsätzliche Ziele und Wege ab. Sicherheitspolitik muss folglich argumentativ begründet werden, damit eine Verständigung über sie zustande kommt (REEB 2011: 125).

Andernfalls könnte persönlicher Unmut die aktuellen staatlichen Ziele gefährden oder aber sogar die Abkehr der Bürger vom Staat drohen[2].

Durch Transparenz –also ausreichende Information der Bürger über das eigene Handeln- sollen die Bürger die Möglichkeit bekommen, sich genügend mit der Regierungsarbeit auseinander setzen zu können.

Für die Öffentlichkeitsarbeit der Regierung bedeutet die o.g. Urteilsbegründung, dass jedes ministerielle Fachressort in eigener Zuständigkeit über den eigenen Aufgabenbereich zu informieren hat um die Informationsbedürfnisse der Bürger jederzeit ausreichend zu befriedigen.

Die Öffentlichkeitsarbeit kann somit als eine wichtige Voraussetzung für die Zustimmung der Bürger betrachtet werden.

Öffentlichkeit stellt somit einen unentbehrlichen Faktor im Prozess der politischen Willensbildung aller freiheitlichen Systeme dar (SARCINELLI 2011: 55).

---

[1] Urteil des BVerfG v. 02.03.1977 in: Presse- und Informationsamt der Bundesregierung (Hg.) 1977: 138

[2] vgl. ebd.

Doch welche Mittel sind geeignet, um das Vertrauen beim Bürger zu erzeugen oder zu festigen?

Mit verschiedenen Maßnahmen versuchen die Institutionen zum einen, für die Bürger und deren Fragen erreichbar zu sein, also der Auskunftspflicht nachzukommen; und zum anderen, um auf diese zuzugehen und bei ihnen Verständnis und Vertrauen für die Aufgaben und den Aufbau ihrer Organisation zu gewinnen, also eine aktive Öffentlichkeitsarbeit zu betreiben.

Diese wird eingesetzt, um im Sinne einer strategischen Kommunikation die „Kenntnisse, Einstellungen und Handlungen im Interesse der eigenen Prämissen zur Außen- und Sicherheitspolitik die Gesellschaft zu beeinflussen (vgl. REEB 2011: 107)."

> Kommunikationsprozesse werden als Instrumente definiert, mit denen kommunikative Ziele – also *Wirkungen* von Kommunikation – erreicht werden sollen, wobei die gezielte Planung dieser Wirkungen und die vorsätzliche Beeinflussung bestimmter, angepeilter Zielgruppen als „strategisch" gilt.
>
> Öffentlichkeitsarbeit gehört also zu den Instrumenten, mit denen die staatlichen Institutionen versuchen dieses Ziel zu erreichen (MERTEN 2013: 118).

Doch gelingt es einer staatlichen Institution durch die veranstaltete Öffentlichkeitsarbeit, das Vertrauen der Bürger zu gewinnen?

Am Beispiel des Einsatzes der Jugendoffiziere in der Öffentlichkeitsarbeit der Bundeswehr soll betrachtet werden, ob und wenn ja, wie das Ziel der Vertrauensgenerierung einer staatlichen Institution erreicht wird.

WESTERBARKEY stellt dazu fest, dass Öffentlichkeitsarbeiter Reaktionen und Resonanz provozieren und dadurch feststellen können, ob sie erfolgreich waren (vgl. WESTERBARKEY 2013: 33).

Eine Erfolgskontrolle der Öffentlichkeitsarbeit der Jugendoffiziere wird in dieser Arbeit durchgeführt.

Ergänzend zur Informationsaufgabe der Bundesregierung, die die Gesamtverantwortung für die bundesdeutsche Sicherheits- und Verteidigungspolitik innehat und damit Auskunft über Stärke, Aufbau, Einsatz und Strukturen der auf diese Weise ein eigenes Meinungsbild über die Streitkräfte zu bilden. von ihr legitimierten Streitkräfte geben sollte, betreibt die Bundeswehr als Exekutivorgan eine eigene Öffentlichkeitsarbeit.

Für den Bereich des Bundesministeriums der Verteidigung wurden seit der Gründung der Bundeswehr im Jahre 1955 verschiedene Erlasse und Weisungen verabschiedet, die die Ausgestaltung und Umsetzung der Öffentlichkeitsarbeit der Bundeswehr regeln (siehe 1.4).

Ein ministerieller Erlass fasst 1993 die Aufgaben der Öffentlichkeitsarbeit der Bundeswehr zusammen und definiert als Ziele, die Bürger zu informieren und ihr Vertrauen in die Bundeswehr zu gewinnen bzw. dieses zu stärken[3].

Durch die betriebene Öffentlichkeitsarbeit sollen sich die Bürger jederzeit über die Bundeswehr informieren und sich direkt an diese wenden können.

Bereits 1957 bereitete sich die Bundeswehr mit der Einrichtung von Jugendoffizieren vor auf den erwarteten Informationsbedarf Jugendlicher sowie auf die offensichtliche Notwendigkeit, in dieser Zielgruppe Akzeptanz zu erlangen.[4] Die Kontroversen und Diskussionen um die Wiederbewaffnung in der jungen Bundesrepublik ließen der Bundeswehrführung eine offensive Öffentlichkeitsarbeit als geeignetes Mittel erscheinen, das Vertrauen der Öffentlichkeit und dabei insbesondere der Hauptzielgruppe Jugendliche und junge Erwachsene in diese neue und nicht unumstrittene staatliche Institution zu gewinnen. Nach über fünfzig Jahren Tätigkeit der Jugendoffiziere ist die Frage berechtigt und überfällig, ob und inwieweit deren Einsatz ein geeignetes Mittel ist, um die angestrebten Ziele zu erreichen. Neben den diversen Vorschriften des Verteidigungsministeriums für die Öffentlichkeitsarbeit ist mit Erwartungen des Verteidigungsausschusses des Deutschen Bundestages an diese zu rechnen. So ergibt sich der folgende Wirkungszusammenhang:

3 vgl. VMBl 1993: Richtlinien für die Presse- und Öffentlichkeitsarbeit der Bundeswehr: 54, Teil 1.5 dieser Arbeit stellt die gültigen Vorschriften und Erlasse vor.

4 In den ersten Jahren nach der Gründung der Bundeswehr richtete sich deren Öffentlichkeitsarbeit hauptsächlich an die männliche Bevölkerung, da diese angesprochen und für das persönliche Dienen in den neuen Streitkräften sensibilisiert und interessiert werden sollte (siehe auch Teil 4.1.1 dieser Arbeit).

Abb. 1: Rückmeldungen auf die Öffentlichkeitsarbeit der Bundeswehr

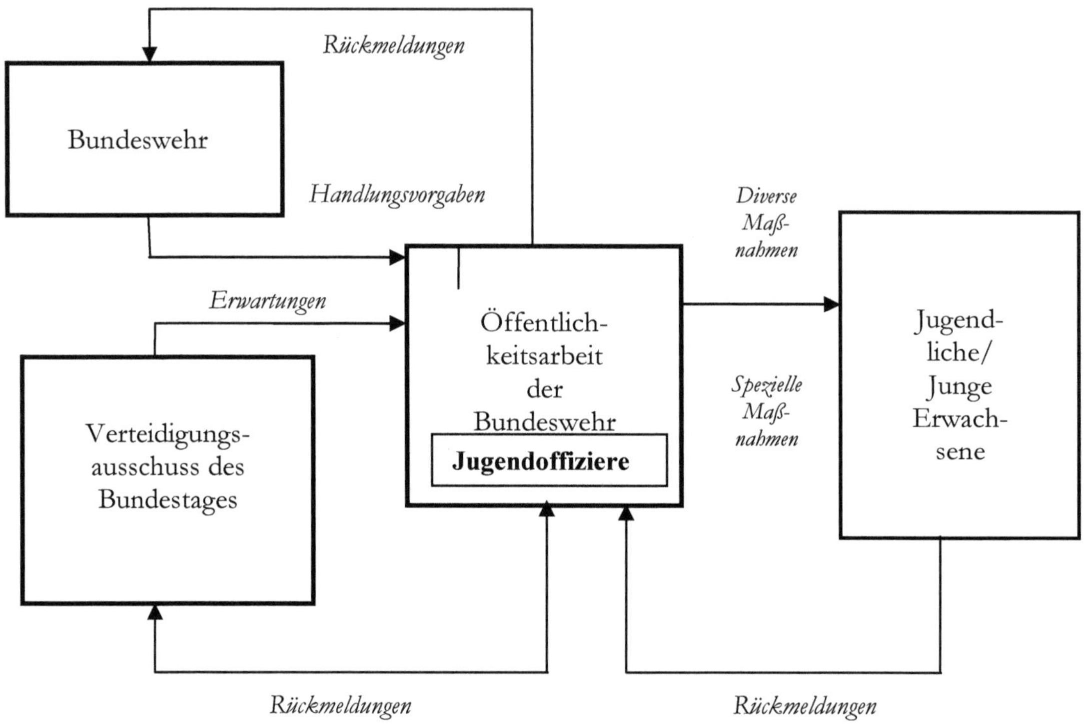

Seit der Einrichtung eines eigenständigen Aufgabenbereichs der Jugendoffiziere wird deren Erfolg und Nutzen lediglich in der Summe der von ihnen organisierten oder unterstützten Veranstaltungen und deren Teilnehmerzahlen gemessen. Diese quantitative Datenerhebung ist fester Bestandteil des einmal jährlich vom Bundesministerium der Verteidigung veröffentlichten „Jahresberichts der Jugendoffiziere".

Dieser Jahresbericht enthält neben den Zahlen der Veranstaltungen und Teilnehmern zusätzlich einen umfangreichen Textteil, der Beobachtungen und Erkenntnisse der Einzelberichte aller Jugendoffiziere zusammenfasst und Aussagen über die Entwicklungen und Perspektiven der Arbeit der Jugendoffiziere trifft.

Der Bericht wird einmal jährlich sowohl im Verteidigungsausschuss als auch als fester Bestandteil der Tagesordnung im großen Plenum im Deutschen Bundestag vorgestellt und diskutiert.[5]

Die Tatsache, dass die Bundeswehr mit derzeit 94 hauptamtlichen Jugendoffizieren einen großen personellen und damit auch einen nicht unerheblichen finanziellen Aufwand betreibt, lässt erwarten, dass das Bundesministerium der Verteidigung als Auftraggeber der Öffentlichkeitsarbeit am möglichst genau erkennbaren Nutzen ihres Einsatzes interessiert ist.

Dies gerade umso mehr, da die Adressaten und die Kommunikationsziele in Erlassen und Weisungen vorgegeben sind.

Tatsächlich fand jedoch noch nie eine qualitative Messung der erreichten Effekte der veranstalteten Öffentlichkeitsarbeit statt.

Ob durch sie das in Ministerialblättern, ministeriellen Erlassen und Weisungen definierte Kommunikationsziel *Vertrauensgewinn* bei den Zielgruppen erreicht wird, war bislang nie Gegenstand einer Untersuchung. Über tatsächlich messbare Effekte der Veranstaltungen hinsichtlich der beabsichtigten Vertrauensgewinnung kann bisher nur spekuliert werden.

Eine Aussage über den Nutzen der Öffentlichkeitsarbeit der Jugendoffiziere erfordert mehr als die quantitativen Angaben, wie sie die Jahresberichte der Jugendoffiziere ausweisen.

Die vorliegende Arbeit soll diese Lücke schließen und Aufschluss über den Erfolg der Arbeit der Jugendoffiziere für die Öffentlichkeitsarbeit der Bundeswehr geben. Dabei wird die Herstellung von Vertrauen als oberstes Ziel der Arbeit der Jugendoffiziere betrachtet.

Die Forschungsfrage dieser Arbeit lautet: In welchem Umfang und in welcher Weise wird das für die Öffentlichkeitsarbeit der Bundeswehr gestellte Ziel der Vertrauensgenerierung durch den Einsatz von Jugendoffizieren bei der Zielgruppe Jugendliche und junge Erwachsene erreicht?

---

[5] Der Jahresbericht wird außerdem an das hauptamtliche Personal der Presse- und Öffentlichkeitsarbeit der Bundeswehr verteilt.

Die Betrachtung der Zielerreichung lässt Aussagen über die Eignung der veranstalteten Öffentlichkeitsarbeit der Jugendoffiziere zu. Erwartbar sind auch Erkenntnisse über die Rolle der aktuell eingesetzten Methoden bei der Vertrauensgenerierung.

Möglicherweise können anschließend aus den Untersuchungsergebnissen Empfehlungen zur weiteren Gestaltung der Tätigkeit der Jugendoffiziere gegeben werden, die den künftigen Einsatz der Jugendoffiziere der Bundeswehr beeinflussen könnten.

Zur Beantwortung dieser Forschungsfrage soll eine Befragung bei der Zielgruppe zu sicherheits- und verteidigungspolitischen Themen durchgeführt werden.

Die Ergebnisse dieser Befragung werden zunächst mit den Vorschriften der Bundeswehr und anschließend mit den Erwartungen der Mitglieder des Verteidigungsausschusses konfrontiert.

Ergänzend werden die Ergebnisse von drei früheren Erhebungen zur Öffentlichkeitsarbeit und dem Image der Bundeswehr hinzugezogen.

In dieser Arbeit werden die Antworten von ehemaligen Teilnehmern an Veranstaltungen der Jugendoffiziere mit den Antworten von Nichtteilnehmern verglichen. Erkennbare Unterschiede lassen eventuell Rückschlüsse auf die Effekte und den Erfolg der Öffentlichkeitsarbeit der Jugendoffiziere zu.

Zum Vorgehen:

Ausgehend von der verfassungsrechtlichen Bestätigung der Zuständigkeit des Bundesministeriums der Verteidigung für eine eigene Öffentlichkeitsarbeit (1.1) sollen im ersten Teil die Rahmenbedingungen der Öffentlichkeitsarbeit der Bundeswehr dargestellt werden.

Dazu werden zur Übersicht der Aufbau (1.2) und die Strategie (1.3) der gesamten Öffentlichkeitsarbeit der Bundeswehr betrachtet. Schwerpunkt hierbei bildet die Tätigkeit der Jugendoffiziere mit den diese betreffenden Erlassen und Vorschriften (1.4).

Im zweiten Schritt werden die Ergebnisse einer Erhebung zu den Erwartungen von Mitgliedern des Verteidigungsausschusses zusammengestellt (1.5). Zum Abschluss dieses Teils wird der Begriff von Öffentlichkeitsarbeit formuliert, der für diese Untersuchung bestimmend sein soll (1.6). Ein Vergleich des Jugendoffiziers mit einem PR-Praktiker (1.7) zeigt Gemeinsamkeiten mit der Funktion in der Wirtschaft.

Der Forschungsfrage entsprechend wird im zweiten Teil ein Begriff von Vertrauen begründet, der für kommunikationswissenschaftliche Fragestellungen und somit auch für das Untersuchungsvorhaben tauglich ist. Ausgangspunkt ist ein soziologischer Vertrauensbegriff (2.1) und die Darstellung der Merkmale von Vertrauen (2.2). Dabei wird zunächst das Vertrauen in Personen (2.2.1) in staatliche Institutionen allgemein (2.2.2) und dann das Vertrauen in die Bundeswehr im Besonderen betrachtet (2.2.3).

Konkretisiert wird das Problem des Vertrauens in Personen in der Frage nach der Generierung von Vertrauen in die Jugendoffiziere bei der Zielgruppe (2.3).

Der theoretisch gewonnene Begriff des Vertrauens wird in Teil 3 operationalisiert, um Kategorien und Merkmale zu erhalten, nach denen in der empirischen Erhebung gefragt werden kann.

Im vierten Teil wird der Jugendoffizier als Träger der Öffentlichkeitsarbeit der Bundeswehr vorgestellt. Ein Blick in seine über fünfzigjährige Geschichte soll die Entstehung und Entwicklung und die veränderten Wahrnehmungen in der Öffentlichkeit (4.1) zeigen. Anschließend werden die von ihm eingesetzten Methoden untersucht (4.2) und deren Effekte auf die Vertrauensgenerierung bei den Rezipienten betrachtet.

Der fünfte Teil beschäftigt sich mit der Evaluation der Öffentlichkeitsarbeit der Jugendoffiziere und stellt zunächst allgemein die Evaluation von Öffentlichkeitsarbeit dar (5.1).

In Abschnitt (5.2) wird die Befragung als Instrument der Evaluation vorgestellt. Anschließend werden drei frühere Erhebungen zur Öffentlichkeitsarbeit und dem Image der Bundeswehr (5.3) dahingehend überprüft, ob und wie weit sie zur Beantwortung der Forschungsfrage beitragen können (5.3.1 – 5.3.3).

Im sechsten Teil der Arbeit wird die Befragung ausgewertet. Nach Darstellung der Forschungsfrage (6.1.1) werden Fragen nach den Zielen und Funktionen von Öffentlichkeitsarbeit beantwortet (6.1.2).

Es folgt die Darstellung des Kerns der vorliegenden Studie (6.1.3) und ihres Befragungsdesigns (6.1.4).

Im nächsten Abschnitt (6.3) werden die Antworten der Befragten dargestellt und die Antworten nach den jeweils eingesetzten Methoden betrachtet und verglichen (6.3.2). Es folgt der Vergleich der durch die Befragung gewonnenen Ergebnisse mit den ministeriellen Vorschriften und Erwartungen der Mitglieder des Verteidigungsausschusses (6.3.3)

Aufgrund der gewonnenen Ergebnisse sollen Konsequenzen für die weitere Arbeit der Jugendoffiziere entwickelt werden (6.3.4).

Einige Ergänzungen (6.4) bilden den Abschluss der vorliegenden Arbeit.

1 Rahmenbedingungen für die Öffentlichkeitsarbeit der Bundeswehr

Die Bundeswehr betreibt seit ihrer Gründung im Jahre 1955 Öffentlichkeitsarbeit. In ministeriellen Erlassen, Weisungen und Vorschriften sind die Strukturen und Zuständigkeiten für die Wahrnehmung dieser Aufgabe geregelt.

Durch den Geltungsbereich des Grundgesetzes sind die Adressaten der Öffentlichkeitsarbeit der Bundeswehr daher grundsätzlich alle Bürger der Bundesrepublik.

Bevor auf die Öffentlichkeitsarbeit der Bundeswehr näher eingegangen wird, müssen zwei Punkte angesprochen werden:

1. die gesetzlichen Grundlagen der Öffentlichkeitsarbeit der Bundesregierung;
2. die institutionelle Verankerung der Informationsarbeit der Bundes wehr

1.1 Gesetzliche Grundlagen der Öffentlichkeitsarbeit der Bundesregierung

Das Bundesverfassungsgericht beschäftigte sich im Jahr 1977 mit staatlicher Öffentlichkeitsarbeit, da Diskussionen um deren Inhalte und Zuständigkeiten verfassungsrechtlich geklärt werden sollten.[i] Dies führte zu einem Grundsatzurteil, das fortan auch die Öffentlichkeitsarbeit der Bundeswehr beeinflusst hat.

In seinem Urteil vom 02. März 1977[6] konkretisierte der 2. Senat des Bundesverfassungsgerichts die grundgesetzlichen Vorschriften dahingehend, dass die Öf-

[6] Dem Urteil war die Auffassung des Gerichts vorausgegangen, dass sich die Bundesregierung mit verschiedenen Maßnahmen einer 10 Millionen DM teuren Kampagne unter dem Motto `Wir sind auf dem richtigen Weg´ mit der Verbreitung von Anzeigen, Flugblättern und Informationsbroschüren aktiv in den Wahlkampf 1976 einschaltete. Das Gericht hielt diesen Eingriff in die

fentlichkeitsarbeit von Regierung und gesetzgebenden Körperschaften in Ergänzung der Artikel 5 (*Meinungs- und Pressefreiheit*) und Artikel 65 (*Politische Gesamtverantwortung des Ministers für sein Ressort*) des Grundgesetzes nicht nur zulässig, sondern auch „notwendig" ist.[7]

Dem Informationsbedürfnis der Bürger muss der Staat ausdrücklich nachkommen.

Nach der Rechtsprechung des Bundesverfassungsgerichts ist die Information des Bürgers durch die Bundesregierung [...] eine verfassungsrechtliche Verpflichtung.[8]

Im Urteil heißt es weiter:

Die Demokratie des Grundgesetzes bedarf [...] eines weitgehenden Einverständnisses der Bürger mit der vom Grundgesetz geschaffenen Staatsordnung.[9]

Die staatliche Öffentlichkeitsarbeit ist demnach notwendig, da sie die Regierungsarbeit hinsichtlich der Kommunikationsziele Einverständnis und Zustimmung der Bürger unterstützt.

Das Urteil fordert weiter:

In den Rahmen zulässiger Öffentlichkeitsarbeit fällt, daß Regierung und gesetzgebende Körperschaften [...] ihre Politik, ihre Maßnahmen und Vorhaben sowie künftig zu lösende Fragen darlegen und erläutern.[10]

Zu sämtlicher Regierungsarbeit soll dem Bürger Auskunft gegeben werden.

Ziel dabei ist die „verantwortliche Teilhabe der Bürger an der politischen Willensbildung des Volkes."

---

heiße Phase des Wahlkampfs für unzulässig (vgl. DETJEN 1999: 4). Dem Urteil lagen zwei Prinzipien zugrunde: „Erstens habe sich die Willensbildung in Demokratien vom Volke zu den Staatsorganen hin zu vollziehen und nicht umgekehrt. Zweitens haben Bundesregierung und Bundestag nur einen zeitlich begrenzten Auftrag: mit ihm sei es unvereinbar, daß die im Amt befindliche Bundesregierung als Verfassungsorgan im Wahlkampf sich gleichsam zur Wiederwahl stellt und dafür wirbt, dass sie als Regierung wiedergewählt wird" (AVENARIUS 2000: 316f.).

[7] Urteil vom Bundesverfassungsgericht vom 02.03.1977

[8] AIK 1995: 13

[9] Urteil vom Bundesverfassungsgericht vom 02.03.1977

[10] vgl. ebd.

> Voraussetzung dafür ist auch, daß der einzelne von den [...] Sachfragen, [...] Entscheidungen, Maßnahmen und Lösungsvorschlägen genügend weiß, um sie zu beurteilen, billigen oder verwerfen zu können.[11]
>
> Je mehr der einzelne auf diese Weise zur eigenen Beurteilung aufgerufen und in ihm das Bewußtsein wachgehalten wird, als selbstverantwortliches Glied der Rechtsgemeinschaft die Gestaltung, Ausformung und Konkretisierung der für alle verbindlichen Rechtsordnung zu beeinflussen und an den grundlegenden politischen Entscheidungen beteiligt zu sein, um so leichter wird es ihm, den vom Grundgesetz verfassten Staat [...] als seinen anzunehmen.[12]

Die staatlichen Institutionen sollen demzufolge nicht nur eine *reaktive* Öffentlichkeitsarbeit betreiben, sondern sind dazu aufgerufen, sich auch *aktiv* an der Willensbildung der Bürger zu beteiligen.

Die Öffentlichkeitsarbeit muss dabei in rechtsstaatlichem Rahmen durchgeführt werden.

> „Die Bereitschaft aller Bürger zum Rechtsgehorsam würde verloren gehen, wenn staatliche Gewalt als Werkzeug zur Perpetuierung der Herrschaft einer bestimmten Mehrheit dienen könnte" (AVENARIUS 2000: 317).

FRÖHLICH erkennt in dem Urteil die Auffassung des Verfassungsgerichts, dass „nur informierte Bürger verantwortlich an der politischen Willensbildung partizipieren können" (FRÖHLICH 2001: 53). Daher ist es die Aufgabe der Öffentlichkeitsarbeit der Regierungsorgane[13], „den Grundkonsens zwischen der Bevölkerung und der vom Grundgesetz geschaffenen Staatsordnung vital zu halten" (ebd.).

Dieses Grundsatzurteil für alle Staatsorgane betrifft auch den Aufgabenbereich des Bundesministeriums der Verteidigung und gilt somit auch für die Öffentlichkeitsarbeit *von* der und *für* die Bundeswehr.

RUDOLF sieht die Umsetzung des Urteils in der Bereitstellung von Informationen nicht weit genug. Er fragt:

---

[11] vgl. ebd.

[12] vgl. ebd.

[13] FRÖHLICH nennt diese Öffentlichkeitsarbeit „Polit-PR (FRÖHLICH 2001: 53)"

> „Sind Zusammenhänge eigentlich nur eine Holschuld der Bürgerinnen und Bürger in einer Demokratie“ (RUDOLF 2002: 45)?

RUDOLF kritisiert weiter:

> „Zu wichtigen gesellschaftlichen und politischen Fragen findet man keinen politischen Bildner „auf der Straße“, der auf die Menschen zu geht und versucht, ihre Fragen zu beantworten oder zumindest erste Anstöße zu bieten! (ebd.).“

Für das Verteidigungsressort tritt in dieses Vakuum der Jugendoffizier der Bundeswehr. Er geht auf die Bürger zu und bietet sich ihnen als Ansprechpartner zu Sicherheits- und Verteidigungspolitik an. Der Jugendoffizier ist in der politischen Bildung[14] tätig und auf der Straße, i. S. eines direkten Kontaktes zum Bürger, anzutreffen.

[14] siehe auch Abschnitt 1.4.3 dieser Arbeit

1.2 Aufbau und Aufgabenteilung der Informationsarbeit der Bundeswehr

Nachfolgende Abbildung (Abb. 2) zeigt die Informationsarbeit der Bundeswehr mit den unterschiedlichen Arbeitsbereichen und ihren jeweiligen Zuständigkeiten im Bundesministerium der Verteidigung.

Abb. 2: Aufbau und Aufgabenteilung der Informationsarbeit der Bundeswehr

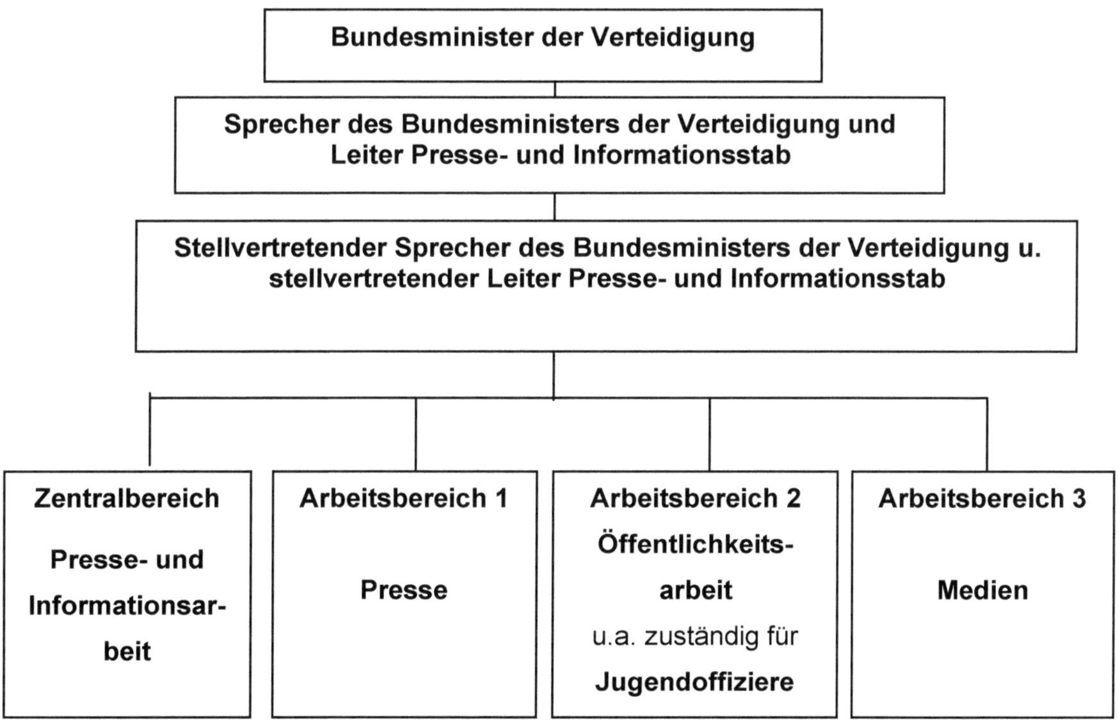

(Quelle: Akademie der Bundeswehr für Information und Kommunikation 2003)

Der **Zentralbereich** ist für Grundsatzangelegenheiten der Informationsarbeit zuständig, stellt den Geschäftsführenden Offizier, führt ein Controlling der eingesetzten Mittel durch und organisiert die Personalorganisation der Informationsarbeit im Bundesministerium der Verteidigung.

Der **Arbeitsbereich 1 Presse** steuert die gesamte Pressearbeit der Bundeswehr. Insgesamt werden dafür 13 Pressesprecher aus verschiedenen Teilstreitkräften, Truppengattungen und Tätigkeitsbereichen eingesetzt, so dass Journalisten zu jedem militärischen und zivilen Organisationsbereich der Bundeswehr einen Ansprechpartner haben. Die Sprecher sind ausschließlich für die Beantwortung von Presseanfragen bzw. für die Zusammenarbeit mit Journalisten zuständig. Des Weiteren werden von hier aus auch die verschiedenen Presselagezentren im Inland und im Auslandseinsatz ministeriell unterstützt.

Der **Arbeitsbereich 2 Öffentlichkeitsarbeit** steuert grundsätzlich die gesamte Öffentlichkeitsarbeit der Bundeswehr. Von hier wird der Einsatz der Jugendoffiziere zentral geleitet. Dieser Arbeitsbereich verantwortet dabei die Öffentlichkeitsarbeit der Jugendoffiziere. Dazu gehört die Festlegung der Dienstposten mit ihren regionalen Zuständigkeitsbereichen, die Auswahl der Offiziere und deren Aus- und Weiterbildung. Weiterhin versorgt er die Jugendoffiziere mit Informationsmaterialien über Themen und Fragestellungen, die für deren Tätigkeit relevant sein können.

Darüber hinaus setzt der Arbeitsbereich 2 einen zentralen Messestand der Bundeswehr für den Einsatz auf Ausstellungen und Veranstaltungen in der Öffentlichkeit ein, beauftragt Meinungsforschungen zu die Bundeswehr betreffende Themen, leitet die Besucherzentren im Bundesministerium der Verteidigung in Bonn und Berlin und beantwortet Bürgerbriefe, -anfragen und E-Mails.

Anfragen der Presse werden an den Arbeitsbereich 1 Presse weitergeleitet.

Weiterhin wird die in Strausberg/Brandenburg ansässige *Akademie der Bundeswehr für Information und Kommunikation*, die als Weiterbildungs- und Tagungsstätte auch für die Aus- und Weiterbildung der Jugendoffiziere zuständig ist, von hier zentral gesteuert.

Der **Arbeitsbereich 3 Medien** ist für die Kooperation mit Medienunternehmen, z.B. bei Anfragen zu Drehgenehmigungen in Kasernen und Beratungen von Drehbüchern und TV-Produktionen sowie die Pflege des Internetauftritts der Bundeswehr (www.bundeswehr.de) zuständig. Die Redaktion des Wochenmagazins *aktuell*, einer Zeitschrift für Angehörige der Bundeswehr i.S. einer Mitarbeiterzeitung, gehört ebenfalls in diesen Aufgabenbereich.

Außerdem wird hier die tägliche Presse ausgewertet und der Pressespiegel des Ministeriums erstellt.

1.3 Die Strategie der Informationsarbeit der Bundeswehr

Für die gesamte Informationsarbeit der Bundeswehr wird eine für alle Wirkungsfelder gemeinsame Informationsstrategie formuliert und verfolgt.

Folgende Abbildung zeigt die Wirkungsfelder.

Abb. 3: Die Strategie der Informationsarbeit der Bundeswehr

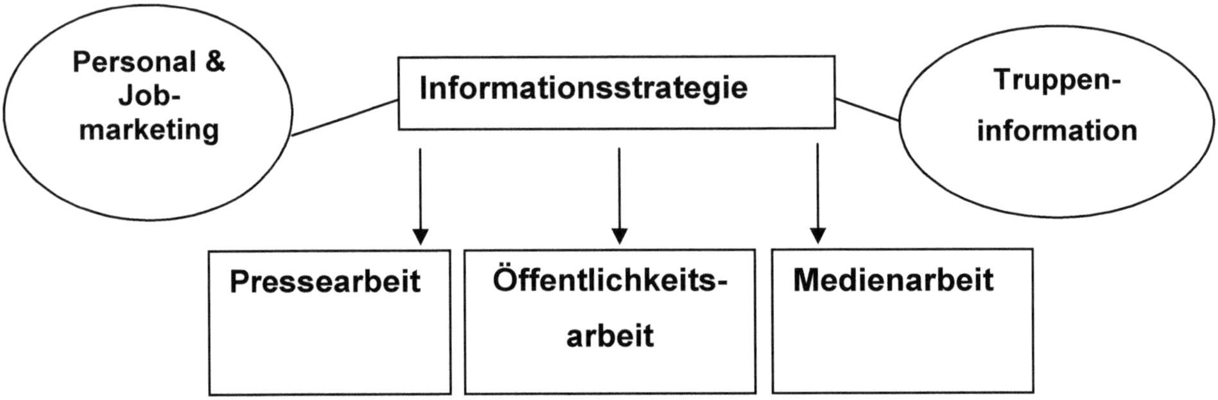

(Quelle: Akademie der Bundeswehr für Information und Kommunikation 2003)

Diese Informationsstrategie wirkt sich auf die aktuell und grundsätzlich zu präsentierenden und diskutierenden Themen und Inhalte der Informationsarbeit aus.

Die definierten drei Wirkungsfelder der Informationsarbeit der Bundeswehr sind dabei *Presse-*, *Öffentlichkeits-* und *Medienarbeit* (siehe Abb. 3).

Die verschiedenen Arbeitsbereiche (siehe Abb. 2) im Bundesministerium der Verteidigung entsprechen diesen Wirkungsfeldern bzw. Anspruchsgruppen.

Wichtigste Grundlage für die Ausgestaltung der Aufgaben der *Arbeitsbereiche 1* (Presse) und *2* (Öffentlichkeitsarbeit) stellt der bis heute gültige ministerielle Erlass *Richtlinien für die Presse- und Öffentlichkeitsarbeit der Bundesweh*" vom 19. März 1993 dar.[15]

[15] Ministerialblatt des Bundesministers der Verteidigung (Nr. 4) 1993: 54-62

Diese Richtlinien regeln die gesamte Presse- und Öffentlichkeitsarbeit der Bundeswehr und nennen die strukturellen und hierarchischen Zuständigkeiten für die Durchführung von Veranstaltungen und Maßnahmen zur Umsetzung der Informationsstrategie in diesem Aufgabenfeld.

Für den Einsatz der Jugendoffiziere als Teilbereich des Personals für die Öffentlichkeitsarbeit gilt außerdem der ministerielle Erlass *Tätigkeit der Jugendoffiziere und Jugendunteroffiziere im Rahmen der Öffentlichkeitsarbeit in Verteidigungsfragen.*[16]

Durch beide Erlasse wird die Öffentlichkeitsarbeit der Jugendoffiziere als Teil der Informationsstrategie der Bundeswehr definiert. Diese geschieht also im vorgegebenen ministeriellen Auftrag.

Darüber hinaus werden auch die Aufgabe des Personal- und Jobmarketings, das für die Nachwuchsgewinnung der Streitkräfte und die Attraktivitätssteigerung der Laufbahnen in der Bundeswehr zuständig ist, und der Bereich der Truppeninformation, d.h. die Versorgung der Soldaten und Bundeswehrangehörigen mit aktuellen Informationen und Hintergrundwissen über die Bundeswehr, als wahrzunehmende Aufgabenfelder genannt.

Somit berücksichtigt die Informationsstrategie die Bundeswehr neben der externen Ausrichtung auf Presse, Öffentlichkeit und Medien auch eine interne Ausrichtung, d.h. eine Wirkung auf das bestehende Personal der Bundeswehr selbst.

1.4 Erlasslage und Vorschriften

Für die Presse- und Öffentlichkeitsarbeit der Bundeswehr gelten verschiedene Vorschriften, Erlasse und Weisungen, die für die Durchführung der Öffentlichkeitsarbeit von Bedeutung sind.

Für die Untersuchung der Wirkungen der betriebenen Öffentlichkeitsarbeit sollen daher die zentralen Vorgaben für die Ausübung betrachtet werden, um die definierten Kommunikationsziele bei den jeweiligen Zielgruppen aufzuzeigen.

Ausgangspunkt für die in der vorliegenden Untersuchung zu klärenden Fragen sind die nachstehend aufgeführten, gültigen ministeriellen Vorschriften und Dokumente:

[16] Ministerialblatt des Bundesministers der Verteidigung (Nr. 25) 1975: 517-520

1. Die Zentrale Dienstvorschrift der Bundeswehr 10/1 *Innere Führung*
   erlassen von Bundesminister der Verteidigung im Februar 1993 (kurz: ZDv 10/1).

2. Der ministerielle Erlass *Die Richtlinien der Presse- und Öffentlichkeitsarbeit der Bundeswehr* vom 19. März 1993.

3. Der ministerielle Erlass *(Ministerialblatt) Die Tätigkeit der Jugendoffiziere und Jugendunteroffiziere der Bundeswehr im Rahmen der Öffentlichkeitsarbeit in Verteidigungsfragen vom 29.12.1975.*

4. *Das Handbuch: Der Jugendoffizier*, 1995 herausgegeben von der *Akademie der Bundeswehr für Information und Kommunikation* (kurz: AIK), die an der Auswahl der Jugendoffiziere beteiligt und für deren methodische und fachliche Ausbildung zuständig ist.

Sortiert nach deren Relevanz für den Einsatz der Jugendoffiziere, werden diese Vorschriften in den nachstehenden Abschnitten 1.4.1 - 1.4.4 vorgestellt; d.h. zunächst die allgemein für die gesamte Öffentlichkeitsarbeit der Bundeswehr gültigen Vorschriften, dann der Erlass für die Tätigkeit der Jugendoffiziere und abschließend ein Handbuch i.S. einer Arbeitshilfe für die Jugendoffiziere.

1.4.1 Die Zentrale Dienstvorschrift der Bundeswehr 10/1 „Innere Führung“

In der Zentralen Dienstvorschrift der Bundeswehr *Innere Führung* (kurz: ZDv 10/1) werden unter der Überschrift Informationsarbeit alle Bemühungen der Bundeswehr zusammengefasst, die Bürger zu informieren.

Diese Dienstvorschrift gilt für alle Soldaten der Bundeswehr als „allgemeine und zukunftsgerichtete Leitlinie für das Handeln der Soldaten.“[17]

Die Vorschrift stellt fest, dass die Bürger der Bundesrepublik „ein Recht“ darauf haben, „über die Bundeswehr informiert zu werden.“ Dem „trägt die Informationsarbeit der Bundeswehr durch eine offene Darstellung der Sicherheitspolitik, des Auftrages der Bundeswehr und des militärischen Dienstes Rechnung.“[18]

Somit werden sowohl die Themen als auch die methodische Form der „offenen Darstellung“ erwähnt, ohne dass diese hier weiter spezifiziert werden.

Folgende Kommunikationsziele werden genannt: „Die Informationsarbeit der Bundeswehr zielt vor allem darauf ab, Vertrauen zu begründen, die Anerkennung der Bevölkerung zu erhalten (...).“[19]

Ohne die Ziele *Vertrauen* und *Anerkennung* der Bevölkerung in die Institution Bundeswehr näher zu erläutern, soll die Bundeswehr sich um deren Erreichung aktiv und „wo immer möglich“ in „direkter Kommunikation“ mit dem Bürger bemühen.[20]

Weiterhin wird erkennbar, dass sich die Informationsarbeit sowohl an Soldaten als auch an Nichtsoldaten wendet.

„Informationsarbeit umfasst als Aufgabe nach außen die Teilgebiete Öffentlichkeitsarbeit, Pressearbeit und Nachwuchswerbung und als Aufgabe nach innen die Truppeninformation.“[21]

Der Bereich Öffentlichkeitsarbeit wendet sich dabei offenbar an alle Bürger, die nicht als potenzielle Soldaten gelten. Öffentlichkeitsarbeit im Sinne dieser Vorschrift meint nicht nur gezielte Maßnahmen und Veranstaltungen, sondern berücksichtigt auch die Beeinflussung der öffentlichen Meinung durch das persön-

---

[17] vgl. ZDv 10/1 Satz 2

[18] vgl. ZDv 10/1 Satz 360

[19] vgl. ZDv 10/1 Satz 361

[20] vgl. ebd.

[21] vgl. ZDv 10/1 Satz 362

liche Urteil, Auftreten und Verhalten aller Soldaten selbst. „Der Soldat muß sich daher bewußt sein, dass er stets, ob gewollt oder ungewollt, Öffentlichkeitsarbeit betreibt.“[22]

Die genannte Pressearbeit wendet sich an Journalisten und Medienvertreter und die Nachwuchswerbung spricht gezielt potenzielle Soldatinnen und Soldaten an.

Aufgabe der an die Soldaten gerichtete Truppeninformation ist es, „dienstlich Informationen bereitzustellen, damit sie (die Soldaten, Anm. d. Verf.) sich eine eigene Meinung bilden und politisch mündig sowie auftragsgerecht handeln können.“[23]

Dazu soll ihnen der Zugang zu Informationsmaterial und Medien ermöglicht werden.

Somit fasst diese Vorschrift unter dem Begriff Informationsarbeit die Bereiche Öffentlichkeitsarbeit, Pressearbeit, Nachwuchsgewinnung und Truppeninformation als Maßnahmen für verschiedene Anspruchsgruppen mit unterschiedlichen Kommunikationszielen zusammen, die gemein haben, *Vertrauen* und *Anerkennung* in der Bevölkerung aufzubauen und zu stärken.

[22] vgl. ZDv 10/1 Satz 363

[23] vgl. ZDv 10/1 Satz 365

1.4.2 Das Ministerialblatt zur Presse- und Öffentlichkeitsarbeit

Die *Richtlinien für die Presse- und Öffentlichkeitsarbeit der Bundeswehr*[24] beschreiben die Teilbereiche Presse- und Öffentlichkeitsarbeit der Informationsarbeit und sollen alle mit der Aufgabe der Presse- und Öffentlichkeitsarbeit der Bundeswehr beschäftigten Soldaten und Mitarbeiter mit den Inhalten dieser Aufgabe vertraut machen.

Zweck, Ziel, Grundsätze, Zielgruppen und Inhalte der Presse- und Öffentlichkeitsarbeit werden genannt und personelle Zuständigkeiten sowie organisatorische und haushalterische Rahmenbedingungen für deren Ausübung erwähnt.[25]

Der Erlass beginnt mit der Feststellung, dass die Presse- und Öffentlichkeitsarbeit der Bundeswehr Teil der Öffentlichkeitsarbeit der Bundesregierung ist,

Somit verantwortet jede Maßnahme der Presse- und Öffentlichkeitsarbeit der Bundeswehr der Bundesminister der Verteidigung als Mitglied der Bundesregierung gemäß seiner Ressortzuständigkeit.[26]

Aufgabe der Presse- und Öffentlichkeitsarbeit der Bundeswehr ist es, bei der Bevölkerung das Verständnis für Grundlagen und Ziele deutscher Sicherheits- und Verteidigungspolitik zu fördern und zu festigen."[27]

„Die breite Öffentlichkeit", also die gesamte Bevölkerung, wird als Zielgruppe benannt.

Ergänzend werden Journalisten als Adressaten der Pressearbeit und bestimmte „Zielpersonen" als mittelbare Adressaten der Öffentlichkeitsarbeit erwähnt.

Diese Zielpersonen, im Erlass auch „Mediatoren und Multiplikatoren" der Öffentlichkeitsarbeit genannt, sind „Lehrer, Bildungsinstitutionen, Jugendliche, Mandatsträger und in politischer Informations- und Bildungsarbeit tätige Verbände, Organisationen und Gruppen"[28]. Das zeigt, dass Jugendliche ausdrück-

---

[24] Dieser stellt die Neufassung eines Erlasses von 1977 dar.

[25] vgl. Ministerialblatt des Bundesministers der Verteidigung (Nr. 4) 1993: 54

[26] § 65 Grundgesetz benennt die Ressortverantwortung der Bundesminister für ihren jeweiligen Geschäftsbereich.

[27] Ministerialblatt des Bundesministers der Verteidigung (Nr. 4) 1993: 54

[28] ebd.

lich als Anspruchsgruppe der mittel- und unmittelbaren Öffentlich-keitsarbeit der Bundeswehr genannt sind.

Auffällig bei der Aufzählung der Zielpersonen ist die nicht näher erklärte Reihenfolge. Es bleibt zu spekulieren, inwieweit diese Anordnung eine bestimmte Wertigkeit der Zielpersonen oder einen beabsichtigten Schwerpunkt für die Öffentlichkeitsarbeit beinhaltet.

Ergänzend zur Zentralen Dienstvorschrift 10/1 werden als Ziele der Presse- und Öffentlichkeitsarbeit der Bundeswehr

- die Unterstützung der verantwortlichen Teilhabe der Bürger an der politischen Willensbildung in Verteidigungsfragen
- die Entwicklung und Festigung eines Grundkonsenses über die Politik der Friedenssicherung und den Beitrag der Bundeswehr
- die Stärkung des Vertrauens in die Sicherheitspolitik der Bundesrepublik und in den wirksamen Schutz von Recht und Freiheit durch Bundeswehr und Bündnis
- die Förderung des Ansehens der Bundeswehr
- die Gewinnung der Sympathie der Bevölkerung und
- die Vertiefung des Rückhalts in der Öffentlichkeit

genannt.[29]

In dieser Formulierung der Kommunikationsziele ist erkennbar, wie das Verteidigungsministerium das Urteil des Verfassungsgerichts von 1977 in diesen Richtlinien für die Presse- und Öffentlichkeitsarbeit der Bundeswehr umsetzt.

Zur Öffentlichkeitsarbeit zählen alle „Bemühungen um mehr Verständnis für das eigene Tun und Dasein" der Soldaten der Bundeswehr.[30]

[29] vgl. Ministerialblatt des Bundesministers der Verteidigung (Nr. 4) 1993: 54

[30] vgl. ebd.

Das Bürgervertrauen in die Ausgestaltung der Sicherheitspolitik, somit also auch in die Bundeswehr, ist beabsichtigtes Kommunikationsziel.

Die Bundeswehr soll selbst um das Vertrauen der Bürger werben und für das eigene Ansehen sorgen.

Mit diesem Erlass wird das Urteil des Verfassungsgerichts zur Ermöglichung einer verantwortlichen Teilhabe der Bürger an die Bundeswehr selbst übergeben.

Der Erlass beinhaltet keine Definition oder Erläuterung zur Ausgestaltung der Sicherheits- oder Verteidigungspolitik, in die der Bürger der Bundeswehr vertrauen soll.[31]

Er nennt ausschließlich Ziele und verzichtet auf eine detaillierte Definition der sicherheits-politischen Inhalte und auf die Nennung von Schwerpunkten.

Für die methodische Ausgestaltung aller Bemühungen der bundeswehreigenen Presse- und Öffentlichkeitsarbeit werden folgende grundsätzliche Hinweise gegeben, die bindenden Charakter für die Durchführung von derartigen Veranstaltungen haben:

- Die gezielte Vermittlung von Informationen unter Ausnutzung aller zur Verfügung stehenden Medien muss „überzeugen“.
- Eine offene Informationspolitik bietet den Bürgern ständig Informationen an.
- In direkter Kommunikation soll sich die Bundeswehr der Bevölkerung darstellen.
- Der Dialog mit der Bevölkerung „wirkt mehr“ als bloße Information.
- Der Besuch der Bevölkerung bei der Bundeswehr ist „wirkungsvollstes Mittel der Öffentlichkeitsarbeit“ und sollte immer angewandt werden.
- Neben dem zuständigen Fachpersonal müssen sich alle Angehörigen der Bundeswehr über ihre Außenwirkung in und außer Dienst bewusst sein.
- Aufwand und Nutzen von sämtlichen Veranstaltungen muss „in einem vernünftigen Verhältnis stehen.“[32]

---

[31] Bundesminister der Verteidigung Peter STRUCK (Amtszeit: 2002-2005) nannte im Mai 2003 die Gewährleistung von Sicherheit und Schutz der Bürger als die obersten Ziele der deutschen Sicherheitspolitik. Dazu muss die Sicherheitspolitik der Bundesregierung und die von ihr eingesetzten Mittel aktuell auf die Verhütung von Krisen und Konflikten ausgerichtet und gemeinsam mit Verbündeten und Partnern organisiert sein (vgl. Bundesministerium der Verteidigung (Hg.) 2003: 8).

Diesen Hinweisen und Empfehlungen gehen Kenntnisse und Erfahrungen aus den Kommunikationswissenschaften voraus, die jedoch nicht näher erläutert oder durch Daten von Untersuchungen, wie z.B. Wirkungsanalysen, belegt werden.

Es handelt sich offenbar um Wirkungsvermutungen und -erwartungen, deren wissenschaftlicher Hintergrund im Erlass nicht näher genannt wird.

Durch den Dialog mit verschiedenen Anspruchsgruppen soll das Ziel, mehr Vertrauen bei der Bevölkerung zu generieren, erreicht werden. Dabei lässt diese dialogorientierte Form zu, dass Informationen sowohl von dem in der Öffentlichkeitsarbeit eingesetztem Personal zum Bürger als auch vom Bürger zum eingesetztem Personal gesendet werden können.

Für die Tätigkeit der Jugendoffiziere bedeutet dies, dass auch sie als „Blitzableiter" für gegen die Bundeswehr hervorgebrachte Meinungen und Stimmungen angesehen werden. Die Teilnehmer an Veranstaltungen der Öffentlichkeitsarbeit können sich in Ermangelung der Möglichkeiten, sich sofort und direkt bei den für die Bundeswehr Verantwortlichen zu beschweren, Kritik vortragen und diskutieren.

Der Jugendoffizier, der sachlich und offen diskutieren soll, kann die Stimmungen aufnehmen und an die militärischen Vorgesetzten oder in Form des jährlichen Jahresberichts an die Politiker weiterleiten. Die Dialogorientierung spielt dabei eine große Rolle (vgl. Abschnitt 1.4.3). Die Bürger –mehrheitlich die Jugendlichen und jungen Erwachsenen- sollen im Jugendoffizier einen Ansprechpartner finden, der sowohl informiert als auch Informationen der Bürger an die Institution Bundeswehr und die verantwortlichen Politiker aufnimmt. Somit stellt der Jugendoffizier den von RUDOLF geforderten *politischen Bildner auf der Straße* dar (vgl.1.1 dieser Arbeit).

In der Aufzählung dieser Hinweise für die Presse- und Öffentlichkeitsarbeit wird der Bezug auf die in der Zentralen Dienstvorschrift „Innere Führung" genannte Informationsarbeit der Bundeswehr deutlich.

Ein eigener Erlass spezifiziert diese allgemeinen Forderungen an die Öffentlichkeitsarbeit der Bundeswehr für den Einsatz der Jugendoffiziere.

---

[32] vgl. Ministerialblatt des Bundesministers der Verteidigung (Nr. 4) 1993: 54

1.4.3 Das Ministerialblatt zur Tätigkeit der Jugendoffiziere

Das Ministerialblatt *Die Tätigkeit der Jugendoffiziere und Jugendunteroffiziere der Bundeswehr im Rahmen der Öffentlichkeitsarbeit in Verteidigungsfragen* löst die bis dahin für die Öffentlichkeitsarbeit der Jugendoffiziere gültige Weisung des Generalinspekteurs vom Mai 1959 ab[33] und setzt die Forderungen nach einer Informationsarbeit der Bundeswehr für die Tätigkeit der Jugendoffiziere im Teilbereich Presse- und Öffentlichkeitsarbeit um.

Es gilt sowohl für die hauptamtlichen Jugendoffiziere als auch für die oft nur in Nebenfunktion in der Öffentlichkeitsarbeit wirkenden Jugendunteroffiziere. Diese unterstützen das hauptamtliche Personal bei Veranstaltungen und Maßnahmen in ihrem jeweiligen Betreuungsbereich. Beispielsweise bereiten sie die von einem Jugendoffizier geplanten Truppenbesuche von Gruppen vor Ort in ihrer jeweiligen Kaserne vor.

Dieser bis heute gültige Erlass stellt fest, „daß den jungen Staatsbürgern die Verteidigungswürdigkeit unserer staatlichen Grundordnung“ und der Wehrdienst zur Erhaltung des Friedens bewusst gemacht werden soll, da der verfassungsmäßige Auftrag der Bundeswehr die Zustimmung und den Verteidigungswillen der Bevölkerung bedarf.[34]

Eine auf dieser Vorschrift basierende Kurzbeschreibung der Tätigkeit der Jugendoffiziere präzisiert den Auftrag hinsichtlich der Teilanspruchsgruppe der männlichen, jungen Staatsbürger. Es sei „notwendig, Sicherheitspolitik und militärische Verteidigung besonders den jungen Staatsbürgern, die von der Wehrpflicht unmittelbar betroffen sind, verständlich zu machen.“[35]

Aus dieser Feststellung resultiert der Auftrag, dass die Jugendoffiziere in der Öffentlichkeit zu militärischen und sicherheitspolitischen Grundsatzfragen Stellung nehmen und den „Sinn des Soldatseins“[36] in der heutigen Zeit verdeutlichen sollen.

---

[33] vgl. Akademie für Information und Kommunikation der Bundeswehr (Hg.): Handbuch: Der Jugendoffizier, Strausberg 1995: 10

[34] Ministerialblatt des Bundesministeriums der Verteidigung (Nr. 25) 1975: 517

[35] vgl. Kurzbeschreibung der Tätigkeit der Jugendoffiziere (in: Bundesministerium der Verteidigung 2004, Anlage 1: 1)

[36] vgl.: ebd.

Weitere Bestimmungen der Kommunikationsziele in der Tätigkeit der Jugendoffiziere werden nicht genannt. Auch hier fehlt die Nennung detaillierter, sicherheitspolitischer Inhalte, die mit den Zielgruppen diskutiert werden sollen.

„Damit sind sie im weitesten Sinne in der politischen Bildung tätig" fasst der Erlass zusammen, wobei die Frage offen bleibt, welche Vorstellungen von politischer Bildung dem Begriff zugrunde gelegt sind (vgl. ROGGE 1979: 35).

`Junge Staatsbürger´ sollen als besondere Zielgruppe aktiv angesprochen werden. Die Jugendoffiziere suchen daher von sich aus den Kontakt zu diesen in den Wirkungsbereichen Universitäten, Schulen aller Schultypen und -formen, Jugendverbände und Jugendorganisationen und sonstiger nichtorganisierter Jugend.

Um die jungen Staatsbürger zu erreichen, soll der Jugendoffizier „beratend und informierend" bei Lehrerverbänden, Lehrerkollegien und sonstigen Institutionen, die sich mit Jugend- und Bildungsarbeit beschäftigen, tätig sein.

Jugendoffiziere sollen dazu sicherheitspolitische Themen für Unterrichte aufbereiten und dazu „fachlich Stellung" nehmen. Dabei nutzen sie als Methoden Vorträge, Informationen, Diskussionen und die Vermittlung von Truppenbesuchen.[37]

Neben der fachlichen Information können Jugendoffiziere auch persönliche Eindrücke und Erfahrungen schildern. Eine als solche klar erkennbare, persönliche Stellungnahme bleibt ihnen in der Ausführung ihrer Tätigkeit unbenommen, obwohl sie sich in ihren inhaltlichen Aussagen an die direkt durch das Verteidigungsministerium verteilten politischen Grundsatzaussagen, Analysen und Hintergrundinformationen halten müssen.[38]

Der Erlass stellt weiterhin fest, dass Jugendoffiziere „keine Nachwuchswerbung" betreiben sollen. Bis zu dieser ausdrücklichen Feststellung im Jahre 1975 war die Nachwuchswerbung ein durchaus beabsichtigtes Ziel ihrer Öffentlichkeitsarbeit (vgl. HEUSINGER 1958: 1).

Erlebt der Jugendoffizier bei seinen Veranstaltungen Bewerber oder Interessenten für Laufbahnen in der Bundeswehr, sollen diese an die dafür zuständigen Stellen der Wehrdienstberatung vermittelt werden.

RÜCKERT zitiert den im Jahre 1975 für die Arbeit der Jugendoffiziere verantwortlichen Stabsoffizier im Bundesministerium der Verteidigung;

---

[37] Ministerialblatt des Bundesministeriums der Verteidigung (Nr. 25) 1975: 518-519

[38] vgl. ebd.: 519

„Der Jugendoffizier ist kein Werbeoffizier. Seine Arbeit richtet sich nicht nach dem Erfolg einer durchgeführten Werbung“ (RÜCKERT 1998: 3).

RÜCKERT erwähnt sogar eine erwartbare Störung der Erreichung des Kommunikationszieles 'Vertrauen' bei den Zielgruppen, sollte sich der Jugendoffizier doch als Nachwuchswerber oder Rekrutierer präsentieren.

„Eine aktive Einschaltung des Jugendoffiziers in Werbemaßnahmen würde die Schaffung eines Vertrauensverhältnisses behindern“ (ebd.).

Die im Erlass geforderte sachliche und objektive Informationsvermittlung durch den Jugendoffizier scheint offenbar durch gleichzeitige personalwerbende Maßnahmen gefährdet.

Der Erlass nennt außerdem noch andere Aufgaben der Jugendoffiziere wie beispielsweise das Herstellen und Halten von Kontakten zu Schulämtern, fachliches Führen der regionalen Jugendunteroffiziere und Teilnahme und Unterstützung von Medienproduktionen,[39] die sich mit Sicherheitspolitik und Bundeswehr beschäftigen. Diese gehören jedoch nicht zu den Schwerpunkten ihrer Arbeit und werden auch nicht in den jährlichen Jahresberichten der Jugendoffiziere erfasst.[40]

[39] vgl. vgl. Ministerialblatt des Bundesministeriums der Verteidigung (Nr. 25) 1975: 519

[40] vgl. Jahresbericht der Jugendoffiziere 2005: Anlage 3a

1.4.4 Das *Handbuch: Der Jugendoffizier*

Das *Handbuch: Der Jugendoffizier ist keine Vorschrift*, sondern dient als Ausbildungs- und Arbeitshilfe für angehende Jugendoffiziere und wird auf den Grundlehrgängen der Jugendoffiziere an die Lehrgangsteilnehmer ausgegeben.

Dabei handelt es sich um eine Praxishilfe, die die künftigen Jugendoffiziere insbesondere zu Beginn der Ausübung dieser Tätigkeit - gerade „in den administrativen Anforderungen“[41]- unterstützen soll. Zweck des Handbuchs ist es, die Arbeit der Jugendoffiziere „mit einigen Hinweisen auf Grundlagen und praktische Hilfen zu erleichtern.“[42]

Es basiert auf den gültigen Vorschriften und Erlassen und nennt folgende Aufgaben im Auftrag der Jugendoffiziere:

- Der Jugendoffizier repräsentiert die Bundeswehr. (vgl.: ebd.: 12)
- Er soll „vor allem in der Schule im Rahmen der Lehr- und Unterrichtspläne als ein Experte, Referent, etc. zur Verfügung stehen.“ (ebd.)
- „Ziel der Arbeit des Jugendoffiziers ist es, seine Ansprechpartner von der Verteidigungswürdigkeit, aber auch von der Verteidigungsnotwendigkeit unserer grundgesetzlichen Ordnung zu überzeugen.“ (ebd.:10)

Dazu wendet der Jugendoffizier verschiedene Mittel und Methoden an.

Er soll

- sicherheits- und verteidigungspolitische Informationsveranstaltungen an Schulen planen, vorbereiten und durchführen *(Einsatz im Schulunterricht)*,
- Truppenbesuche zur Information über Sicherheitspolitik und Bundeswehr planen und durchführen *(Einsatz bei Truppenbesuchen)* und
- sicherheits- und verteidigungspolitische Seminare organisieren und durchführen *(Einsatz in Seminarform).*[43]

---

[41] ebd.: 7

[42] ebd.: 6

[43] ebd.: 12

Insofern fasst das Handbuch die Tätigkeit und die Einsatzmethodik des Jugendoffiziers zusammen.

1.4.5 Zusammenfassung: Das Profil der Jugendoffiziere

Die betrachteten Vorschriften und Erlasse definieren die Ziele, die Aufgaben und nennen die einzusetzende Methodik ihrer Öffentlichkeitsarbeit der Jugendoffiziere der Bundeswehr.

Als Anforderungen an die Arbeit der Jugendoffiziere werden genannt:

- Ihr Einsatz soll die Bundeswehr in geeigneter Form repräsentieren *(> Handbuch, > ZDv 10/1).*
- Die Arbeit soll durch das fundierte Fachwissen und die angewandte Methodik der Informationsweitergabe überzeugen *(> VMBl Tätigkeit der Jugendoffiziere).*
- Durch den Einsatz soll die Sicherheits- und Verteidigungspolitik in geeigneter Form dargestellt werden *(> VMBl Tätigkeit der Jugendoffiziere, > Handbuch).*
- Die Arbeit ist offen für Diskussionen und lässt andere Meinungen zu *(> VMBl Presse u. Öffentlichkeitsarbeit).*
- Der Jugendoffizier nutzt verschiedene Methoden und setzt diese situativ und zielgruppenabhängig ein *(> VMBl Tätigkeit der Jugendoffiziere).*
- Der Einsatz soll durch geeignete Methoden und moderne Präsentations- und Darstellungsformen gestaltet werden *(> VMBl Tätigkeit der Jugendoffiziere).*
- Die Arbeit soll das Vertrauen in die Bundeswehr generieren *(> VMBl Presse u. Öffentlichkeitsarbeit).*

Mit den Ergebnissen der Erhebung dieser Arbeit wird auch versucht, zu klären, inwieweit dieses angestrebte Profil umgesetzt und von der Zielgruppe bestätigt werden kann.

1.5 Aussagen von Mitgliedern des Verteidigungsausschusses des Deutschen Bundestages

Der Bundestag bestellt einen ständigen Ausschuss für Verteidigung.[44]

Damit ist das Parlament einem „faktischen Zwang zur Arbeitsteilung“ gefolgt, da sich nicht jedes Mitglied des Bundestages ein eigenes, qualifiziertes Urteil zu jeder einzelnen Sachfrage bilden kann (vgl. BERG 1982: 78).

Da dieser ständige Ausschuss gemäß Grundgesetz für die Grundzüge der Organisation der Bundeswehr verantwortlich ist, wird er also immer dann beteiligt, wenn es um Sachfragen und Entscheidungen zum Thema Bundeswehr und Verteidigungspolitik geht.[45]

Die Ausschussmitglieder sind als Bundeswehrexperten mitverantwortlich für die Aufgaben der Bundeswehr und deren Erfüllung.

Im Frühjahr 2003 werden die ordentlichen Mitglieder des Verteidigungsausschusses zu ihren Erwartungen an die Öffentlichkeitsarbeit der Bundeswehr befragt.

Mit den Antworten soll gezeigt werden, welche Ziele die Ausschussmitglieder in der Öffentlichkeitsarbeit der Bundeswehr sehen. Dadurch wird versucht, zu erkennen, ob die verantwortlichen Politiker neben den offiziell vorgeschriebenen auch weitere Ziele verfolgt werden sollen.

Somit können deren Aussagen in dieser Untersuchung als Erwartungen an die Öffentlichkeitsarbeit und den Einsatz der Jugendoffiziere gelten.

---

[44] vgl. Grundgesetz; Artikel 45a Satz1: „Der Bundestag bestellt einen Ausschuss für auswärtige Angelegenheiten und einen Ausschuss für Verteidigung.“ BERG merkt dazu kritisch an: „Der knappe Wortlaut des Art. 45a hat zufolge, dass sich eine Darstellung der Aufgaben, Befugnisse, Grenzen und Probleme der Institution `Verteidigungsausschuss´ nur sehr eingeschränkt direkt auf den Verfassungstext der auszulegenden Grundgesetznorm berufen kann“ (BERG 1982: 68).

[45] vgl. Grundgesetz Artikel 87a Satz 1: „Der Bund stellt Streitkräfte zur Verteidigung auf. Ihre zahlenmäßige Stärke und die Grundzüge ihrer Organisation müssen sich aus dem Haushaltsplan ergeben.“

Frage 1:
Was sind für Sie die vorrangigen Ziele der Öffentlichkeitsarbeit in Verteidigungsfragen?

Frage 2:
Was verstehen Sie unter dem Ziel, das Vertrauen der Bevölkerung in die Sicherheitspolitik der Bundesrepublik zu fördern?

Diese beiden Fragen werden offen formuliert, um zu einer möglichst großen Bandbreite von Vorschlägen zu gelangen. Mehrfachantworten sind zugelassen, daher kann die Anzahl der Antworten von der Anzahl der Ausschuss- bzw. der Fraktionsmitglieder abweichen.

Weiterhin werden die Politiker nach ihrer Parteizugehörigkeit gefragt, um erkennen zu können, ob diese sich möglicherweise auf das Verständnis und die Erwartungen an die Öffentlichkeit auswirkt. Gibt es parteispezifische Unterschiede in der Wahrnehmung der Öffentlichkeitsarbeit oder herrscht eine allgemeingültige und fraktionsunabhängige Auffassung von ihr?

Die Fragen werden schriftlich mit der Bitte um Rückantwort versendet. Die Abgeordneten werden über Absicht und Rahmen der Befragung informiert.

Die anonyme Verarbeitung der Daten und die Nichtweitergabe an Dritte wird zugesichert (siehe Fragebogen, Anhang A).

Vier Monate nach Zusendung der Fragen liegen 13 Antworten vor, das entspricht ca. 43,33 % aller Befragten. Die Antwort erfolgte als Brief, Fax oder E-Mail; in zwei Fällen mündlich innerhalb einer Gesprächssituation im Bundestag.

Abb. 4: Die Befragung der Mitglieder des Verteidigungsausschusses

Fraktion	**Anzahl der Ausschussmitglieder**	**Anzahl der erhaltenen Antworten**	**Anteil**
SPD	13	6	46,15 %
CDU/CSU	12	7	58,33 %
Bündnis `90/Die Grünen	3	-	-
FDP	2	-	-
Gesamt	**30**	**13**	**43,33 %**

In der Zusammenstellung der Antworten werden die genannten Aufgaben/Ziele zum Zwecke einer größeren Übersichtlichkeit zusammengefasst oder gekürzt; in einem zweiten Schritt werden sie einer von zwei Kategorien kommunikativer Effekte zugeordnet.

Dabei wird der Unterscheidung von Kommunikationszielen und Handlungszielen gefolgt:

1. Informationsvermittlung/Informationsgewinn (kurz *Information*) als Kommunikationsziel
2. Einflussnahme (Bildung, Bestätigung oder Veränderung) auf Einstellungen (kurz *Einstellung*) als Handlungsziel

1.5.1 Antworten auf Frage 1

Abb. 5: Antworten auf Frage 1

	Antwort	Kommunikationszielkategorie	Anzahl	SPD	CDU/ CSU
1.1	Vermittlung von Sinn und Zweck der Bundeswehr/ Erklärung der Notwendigkeit eigener Streitkräfte/ Akzeptanzgewinnung	Einstellung (Handlungsziel)	13	7	6
1.2	Thematisierung und Diskussion der deutschen Außen- und Sicherheitspolitik	Information (Komm.-ziel)	13	8	5
1.3	Wecken des Bewusstseins für Sicherheitspolitik	Einstellung (Handlungsziel)	10	3	7
1.4	Erklärung der Notwendigkeit der Wehrpflicht	Einstellung (Handlungsziel)	6	3	3
1.5	Nachwuchswerbung	Einstellung (Handlungsziel)	4	2	2
1.6	PR für die Bundeswehr	Information, (Komm.- ziel) Einstellung (Handlungsziel)	3	--	3

1.5.2 Antworten auf Frage 2

Abb. 6: Antworten auf Frage 2

	Antwort	**Kommunikationszielkategorie**	**Anzahl**	**SPD**	**CDU/ CSU**
2.1	Vertrauen in die Sicherheitspolitik umfasst auch Bundeswehr als deren Instrument/ Akzeptanz der Bundeswehr in der Gesellschaft	Einstellung (Handlungsziel)	13	6	7
2.2	Erläuterung der aktuellen Sicherheitspolitik	Information (Kommunikationsziel)	10	4	6
2.3	Einbettung der Bundeswehr in die freiheitlich demokratische Grundordnung	Einstellung (Handlungsziel)	6	3	3
2.4	Akzeptanz der Wehrpflicht	Einstellung (Handlungsziel)	4	2	2

1.5.3 Auswertung der Ergebnisse

Die Antworten geben einen Überblick über die Erwartungen der verantwortlichen Parlamentarier zur Öffentlichkeitsarbeit der Bundeswehr.

Obwohl der *Jugendoffizier* nicht ausdrücklich in den Fragestellungen erwähnt ist, lassen sich die Antworten zu den Erwartungen und Inhalten der Öffentlichkeitsarbeit auch auf die Funktion und den Auftrag der Jugendoffiziere übertragen.

Da diese ihren Aufgaben im Rahmen der von den Verteidigungspolitikern genannten Erwartungen nachgehen, ist der Schluss zulässig, dass deren Tätigkeit als funktionsangemessen beurteilt wird.

1.

In großer Deutlichkeit wird als Hauptziel der Öffentlichkeitsarbeit das Vertrauen der Bürger in die Sicherheitspolitik und deren Instrument Bundeswehr genannt. Das Bemühen um eine hohe Akzeptanz der Bundeswehr beim Bürger und das daraus resultierende Vertrauen erscheint den Abgeordneten wichtiger als die Darstellung der Einbettung der Bundeswehr in die freiheitlich demokratische Grundordnung der Bundesrepublik.

Die Ausschussmitglieder sehen das Vertrauen der Bürger in die Bundeswehr als wichtiges Thema und seine Generierung und Stärkung zur zentralen Aufgabe ihrer Öffentlichkeitsarbeit.

2.

Scheinbar weniger bedeutsam ist das Thema *Wehrpflicht* für die Öffentlichkeitsarbeit geworden. Die Akzeptanz der Wehrpflicht in der Bevölkerung wird nicht mehr als das Hauptziel der Bemühungen gesehen.

3.

Offensichtlich sehen die Ausschussmitglieder, dass die in den Vorschriften genannten Aufgaben und Ziele der Öffentlichkeitsarbeit der Bundeswehr situativ erweitert werden können. Als Einflüsse wurden von den Mitgliedern des Verteidigungsausschusses Arbeitsmarktlage, sicherheitspolitisches Tagesgeschehen und Nachwuchswerbung genannt.

4.

Weitgehender Konsens besteht bei den Parlamentariern über den grundsätzlichen Nutzen und positiven Wert der Öffentlichkeitsarbeit für die Darstellung der Bundeswehr und der deutschen Sicherheits- und Verteidigungspolitik.

Offenbar erwarten die Abgeordneten, dass eine Teilhabe des Bürgers in Fragen der Sicherheitspolitik erreicht werden kann, wenn dieser ausreichend informiert wird und sich dadurch ein eigenes Bild über diese Themen machen kann.

Daher soll die Bundeswehr durch ihre Öffentlichkeitsarbeit bei der Bevölkerung um Akzeptanz für den eigenen Auftrag und Aufbau werben.

5.

Interessanterweise nennt kein Ausschussmitglied bei der Beantwortung der ersten Frage *Vertrauen in die Sicherheitspolitik* oder *in die Bundeswehr* als ein vorrangiges Kommunikationsziel der Öffentlichkeitsarbeit.

Direkt zum *Vertrauen der Bevölkerung in die Sicherheitspolitik* befragt (Frage 2), können sämtliche Politiker jedoch ihr Verständnis vom Kommunikationsziel *Vertrauen* nennen und beschreiben. Offensichtlich implizieren die Begriffe *Vertrauen* und *Vertrauensgewinn* verschiedene Eigen-schaften, die von den Ausschussmitgliedern gesehen und erwartet, aber nicht sofort als Ziele der Öffentlichkeitsarbeit benannt werden.

6.

Die befragten Politiker sehen in der Öffentlichkeitsarbeit ein Mittel, die Bürger und insbesondere die Jugendlichen zu erreichen. Öffentlichkeitsarbeit und somit ihre Träger sollen überzeugen, vermitteln und anregen. Das von ihnen vorrangig genannte Ziel der Öffentlichkeitsarbeit ist es, Meinungen und Einstellungen bei den Teilnehmern an Veranstaltungen der Öffentlichkeitsarbeit zu verändern.[46]

7.

Die Antworten lassen keinen erkennbaren Rückschluss auf die Fraktions- oder Parteizugehörigkeit zu. Die Ausschussmitglieder haben keine parteipolitisch unterscheidbare Auffassung über die Aufgaben und Funktion der Öffentlichkeitsarbeit. Zu sehr gleichen sich ihre Antworten.

[46] „Die Sozialwissenschaften lehren, dass Konsenserziehung durch Meinungsbeeinflussung bewirkt wird. Dabei wird von der Annahme ausgegangen, dass Meinungen und Einstellungen Verhalten bestimmen. Als brauchbare Mittel hierzu gelten bestimmte Sozialtechniken wie Aktionierung, Konditionierung, Stimulation und Motivation" (FUCHS; KLEINDIEK 1984: 20).

1.5.4 Zusammenfassung

Von den 30 befragten ordentlichen Mitgliedern des Verteidigungsausschusses haben innerhalb der ersten vier Monate nach Zusendung 13 geantwortet. Das entspricht einer Antwortquote von über 43%. Dies ist angesichts der Aufgaben- und Ämterfülle der Befragten ein zufriedenstellender Rücklauf. Die Antworten kamen ausschließlich von Mitgliedern der SPD- und der CDU/CSU-Fraktion.

Neben den in den Vorschriften genannten Zielen der Öffentlichkeitsarbeit der Bundeswehr werden Erwartungen der Ausschussmitglieder an diese gerichtet, die über die Vorgaben in Erlassen und Vorschriften hinausgehen.

Für die Politiker gibt es weitere Ziele und Absichten.

Zwar sehen die Ausschussmitglieder als Schwerpunkte der Öffentlichkeitsarbeit die Thematisierung von Sicherheits- und Verteidigungspolitik und die Darstellung der eigenen Streitkräfte, was den Bestimmungen der Vorschriften weitgehend entspricht, jedoch benennen die Politiker noch weitere Ziele der Öffentlichkeitsarbeit der Bundeswehr. So spielt beispielsweise die Nachwuchswerbung eine wichtige Rolle. Etwa ein Drittel der befragten Politiker sehen in ihr eine wichtige Funktion der Öffentlichkeitsarbeit der Bundeswehr.

Durch diese Erwartungshaltung wird für die Tätigkeit der Jugendoffiziere auch deutlich, dass eine klare Definition und Abgrenzung zur Nachwuchswerbung notwendig ist. Offenbar wird die in den Vorschriften enthaltene Abgrenzung (siehe 1.4.3) von den Politikern nicht unmittelbar wahrgenommen.

Die Antworten zum Phänomen *Vertrauen* lassen erkennen, dass der Vertrauensbegriff vor der beabsichtigten Untersuchung zunächst operationalisiert werden muss.

1.6 Der Begriff *Öffentlichkeitsarbeit* – eine Arbeitsdefinition

Der Begriff der Öffentlichkeitsarbeit setzt die Bestimmtheit zweier anderer Begriffe voraus: dessen der Öffentlichkeit und dessen der öffentlichen Meinung.

Unter Öffentlichkeit soll hier die bei HABERMAS herausgearbeitete bürgerliche Öffentlichkeit in Abgrenzung von der Privatheit verstanden werden: der Körper freier Bürger als Gegengewicht zur politischen Herrschaft, an der die Öffentlichkeit durch Partizipation beteiligt ist.[47]

Dieser Öffentlichkeitsbegriff ist notwendig an eine öffentliche Meinung und damit an Kommunikation gebunden.

1.6.1 Öffentliche Meinung

Im Rahmen ihrer Theorie der Schweigespirale leitet NOELLE-NEUMANN aus dem sozialpsychologischen Konzept der Isolationsfurcht eine Definition von Öffentlicher Meinung her, die, wenn auch kontrovers diskutiert (vgl. statt vieler Wolfgang DONSBACH/Robert L. STEVENSON [1986]: „Herausforderungen, Probleme und empirische Evidenzen der Theorie der Schweigespirale". Publizistik 31 [1986], S. 7-34), in der neueren Kommunikationswissenschaft bestimmend geworden ist:

> Im verfestigten Bereich der Traditionen, Sitten, und vor allem aber der Normen sind jene Meinungen und Verhaltensweisen öffentliche Meinung, die man öffentlich äußern oder einnehmen muß, wenn man sich nicht isolieren will, Isolationsfurcht eines einzelnen, sein Bedürfnis, akzeptiert zu werden einerseits, und die von Öffentlichkeit als Urteilsinstanz gestellte Forderung zur Konformität mit etablierten, allgemein gebilligten Meinungen und Verhaltensweisen andererseits konservieren eine bestehende Ordnung, einen *Wertehimmel*. (1989: 92)

Für die Bundeswehr bedeutet dies, dass sie eine große Öffentlichkeit hat, da medial über sie laufend berichtet wird, aber auch weil ein Großteil der Bürger die Bundeswehr durch den eigenen Dienst als Soldat kennen gelernt, bzw. im Verwandten- oder Bekanntenkreis Erfahrungen gesammelt hat.

[47] vgl. HABERMAS 1990: 319

Zuvor (1975) hatte Niklas LUHMANN einen hiervon unterschiedenen, aber in der Sache mit diesem kompatiblen Begriff von Öffentlicher Meinung entwickelt. („Öffentliche Meinung". Niklas LUHMANN: Politische Planung. Aufsätze zur Soziologie von Politik und Verwaltung [2. Aufl.; Opladen: Westdeutscher Verlag 1975], S. 9-34.)

> Zieht man in Betracht, daß Kommunikation mit einem minimalen Potential für bewußte Aufmerksamkeit auskommen muß – und das ist unser Differenzpunkt gegenüber dem Selbstverständnis und dem Vernunftsbegriff der Aufklärungszeit -, wird offensichtlich, daß solche Kommunikation Voraussetzungen machen, daß sie mögliche Themen immer schon haben muß. Was öffentliche Meinung genannt wird, scheint im Bereich solcher Themen der Kommunikation zu liegen, deren Vorausgesetztheit die Beliebigkeit des politisch Möglichen einschränkt. Unter „Themen" wollen wir bezeichnete, mehr oder weniger unbestimmte und entwicklungsfähige Sinnkomplexe verstehen, über die man reden und gleiche, aber auch verschiedene Meinungen haben kann: das Wetter, das neue Auto des Nachbarn, die Wiedervereinigung, der Motorlärm von Rasenmähern, das Steigen der Preise, der Minister Strauß. (13)

Die Meinungsbildung (NOELLE-NEUMANNs) setzt die Thematisierung (LUHMANNs) voraus, um ein Faktor in der Öffentlichen Meinung zu werden. Beide sind Gegenstand der Öffentlichkeitsarbeit.

1.6.2 Öffentlichkeitsarbeit / Public Relations

Seit der Übersetzung des angloamerikanischen Begriffs *Public Relations* in *Öffentlichkeitsarbeit* durch OECKL im Jahre 1951 werden in der Praxis diese beiden Begriffe zum größten Teil synonym verwendet (vgl. BARTHENEIER 1988: 30).

So werden auch in dem mehrbändigen Grundlagenwerk „Studiengang Öffentlichkeitsarbeit" beide Begriffe mit gleicher Bedeutung benutzt (vgl. TREMEL/OHMANN 1999).

Viele hundert in der Literatur bekannten Definitionen erschweren eine klare Begriffsbestimmung[48].

Nur für wenige Begriffe gibt es so viele Definitionen, und nur wenige Begriffe sind so vielen Missdeutungen ausgesetzt, wie dieser Import aus den USA. (SCHULZE-FÜRSTENOW 1988: 7)

Auf die Definition der *Öffentlichkeitsarbeit* wirken sich z.B. unterschiedliche Kommunikationsziele und -inhalte, Dialogpartner und Zielgruppen aus.

Für FUCHS/KLEINDIEK sind Ausgangspunkt und Ziel der Öffentlichkeitsarbeit klar gekennzeichnet: „Informieren mit der Absicht, gesellschaftliche Übereinstimmung, also sozialen Konsens, zu erzielen" (FUCHS/KLEINDIEK 1984: 13 f.).

[48] Im Folgenden sollen einige Einflüsse auf den Begriff Öffentlichkeitsarbeit und seine Definitionen in der Literatur genannt werden. Schon im Jahr 1951 definierte HUNDHAUSEN: „Public Relations hat zum Ziel, die Menschen zusammenzuführen und Vertrauen zu begründen und zu festigen" (HUNDHAUSEN 1951: 161).
Doch PR kann auch Beziehungen schaffen. Diese Fähigkeit ist nach AVENARIUS „Grundform des gesellschaftlichen Kommunizierens" (AVENARIUS 2000: 3).
Beziehung bedeutet dabei, dass „durch und nach einem kommunikativen Akt zwischen zwei Gesprächspartnern nichts mehr ist wie davor. Sie haben sich aufeinander bezogen: in Aufmerksamkeit, in wechselseitiger Berücksichtigung, in Zu- oder Mißtrauen, schließlich in Zu- oder Abwendung" (ebd.).
SCHULZE-FÜRSTENOW fasst das Ziel der Öffentlichkeitsarbeit folgendermaßen zusammen: „Es geht um Verständigung und Interessensausgleich zwischen gesellschaftlichen Gruppen durch gegenseitigen Informationsaustausch" (SCHULZE-FÜRSTENOW 1988: 9).
KUNCZIK erweitert dieses Verständnis und ergänzt zum eher sachlichen Begriff des *Interessensausgleichs* eine emotionale Komponente; das *Image*. Er definiert Öffentlichkeitsarbeit als eine „bewusst geplante dauerhafte Verbreitung interessengebundener Information mit dem Ziel, ein positives Image generell oder bei bestimmten Teilöffentlichkeiten aufzubauen oder zu stabilisieren bzw. ein negatives Image abzubauen." (KUNCZIK 1997: 4)"

Dabei wird eine Abweichung vom Idealziel, absolute gesellschaftliche Übereinstimmung i.S. einer Zustimmung beim Kommunikationspartner, z.B. „Bürger, Wähler, Kunden, Verbraucher, Mitarbeiter, Geldgeber" zu erzielen, als eine „normale, systemimmanente Erscheinung unseres sozialen Lebens" hingenommen (ebd.).

Die *Deutsche Public Relations Gesellschaft* (kurz: DPRG) sieht in der Öffentlichkeitsarbeit „das bewusste und legitime Bemühen um Verständnis sowie den Aufbau und Pflege von Vertrauen in der Öffentlichkeit" (JUNG 1982: 106).

Die Erlasse und Vorschriften der Bundeswehr erscheinen wie eine Adaption dieser Definition (vgl. Abschnitt 1.4):

Um Verständnis und Vertrauen bei der Zielgruppe zu erreichen, wenden die Jugendoffiziere der Bundeswehr die Methode der „dialogorientierten Öffentlichkeitsarbeit" an. Diese Form der Öffentlichkeitsarbeit sucht den Dialog, es werden nicht nur in eine Richtung Inhalte kommuniziert, sondern es soll ausdrücklich ein Austausch von Informationen zwischen den Dialogpartnern stattfinden, d.h. die Jugendoffiziere verfolgen ihre per Erlasslage vorgegebenen (Kommunikations-) Ziele, reagieren jedoch auch auf Stimmungen, Fragen und Informationsbedürfnisse ihrer Anspruchsgruppen. Beispielsweise ist gerade der jährliche Jugendoffizierbericht eine indirekte Weitergabe von im Dialog wahrgenommenen Meinungen und Aussagen an die für die Bundeswehr verantwortlichen Politiker und militärischen Entscheider.[49]

Somit entspricht der Einsatz des Jugendoffiziers den Forderungen des Bundesverfassungsgerichtsurteils von 1977 an die staatliche Öffentlichkeitsarbeit (siehe Abschnitt 1.1).

Die sehr kurze Definition der DPRG kann auch als Arbeitsdefinition auf die Öffentlichkeitsarbeit in der Bundeswehr übertragen werden.

Sie scheint mit der in den Erlassen und Weisungen der Bundeswehr gebrauchten Begriffsbestimmung der Öffentlichkeitsarbeit vereinbar zu sein und kann folg-

[49] AHRENS/HÜTT beobachteten 1993, dass ein „Gespenst durch die PR" geht; der „Dialog". Und sie erwähnten, dass ein allgemeines Verständnis von Dialog als Bestandteil und Ziel der Öffentlichkeitsarbeit fehlt (vgl. AHRENS/HÜTT 1993: 1). Bezogen auf Unternehmen bedeutet Dialog, dass durch ihn Verhalten verändert, die gesellschaftliche Akzeptanz für ein Unternehmen verbessert und durch ihn neue Märkte erschlossen werden können (vgl. ebd.: 9).

lich in vorliegender Arbeit allen weiteren Untersuchungen zugrunde gelegt werden.[50]

1.6.3 Wirkungserwartungen an die Öffentlichkeitsarbeit

Die Ergebnisse der Befragung der Verteidigungsausschussmitglieder (siehe Abschnitt 1.5) lassen erkennen, dass es auch bei den politisch für die Bundeswehr Verantwortlichen trotz ministerieller Erlasse und Vorschriften unterschiedliche Auffassungen zu Zielen und erwarteten Wirkungen der Öffentlichkeitsarbeit der Bundeswehr gibt.

1.6.4 Der Jugendoffizier als Öffentlichkeitsarbeiter/PR-Praktiker

Die Vorgaben für die Öffentlichkeitsarbeit der Bundeswehr (siehe 1.4.2), speziell die für die Tätigkeit der Jugendoffiziere (siehe 1.4.3), und die Erwartungen der befragten Verteidigungspolitiker des Deutschen Bundestages entsprechen weitgehend dem Aufgabenbereich, wie er für die PR-Praktiker in Verbänden, Unternehmen und Agenturen beschrieben wird.

Die folgende Übersicht soll zeigen, welche Gemeinsamkeiten zwischen dem Tätigkeitsbereich und den für diesen geforderten Eigenschaften/Qualifikationen der Jugendoffiziere und denen von PR-Praktikern bestehen.[51]

---

[50] Auch die für Tätigkeit der Jugendoffiziere geltenden Erlasse und Vorschriften nennen Verständnis und Vertrauen als Kommunikationsziele; der Jugendoffizier stellt die Außen- und Sicherheitspolitik der Bundesregierung und ihr exekutives Organ Bundeswehr in der Öffentlichkeit dar und wirbt um Verständnis für diese (siehe Abschnitt 1.4). Erklärtes Ziel dabei ist die Teilhabe und Billigung durch den Bürger als Wähler und somit Mitentscheider über den Fortbestand der Regierung selbst.

[51] Der langjährige Vorsitzende der Deutschen Public Relations Gesellschaft Albert OECKL fasst die Aufgabe und die Ziele der Öffentlichkeitsarbeit für die in der PR-Praxis Tätigen zusammen: „Da der PR-Fachmann Verständnis schaffen und Vertrauen aufbauen möchte, ist für ihn eine faire Einflußnahme auf die öffentliche Meinung eine essentielle Aufgabe“ (OECKL 1976: 35).
Er sieht den Erfolg einer *fairen Einflussnahme* nur gesichert, wenn der PR-Praktiker bestimmte Fähigkeiten und „nicht alltägliche Eigenschaften“ hat und anwendet (vgl. OECKL 1988: 26). Diese sollen mit den Anforderungen an den Jugendoffizier, die der Referatsleiter der Öffentlich-

Größter Unterschied ist sicherlich in den anzusprechenden Teilöffentlichkeiten zu finden. Während sich die Öffentlichkeitsarbeit des Jugendoffiziers hauptsächlich an Jugendliche und junge Erwachsene richtet, wendet sich der PR-Akteur oder PR-Manager überwiegend an Journalisten (vgl. BENTELE 1999: 7).

---

keitsarbeit im Bundesministerium der Verteidigung gefordert hat, verglichen werden (vgl. BURGEMEISTER 1998a: 9 f.).
Der Vergleich zeigt, wie ähnlich sich PR-Praktiker und Jugendoffizier im Idealfall sind.
Der richtige Gebrauch von Schlüsselqualifikationen zählt sowohl für die PR-Praktiker als auch für die Aufgabe des Jugendoffiziers zu wichtigen Voraussetzungen in der Ausübung der Öffentlichkeitsarbeit. Im Vorwort des *Handbuchs: Der Jugendoffizier* heißt es dazu, dass nicht das Handbuch mit seinen praktischen Hilfen, Textdokumentationen oder Schaubildern den Erfolg garantieren kann, sondern der Jugendoffizier mit Geist, Überzeugungskraft, Offenheit und Glaubwürdigkeit den Wert der Arbeit bestimmt.
OECKL erwähnt in seinem Standardwerk *PR-Praxis – Der Schlüssel zur Öffentlichkeitsarbeit* auch die Jugendoffiziere der Bundeswehr. Er nennt die finanziellen Ausgaben für Öffentlichkeitsarbeit (den „PR-Etat“) des Bundesministeriums der Verteidigung „beträchtlich“ und bemerkt auch den großen personellen Aufwand in diesem Bereich (vgl. OECKL 1976: 242).

Abb. 7: Vergleich PR-Praktiker – Jugendoffizier

Der PR-Praktiker (nach OECKL 1988: 26)	**Der Jugendoffizier** (nach BURGEMEISTER 1998a: 9-11)
- reagiert wie ein „Seismograph“ und wirkt wie ein „Frühwarnsystem“ für das Unternehmen	- wirkt als „Seismograph“ und „Frühwarnsystem“ für die Bundeswehr und für die Politik in Staat und Gesellschaft
- liefert überzeugende Begründungen und Informationen	- ist authentisch und glaubwürdig
- praktiziert psychologisches Einfühlungs- und kritisches Urteilsvermögen	- leistet bürgernahe Informationsvermittlung und kritische Auseinandersetzung
- stellt sich voll und ganz auf Zielgruppe ein, wirkt als Dolmetscher	- ist Brückenbauer zur jungen Generation (= Hauptzielgruppe!)

Die Instrumente und Methoden, mit denen PR-Praktiker versuchen, den größtmöglichen Konsens zwischen Auftraggeber und Bürgern oder Kunden zu erreichen, sind sehr unter-schiedlich und deren Einsatz von vielen Einflüssen abhängig.

> Je nach Interessenlage, Informationsverhalten, Aufnahmebereitschaft und -fähigkeit des Dialogpartners werden personale und mediale Instrumente eingesetzt (REINEKE/EISELE 1994: 104).

Untersuchungen haben bestätigt, dass der Einsatz von Massenmedien für die Schaffung von gesellschaftlichem Konsens weniger geeignet erscheint, daher eher dialogische Kommunikationsmethoden eingesetzt werden sollten (FUCHS/ KLEINDIEK 1984: 14 u. 19). Die wesentlichen Kennzeichen der PR-Kommunikation „Wechselseitigkeit, Informationsaustausch, Dialog und Rückkopplung (*Two-Way-Communication, Feedback*), werden in dieser Methode berücksichtigt (vgl. ebd.).

Allen in der Praxis angewandten Methoden der Jugendoffiziere ist gemein, dass sie einer „personalkommunikativen Vermittlungsstrategie (vgl. TÖPPICH 1997: 98)“ entstammen, d.h. dass die Zielgruppe direkt und 'face-to-face' angesprochen wird.

1.7 Zusammenfassung von Teil 1

Der Jugendoffiziereinsatz als Teil der Öffentlichkeitsarbeit der Bundeswehr wird durchgeführt, um die in Erlassen und Vorschriften vorgegebenen Kommunikationsziele zu verfolgen. Das Vertrauen der Anspruchsgruppen in die Bundeswehr als Instrument der deutschen Sicherheits- und Verteidigungspolitik soll generiert werden.

Auch die zu Zielen der Öffentlichkeitsarbeit der Bundeswehr befragten Mitglieder des Verteidigungsausschusses nennen am häufigsten *die Vertrauensgenerierung* in die Bundeswehr.

Bevor in dieser Arbeit der Einsatz der Jugendoffiziere hinsichtlich der Vertrauensgenerierung evaluiert werden kann, erscheint zunächst die Untersuchung von *Vertrauen* sinnvoll.

Daher erfolgt diese im nachstehenden Teil 2.

2 Zur Soziologie des Vertrauens in der Öffentlichkeitsarbeit

Vertrauen gehört in den Vorschriften für die Arbeit der Öffentlichkeitsarbeit der Bundeswehr und speziell der Jugendoffiziere zu den zentralen Begriffen, verbleibt dort aber eher im Allgemeinen.

Als etwas konkreter erweisen sich die Aussagen aus der Befragung der Verteidigungspolitiker des Bundestages: Die Abgeordneten erkennen im Vertrauen in die Bundeswehr beispielsweise deren Akzeptanz in der Gesellschaft und die Zustimmung zu ihrer Einbettung in die freiheitlich demokratische Grundordnung (siehe 1.5.3).

Der Begriff des Vertrauens hat – neben z.B. der psychologischen und der theologischen - auch eine soziologische Dimension, auf die im Folgenden zurückgegriffen wird, um eine theoretische Basis für die weiteren Arbeitsschritte zu gewinnen.

Von besonderer Bedeutung wird dabei Vertrauen in Institutionen sein.

2.1 Der Vertrauensbegriff in der Kommunikationsforschung

„Vertrauen ist nie ein Thema soziologischen Mainstream gewesen“ erkennt LUHMANN die Besonderheit des Untersuchungsgegenstandes (vgl. LUHMANN 2001: 143). Und dennoch existiert eine Vielzahl von Definitionen und Definitionsversuchen in der Literatur.

GAMBETTA erkennt bei seiner Analyse der unterschiedlichen Auffassungen von Vertrauen „gewisse Übereinstimmungen“. Er fasst diese zusammen und definiert Vertrauen wie folgt:

> Vertrauen [...] ist ein bestimmter Grad der subjektiven Wahrscheinlichkeit, mit der ein Akteur annimmt, dass eine bestimmte Handlung durch einen anderen Akteur oder eine Gruppe von
> Akteuren ausgeführt wird, und zwar sowohl *bevor* er eine solche Handlung beobachten kann (oder unabhängig von seiner Fähigkeit, sie jemals beobachten kann) *als auch* in einem Kontext, in dem sie Auswirkungen auf *seine eigene* Hand-

lung hat (GAMBETTA 2001: 211).

Diese Definition bezieht sich auf „Akteure", die sowohl Personen als auch Systeme oder Institutionen sein können.

Für LUHMANN besteht die zentrale Funktion des Vertrauens darin, soziale Komplexität zu reduzieren. Wer vertraut, nimmt eine Zukunft vorweg, die mehr Möglichkeiten zulässt, als Wirklichkeit werden können und gerät dadurch in die Lage, sich nur für eine dieser Möglichkeiten zu entscheiden (vgl. LUHMANN 1973: 5).

> Für jede Art realer Systeme in der Welt, und seien es physische oder biologische Einheiten, Steine, Pflanzen oder Tiere ist die Welt übermäßig komplex: Sie enthält mehr Möglichkeiten, als die, auf die das System sich erhaltend reagieren kann"
>
> beschreibt LUHMANN diese Komplexität (ebd.).
>
> Dem Menschen allein wird die Komplexität der Welt selbst und damit auch die Selektivität seiner Umwelt bewusst [...]. Er kann Welt, kann bloße Möglichkeiten, kann sein Nichtwissen thematisch
> erfassen und sich selbst erkennen als jemanden, der entscheiden muß (ebd.).

LUHMANN sieht in der Reduzierung der Komplexität der Möglichkeiten eine wichtige Voraussetzung für alles sinnvolle, menschliche Handeln. Seiner Auffassung nach ist die Notwendigkeit des Vertrauens auch als wahrer Grund für die Herleitung von Regeln richtigen Verhaltens anzusehen (vgl. LUHMANN 1973: 1).

> Vertrauen bedarf immer der Zuversicht, dass die eigene Erwartung
> erfüllt wird.
>
> Vertrauen und Zuversicht. Beide Begriffe beziehen sich auf Erwartungen, die in Enttäuschungen umschlagen können. Der Normalfall ist jener der Zuversicht. Der Mensch ist zuversichtlich, dass seine Erwartungen nicht enttäuscht werden: dass Politiker versuchen, Krieg zu vermeiden, dass Autos keine Panne haben oder plötzlich die Strasse verlassen, so dass man
> beim Spaziergang am Sonntagnachmittag überfahren wird (LUHMANN 2001: 147 f.).

Nach LUHMANN ist das Vertrauen somit eine „riskante Vorleistung (LUHMANN 1968: 23)", da erst im Nachhinein erkannt werden kann, ob die Erwartungen sich erfüllt haben. Bis dahin muss das Vertrauen und die Zuversicht die Ungewissheit ablösen.

2.2 Merkmale des Vertrauens

Als erste Orientierung für die später beabsichtigte Operationalisierung von Vertrauen sollen Annahmen von OSWALD in einem Diagramm dargestellt werden (vgl. OSWALD (1994: 112f.). Dabei werden die Feststellungen OSWALDs auf die Tätigkeit der Jugendoffiziere übertragen (siehe Anmerkungen in Klammern).

Abb. 8: Das Vertrauen der Bürger

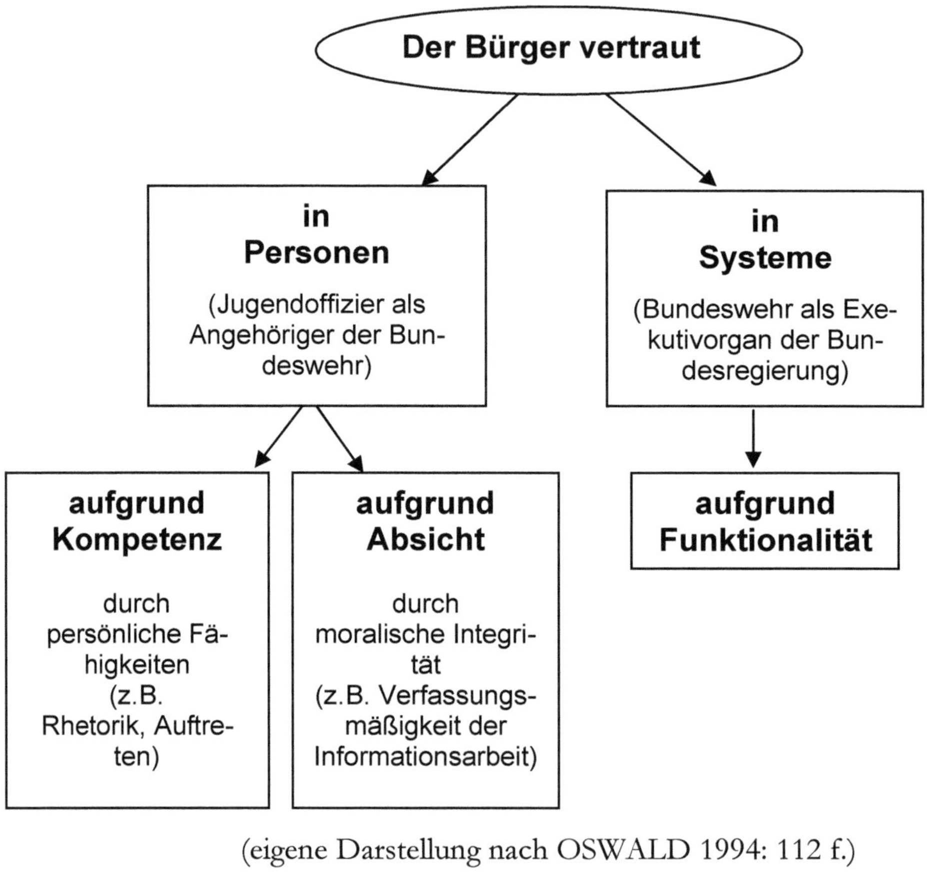

(eigene Darstellung nach OSWALD 1994: 112 f.)

„In der Regel wird die mit einer Vertrauenshandlung verbundene Höhe des Risikos durch ein entsprechend starkes Vertrauensgefühl (affektive Komponente) und durch Vorinformationen über das jeweilige Objekt des Vertrauens (kognitive Komponente) `abgesichert´ bzw. auf ein Restrisiko begrenzt sein“, wobei dies nicht immer der Fall sein muss, da Vertrauenshandlungen auch durch „andere, wie beispielsweise normative oder durch reine Zweckmäßigkeit geleitete Überlegungen zustande kommen können“ (OSWALD 1994: 112).

Legt man LUHMANNs Bestimmung von Vertrauen als *riskante Vorleistung* auf der Grundlage von *Vertrautheit* zugrunde (siehe Abschnitt 2.1), so lassen sich nach diesem Diagramm zwei Quellen von Vertrauen unterscheiden: Erstens die Vertrautheit von Personen und zweitens die Vertrautheit mit dem System. In beiden Fällen kann eine positive Vertrautheit, d.h. können positive Erfahrungen in der Vergangenheit, Vertrauen begründen.

Somit werden zwei Formen von Vertrauensnehmern unterscheiden.

Zum einen gibt es das Vertrauen in Personen und zum zweiten das in Systeme bzw. Institutionen.

2.2.1 Das Vertrauen in Personen

Im interpersonalen Miteinander gibt es immer eine Erwartungshaltung, wie man sich das künftige Verhalten des anderen vorstellt, z.B. zwischen Eheleuten, Kollegen, Vorgesetzten, etc.

> Demnach befasst sich die Vertrauensbildung und -vergewisserung mit dem Zukunftshorizont der jeweils gegenwärtigen Gegenwart (LUHMANN 1973: 13).

LUHMANN unterscheidet dabei, dass die Vertrauensbildung die erwartete Zukunft vergegenwärtigen, aber nicht die künftigen Gegenwarten vergegenwärtigen kann (vgl. ebd.).

Ob das entgegengebrachte Vertrauen dann aber nicht enttäuscht wird, kann nicht einfach vorhergesehen werden. Zur Reduzierung der unzähligen Möglichkeiten, *vertraut* man dem anderen. Das ist „notwendig, weil es Gewissheiten, wie Menschen sich künftig verhalten, nicht gibt“ (vgl. JÄCKEL 1990: 33).

Die „Kluft zwischen Erwartung und Gewissheit“ sieht JÄCKEL als „Niststätte für lähmende Zweifel“ der anderen Person gegenüber, die nur durch entgegengebrachtes Vertrauen geschlossen werden kann (vgl. JÄCKEL 1990: 34).

Andernfalls kann das weitere Verhalten nachhaltig beeinflusst werden.

Aber die Bereitschaft des anderen, in eigenes Handeln zu vertrauen, kann auch *aktiv* beeinflusst werden. Es bedarf nicht ausschließlich der Reaktion auf ein gezeigtes Handeln, sondern kann auch gezielt beworben werden.
Doch auch diese aktive Werbung um Vertrauen verlangt nach HUNDHAUSEN entscheidende Vorbedingungen:

> Niemand sollte den Versuch unternehmen, um Vertrauen zu werben, wenn er nicht den Willen oder die Kraft hat, Vertrauen zu gewähren und ihm gewährtes Vertrauen zu rechtfertigen (HUNDHAUSEN 1951: 48).

LUHMANN bemerkt, dass Vertrauen schon gar nicht erzwungen werden kann (vgl. LUHMANN 1973: 46).

Es gibt also verschiedene Einflüsse für das Entstehen von Vertrauen.

2.2.2 Das Vertrauen in staatliche Institutionen

GIDDENS weist darauf hin, dass das Vertrauen nicht das gleiche wie der Glaube an die Zuverlässigkeit einer Person oder eines Systems ist, sondern das, was aus diesem Glauben hervorgeht (vgl. GIDDENS 1999: 48).

> Einer der Reize des Vertrauensbegriffs besteht darin, dass er in sozialwissenschaftlichen Diskursen ebenso vorkommt wie in politischen und Alltagsdiskursen (OFFE 2001: 364),

erweitert OFFE die Betrachtung des Vertrauensbegriffs für die Anwendung in der Politik.

Auch LUHMANN überträgt den Vertrauensbegriff von der interpersonellen Existenz auf Systeme, indem er sagt, dass auch ein System, gleich, ob es ein ökonomisches, legales oder politisches ist, Vertrauen als Eingangsbedingung erfordert.

> Ohne Vertrauen kann es in ungewissen oder riskanten Situationen keine unterstützenden Handlungen stimulieren (LUHMANN 2001: 157).

> Der Einzelne muss sich in den meisten Lebensbereichen auf andere Menschen verlassen, deren Expertenwissen er nur unzulänglich nachzuvollziehen in der Lage ist (SCHÖNHERR-MANN 2002: 3).

SCHWAN betont, dass von der Existenz des Vertrauens die faktische und institutionelle Ordnung des Zusammenlebens der Menschen zentral abhängig ist und dass es ohne dieses Vertrauen keine freiheitliche Ordnung gibt, somit Vertrauen erst Freiheit ermöglicht (vgl. SCHWAN 1990: 25).

Dass Vertrauen immer auf Vertrauen aufbaut, gilt also auch zwischen den Bürgern und dem politischen System und der Bereitschaft, sich für dessen Akteure zu engagieren (vgl. SCHWAN 1990: 26).

> Für ihre Legitimation ist Politik in einer Demokratie begründungs- und zustimmungspflichtig.
>
> Um beide Ziele zu erreichen, ist es erforderlich, die politischen Inhalte denjenigen zu vermitteln, die in Wahlen diese Legitimation erteilen (FRÖHLICH 2001: 13).

Politikvermittlung ist dabei auf das Ziel ausgerichtet, den „Erwerb der Zustimmung der Bevölkerung für eine bestimmte Politik" zu erhalten und dient der „Legitimation und Akzeptanz politischen Handelns" (vgl. ebd.: 17).

Wenn die Wähler den politischen Vertretern vertrauen und dieses durch ihre Wahl oder Wiederwahl ausdrücken, so geschieht dies oft nicht nur ausschließlich der zu wählenden Person gegenüber, sondern das mit der Wahlstimme verbundene Vertrauen wird oftmals auch stellvertretend für die Funktion der Person, Partei oder gar Institution vergeben. Die Wahl bleibt für den Politiker oft unvorhersehbar.

> So bleibt dem Politiker nur die Bemühung um eine solide Politik, die vielleicht langfristig wirklich vertrauensbildend wirkt (SCHÖNHERR-MANN 2002: 5).

Das System lebt von dem gezeigten personalen Vertrauen und entwickelt sich weiter.

Die Gefahr für das System besteht im Nichtvertrauen oder gar im Misstrauen gegenüber den Akteuren und Institutionen.[52]

---

[52] Den Akteuren der Politik kommt durch das geschenkte Wählervertrauen auch eine ganz besondere Verantwortung den Wählern gegenüber zu; Politiker müssen die Wahrheit sagen.

Der ehemalige Verteidigungsminister und spätere Bundeskanzler Helmut SCHMIDT sagte zu dieser Art des Vertrauens im Jahre 1987: „Demokratie ist nur möglich, wenn wir unseren Repräsentanten in Parlamenten und Regierung glauben können. Wir sind darauf angewiesen, ihnen zu glauben, dass sie die Wahrheit sagen [...]. Sie dürfen dabei weder lügen noch täuschen (SCHMIDT, zit. n. LAUX/SCHÜTZ 1996: 40)."

Auch HERINGER vertritt diese Auffassung und nennt mögliche Folgen: „Tatsächlich dürfen wir nicht hinnehmen, dass Politiker lügen. Sonst wäre die ganze Politik witzlos, schon aus strukturellen Gründen. Denn, wenn ich davon ausgehe, dass ein Politiker lügt, dann glaube ich ihm

> Vertrauen, bzw. das Gegenstück von Vertrauen, nämlich Misstrauen, ist dann für die Gesellschaft gefährlich, wenn es als kollektives Phänomen auftritt und sich nicht nur auf jeweils konkrete
> Personen (interpersonelles Vertrauen), sondern auf die Rollenträger des Rechtssystems, wie z.B. Polizisten oder Richter bezieht.[…] (Es) wird vielfach auch einfach von mangelndem Vertrauen in den `Rechtsstaat´ oder von mangelndem `Systemvertrauen´ gesprochen. Die Abwesenheit von Vertrauen hat verheerende Folgen nicht nur für die Normbefolgung einzelner [...], sondern für die gesamte Sozialstruktur (vgl.
> OSWALD 1994: 123).

In modernen, fortgeschrittenen Industriegesellschaften wird davon ausgegangen, „dass ein demokratisch verfasstes System immer stabiler wird, je höher das Ausmaß der positiven Bewertung durch die Bevölkerung ist" (ECKL 2000: 10) analysiert ECKL das Verhältnis von staatlicher Macht und Bevölkerung.

Die Funktionen der politischen Unterstützung sind dabei auf der Systemebene die Integration der Mitglieder in die politische Gemeinschaft und die Schaffung eines Handlungsspielraums zur Erfüllung der politischen Aufgaben (ebd.).

Angewandt auf die Jugendoffiziere der Bundeswehr bedeutet dies, dass das personale Vertrauen in den persönlich erlebten Jugendoffizier nicht mit dem Vertrauen in die Institution Bundeswehr verwechselt werden darf, da das Vertrauen nicht automatisch gleichzusetzen ist.

Das bedeutet beispielsweise, dass nicht nur, weil einem vielleicht positiv wahrgenommenen Jugendoffizier vertraut wird, auch gleichzeitig der gesamten Institution Bundeswehr Vertrauen in gleichem Maße gegeben wird.

Diese differenzierte Betrachtungsweise wird unter dem Titel *Personalisierung* diskutiert. Beispielsweise wird in politischen Wahlkämpfen immer wieder die Frage gestellt, ob Politiker oder Parteien gewählt werden; welches Vertrauen also den Wähler zu seiner Entscheidung führt.

Bei ihrer Untersuchung zu *Effekten personalisierter politischer Kommunikation auf politisches Vertrauen stellen* MAIER/OTTO noch im Jahr 2015 folgende Diskrepanz fest,

nicht mehr. Er könnte sagen, was er will. Sogar lügen könnte er nicht mehr (HERINGER 1990: 18)."

Obwohl das Phänomen der "Personalisierung von Politik" als eine der wichtigsten Entwicklungen in der Politik unserer Zeit bezeichnet wird, gibt es erstaunlich wenige Studien zu *Effekten personalisierter politischer Kommunikation.* [53]

In der Wirtschaft wird Vertrauen auch als Ziel der Unternehmenskommunikation genannt. Hier spielen jedoch betriebswirtschaftlich messbare Veränderungen des Konsumverhaltens und der Nachfrage der Verbraucher die zentrale Rolle.

> Den guten Ruf des Unternehmens bzw. ein positives Image zu fördern [...] bildet das wichtigste Ziel der Unternehmenskommunikation. Denn Ruf bzw. Image entscheiden nun mal darüber, ob die Kunden [...] dem Unternehmen vertrauen oder nicht. Und nur wer Vertrauen genießt, kommt auf Dauer auch in den Genuss ökonomischen Erfolgs (ROLKE 2005: 123).

Der Vizepräsident der *Gesellschaft Public Relations Agenturen e.V.* formuliert:

> Kommunikation erzeugt Aufmerksamkeit, sie schafft Vertrauen, vermittelt Wissen und Handlungskompetenz, beeinflusst Verhalten, sie sorgt für Motivation ebenso wie für Marktorientierung und Konsum. Ihre Qualität kann heute Gewinne explodieren lassen und morgen Vermögen vernichten (SEVERIN 2005: 9).

Oder kürzer und betriebswirtschaftlich prägnanter ausgedrückt: Vertrauen ist Kapital (vgl. ROLKE 1997: 174).

2.2.3 Das Vertrauen in die Bundeswehr

Neben dem allgemeinen Vertrauen darin, dass die Bundeswehr die ihr zugedachten Aufgaben erfüllt bzw. zu erfüllen bereit ist, gibt es weitere Situationen, in denen sie ebenso des Vertrauens bedarf. Es handelt sich um das Vertrauen verschiedener Anspruchsgruppen[54], das über deren Interesse hinaus mittelbar zu den Voraussetzungen für ein generelles Vertrauen gehört.

Einige Beispiele für partikulare Interessen seien im Folgenden genannt.

---

[53] URL: http://www.uni-koblenz-landau.de/de/komepol/teilprojekte/2014_15/effekte-personalisierter-politischer-kommunikation-auf-politisches-vertrauen [19.02.2015]

[54] Anspruchsgruppe ist hier dem Begriff Zielgruppe vorzuziehen. Anspruchsgruppen sind definiert durch ein spezifisches Verhältnis zur Institution; zu Zielgruppen werden sie dann, wenn sie Objekte gezielter kommunikativer Maßnahmen werden. Das ist jedoch nicht zwangsläufig der Fall.

Welches Vertrauen haben Bundestagsabgeordnete in die Bundeswehr?

Ist die Bundeswehr für sie vertrauenswürdig, weil sie den Politikern größere internationale Handlungsfreiheit garantiert?

Wie vertrauen die Soldaten der Bundeswehr?

Vertrauen sie der Bundeswehr, weil sie die Rechtmäßigkeit der empfangenen Befehle voraussetzen und damit ihre Aufgaben von höherer Stelle legitimiert sind?

Was für ein Vertrauen hat der Bäcker, der die ortsansässige Kaserne täglich mit Brot beliefert?

Wie vertraut er der Bundeswehr als Lieferant und Geschäftspartner?

Und wie vertraut er der Bundeswehr, wenn sein Sohn in der von ihm belieferten Kaserne Soldat ist?

Da es sich bei der Bundeswehr um ein System handelt, geht es – auf den ersten Blick – um Systemvertrauen. Da die Mitglieder eines Systems auch Menschen sind, kommt auch personales Vertrauen ins Spiel, sofern diese als Repräsentanten eines Systems gesehen werden. Man kann hier von einem durch einen Repräsentanten vermittelten Systemvertrauen sprechen. Der Eindruck, den jemand von einem Repräsentanten gewinnt, strahlt fast zwangsläufig auf den Eindruck von dem System ab.

In diesem Fall spricht man von Transfer-Effekten; bei Institutionen hängen derartige Effekte von der Häufigkeit der Kontakte mit Repräsentanten und der Anzahl der Repräsentanten, zu denen Kontakte bestehen, ab.

Doch wie ist das Vertrauen der Befragten in die Jugendoffiziere auch übertragbar auf deren Vertrauen in die Bundeswehr insgesamt? Wie kann aus der persönlichen Begegnung mit dem Jugendoffizier ein Vertrauen in die Institution Bundeswehr gewonnen werden?

Umgekehrt ist auch zu fragen, ob der Jugendoffizier vom bestehenden Vertrauen des Probanden in die Bundeswehr profitieren kann.

Insgesamt sind die Möglichkeiten der Jugendoffiziere in dieser Hinsicht jedoch eher eingeschränkt, da die Kontaktdauer zu den Adressaten sehr begrenzt ist; umso wichtiger ist daher der punktuelle Eindruck.

Ein positiv erlebter Kontakt mit Repräsentanten der Bundeswehr kann also als ein Indiz für die Art des Vertrauens zur Bundeswehr gelten. Beispielsweise könnte ein vom Jugendoffizier gezeigtes kompetentes und souveränes Verhalten bei Veranstaltungen der Öffentlichkeitsarbeit zu einem insgesamt positiven Eindruck von der gesamten Bundeswehr führen.

Zu den Merkmalen des Vertrauens in die Fähigkeit und Bereitschaft, den verfassungsgemäßen Auftrag zu erfüllen, gehören u.a.:

- frühere überzeugende und als positiv bewertete Einsätze der Bundeswehr
- überzeugende und als positiv bewertete aktuelle Einsätze der Bundeswehr
- zeitgemäße Ausstattung und technischer Stand der Ausrüstung souveräner Umgang mit Krisen, klares strategisches Denken
- Handeln im Rahmen der verfassungsmäßigen und gesetzlichen Ordnung
- menschenwürdige Behandlung der eigenen Soldaten und gegnerischen Kräfte

2.3 Zielgruppe der Jugendoffiziere

Die Untersuchung im Rahmen dieser Arbeit beschränkt sich nur auf die Teilöffentlichkeit Jugendliche und junge Erwachsene, da diese als „*die* wesentliche" Zielgruppe der Öffentlichkeitsarbeit der Jugendoffiziere gilt (vgl. BIEHL 2005: 10).

Jugendoffiziere haben bei ihren Veranstaltungen auch Kontakt zu anderen Teilöffentlichkeiten wie z.B. Arbeitnehmer und Senioren. Jedoch soll der Kommunikationserfolg bei diesen Teilöffentlichkeiten innerhalb der Arbeit nicht geleistet werden. Die Konzentration der Öffentlichkeitsarbeit der Jugendoffiziere auf die Teilöffentlichkeit Jugendliche/junge Erwachsene hat verschiedene Ursachen.

Zwei Hauptgründe für diese Auswahl sind erkennbar.

Zum einen sucht die Bundeswehr aus dieser Zielgruppe ihren personellen Nachwuchs und ist daher interessiert, dass das Berufsbild und die Aufgaben verstanden und gebilligt werden.

Jugendliche und junge Erwachsene bilden das Bewerberpotenzial, aus dem die Bundeswehr ihren Bedarf an Zeit- und Berufssoldaten decken muss.

Eine Berücksichtigung der Informationsbedürfnisse der Jugendlichen in der

Gestaltung der Öffentlichkeitsarbeit der Bundeswehr, gerade hinsichtlich des Interesses an einer eigenen militärischen Laufbahn oder einer beruflichen Perspektive innerhalb der Bundeswehr, erscheint daher schon aus dem Eigeninteresse der Bundeswehr am eigenen Fortbestand plausibel.

Auch wenn die Nachwuchswerbung oder Rekrutierung für die Bundeswehr ausdrücklich nicht zum Aufgabengebiet der Öffentlichkeitsarbeit der Jugendoffiziere gehört (vgl. Abschnitt 1.2.3 dieser Arbeit), kann ein Zusammenhang zwischen erfolgreicher Öffentlichkeitsarbeit, wohlwollender oder billigender Haltung der Bundeswehr gegenüber und späterem aktiven Dienst in den Streitkräften vermutet werden.

Zum anderen ist diese Zielgruppe auch aus gesellschaftspolitischer Sichtweise für die Bundeswehr von Interesse.

Jugendliche beeinflussen in erheblichem Maße auch gesamtgesellschaftliche Einstellungen, Meinungen und Entwicklungen (vgl. BIEHL 2005: 10).

BIEHL erkennt, dass

> die jungen Bürger im Laufe der Jahre in berufliche, wirtschaftliche, gesellschaftliche und politische Verantwortungspositionen hinein wachsen und ihre in der Jugendzeit erworbenen
>
> Haltungen und Ansichten nicht nur an folgende Generationen weitergeben, sondern auch in konkreten Entscheidungen umsetzen (vgl. ebd.).

Diese Gruppe ist „entwicklungsfähig als Meinungsbildner der Zukunft" (KIESCHOWEIT 1996: 67).

> Bezogen auf das sicherheitspolitische Meinungsbild bedeutet dies, dass die gegenwärtigen Haltungen der Jugendlichen einen Hinweis auf die zukünftige Entwicklung der sicherheitspolitischen Einstellungen der Gesamtbevölkerung geben (ebd.).

Trotz dieses vorsichtigen Hinweises auf die nicht genaue Vorhersagbarkeit der Nachhaltigkeit einer einmal eingenommenen Haltung der Jugendlichen wird die Relevanz der Öffentlichkeitsarbeit der Bundeswehr bei den Jugendlichen deutlich.

Im weiteren Verlauf dieser Arbeit soll daher der Kommunikationserfolg in Veranstaltungen der Jugendoffiziere bei *dieser* Zielgruppe der 16-20-jährigen Teilnehmer untersucht werden.

2.4 Zusammenfassung Teil 2

Die Bundeswehr setzt in ihrer Öffentlichkeitsarbeit Jugendoffiziere ein. Als Repräsentant und Ansprechpartner sollen sie durch ihre Methoden und Veranstaltungen das Vertrauen der Anspruchsgruppen in die Bundeswehr generieren. Durch den persönlichen Kontakt zum Jugendoffizier soll den Teilnehmern ihrer Veranstaltungen ermöglicht werden, einen eigenen Eindruck von der Bundeswehr zu bekommen. Da die Bundeswehr ein Instrument der Sicherheits- und Verteidigungspolitik der Bundesrepublik ist, soll somit gleichzeitig das Vertrauen der Veranstaltungsteilnehmer in die Regierungsarbeit vergrößert werden.

3 Operationalisierung von Vertrauen

Der in Teil 2 anhand der vorliegenden Forschung entwickelte Vertrauensbegriff ist zu umfangreich und vielschichtig, um mit ihm in einer Untersuchung/Erhebung, in der nach der Herstellung von Vertrauen durch kommunikative Maßnahmen gefragt wird, zu arbeiten.

Erforderlich ist also, den Begriff des Vertrauens für diesen Zweck zu operationalisieren, d.h. Kriterien/Merkmale zusammenzustellen, deren Erfüllung als Indizien dafür gewertet werden können, dass das Vertrauen der Anspruchsgruppe gefestigt, generiert bzw. erworben oder auch verspielt worden ist.

Auf die Probleme bei diesem Schritt hat u.a. HARTMANN aufmerksam gemacht. Er erkennt, dass keine empirische Analyse ohne theoretische Voranannahmen auskommt, „die festlegen, welche Form der Operationalisierung gewählt wird“ (vgl. HARTMANN 2001: 9).

Im Alltag wird der Begriff Vertrauen in unterschiedlichen Zusammenhängen für die Beschreibung von Beziehungen genutzt.

> Gläubige haben Vertrauen in die Vorsehung Gottes, Personen haben Vertrauen in sich selbst; Freunde vertrauen einander; man vertraut dem Geschäftspartner; der Bergsteiger vertraut auf die Festigkeit des Seils; der Betriebsleiter vertraut seinen Mitarbeitern und die Bevölkerung hat Vertrauen in den Rechtsstaat (OSWALD 1994: 111),

illustriert OSWALD unterschiedliche Formen von Vertrauen.

Daher muss der Vertrauensbegriff für die vorliegende Untersuchung operationalisiert werden.

DAWES erkennt bei der Untersuchung eines Gegenstandbereichs, dass sie sich nicht auf ihn als Ganzes bezieht, sondern einzelne Variablen untersucht werden „von denen angenommen wird, daß sie Aufschluß über den Gegenstandsbereich geben (vgl. DAWES 1977: 21).“

Daher werden Kriterien für das Verhalten der Jugendoffiziere (a) und das anschließende Verhalten der Jugendlichen (b) entwickelt und in Kategorien zusammengefasst.

Durch die Aussagen der Probanden zu Verhaltensänderungen nach der Teilnahme an einer Jugendoffizierveranstaltung sollen Rückschlüsse zum Vertrauen in die Jugendoffiziere gezogen werden.

(a) Verhalten der Jugendoffiziere

(1) Interaktionsverhalten:
Offenheit in Sachdiskussionen, keine Themenbeschränkungen
Keine Geheimnisse, Verschwiegenheiten, ausweichende Antworten
Sachkompetenz
Gleichbehandlung der Gesprächspartner, kein herablassendes Verhalten
Vorurteilsfreiheit
Verbindlichkeit
Lässt sich auf Persönliches ein

(2) Verhalten allgemein im Umgang
Hilfsbereit
Respekt vor Teilnehmern
Rechtes Maß zwischen Distanz und Nähe

(b) Verhalten der Adressaten nach Begegnung

(1) Thematisierung in Gesprächen mit Dritten
Allgemein
Nennung des Jugendoffiziers als Gewährsperson
Empfehlungen an Dritte aufgrund des in der persönlichen Begegnung gewonnenen Eindrucks

(2) Anschlussaktivitäten
Weitere Beschäftigung mit Bundeswehr
Befolgung von Anregungen/Ratschlägen

Es werden Fragen formuliert, die sich auf den Eindruck vom Verhalten des Jugendoffiziers und das anschließende Verhalten der Probanden nach der Teilnahme an deren Veranstaltungen beziehen.

Die Antworten werden anschließend mit denen der Nicht-Teilnehmer verglichen.

1. Welche Eindrücke haben Sie von Ihrer Begegnung mit dem Jugendoffizier?

   Stimmen Sie den folgenden Aussagen zu oder stimmen Sie nicht zu?

   Die Eindrücke waren:

   - Mit dem Jugendoffizier konnte man sachlich und offen diskutieren.
   - Man konnte über alle Fragen die Bundeswehr betreffend
   - diskutieren.
   - Der Jugendoffizier war ein interessanter Gesprächspartner.
   - Der Jugendoffizier schilderte auch persönliche Erlebnisse aus der
   - Bundeswehr.
   - Die Bundeswehr wurde für mich anschaulich und erlebbar.
   - Mich hat die Begegnung mit dem Jugendoffizier (z.B. die Person,
   - die Atmosphäre, das Programm) positiv überrascht.
   - Der Jugendoffizier wollte uns als Zeit- und Berufssoldaten
   - gewinnen.
   - Durch den Jugendoffizier habe ich nichts Neues erfahren.

   Antworten: Stimme zu / stimme nicht zu

Der Eindruck vom Jugendoffizier spielt eine wichtige Rolle und Voraussetzung für die Vertrauensgenerierung.
Gleichzeitig kann bei den Zustimmungen/Nicht-Zustimmungen zu den vorgegebenen Aussagen erkannt werden, ob das in den Weisungen und Erlassen für die Tätigkeit der Jugendoffiziere vorgegebene Verhalten in die Praxis umgesetzt wird.

2. Inwiefern hat die Begegnung mit dem Jugendoffizier Ihr Interesse an der Sicherheitspolitik und an der Bundeswehr verändert? Treffen die folgenden Aussagen zu oder treffen sie nicht zu?

   Die Aussagen lauten:
   - Ich habe mich im Bekanntenkreis über die Bundeswehr unterhalten.
   - Ich habe mir weiteres Informationsmaterial über die Bundeswehr angeschaut.
   - Ich interessiere mich für eine berufliche Laufbahn in der Bundeswehr bzw. habe mich zeitweilig dafür interessiert.
   - Ich verfolge seitdem gezielter Beiträge über die Außen- und Sicherheitspolitik in den Medien.
   - Ich verfolge seitdem gezielter Beiträge über die Bundeswehr in den Medien.
   - Ich habe noch einmal den persönlichen Kontakt zur Bundeswehr gesucht.

   Antworten: Ja, trifft zu / Nein, trifft nicht zu

3. Wie beurteilen Sie einen Mann, der Grundwehrdienst bei der Bundeswehr leistet?

   Antworten: positiv, eher positiv, eher negativ, negativ

Würden Sie einem Freund raten, zur Bundeswehr zu gehen und seinen Wehrdienst bei der Bundeswehr zu leisten oder würden Sie ihm raten, den Wehrdienst zu verweigern?

Antworten: - zur Bundeswehr gehen oder
- Wehrdienst verweigern

3.1 Zusammenfassung Teil 3

Die Fragen, die den Probanden gestellt werden, beziehen sich auf subjektiv erkannte und bei der Befragung genannte Verhaltensveränderungen nach Teilnahme an Veranstaltungen der Jugendoffiziere.

Mit der in den Antworten gegebenen Zustimmung bzw. Nicht-Zustimmung zu den genannten Aussagen wird das Vertrauen der Probanden in die Bundeswehr abgebildet.

Dadurch wird die Vertrauensgenerierung operationalisiert.

4 Der Jugendoffizier der Bundeswehr

Um die Effekte der Öffentlichkeitsarbeit der Jugendoffiziere zu evaluieren, muss zunächst die Institution des Jugendoffiziers näher betrachtet werden.
In einem Exkurs wird die Entstehungsgeschichte und die Entwicklung der Jugendoffiziere von ihrer Gründung bis heute dargestellt.
Zur besseren Übersichtlichkeit der Einflussdeterminanten soll die Geschichte der Jugendoffiziere chronologisch in sechs Phasen unterteilt werden.
Im Abschnitt 4.2 werden die unterschiedlichen Einsatzarten und Methoden der Jugendoffiziere in der Öffentlichkeitsarbeit detailliert dargestellt.

4.1 Exkurs: Die Geschichte der Jugendoffiziere

4.1.1 Die Gründungsjahre

1958 ordnete der damalige Generalinspekteur der Bundeswehr, General Adolf HEUSINGER, durch eine Weisung an, dass es für die Außendarstellung des Auftrags, der Arbeit und der Struktur der Bundeswehr ein hauptamtliches Personal der Bundeswehr geben muss. Er reagierte damit auf ein verstärkt auftretendes Informationsbedürfnis der deutschen Öffentlichkeit und erklärte, dass „Verteidigungsfragen in sachlicher Form auch mit der Jugend diskutiert“ werden sollten, und dass die Bundeswehr „ihr bei der staatspolitischen Bildungsarbeit als Berater in Verteidigungsfragen zur Verfügung“ stehen sollte (vgl. STREITKRÄFETEAMT (Hg.): 1998: 26).
HEUSINGER hatte erkannt, dass die Gewinnung der Volksgunst Verpflichtung einer jeden staatlichen Institution in einem demokratischen Rechtsstaat ist (vgl. WICKENBURG 1998: 14).

Erste Aufgabe dieses hauptamtlichen Personals sollte es sein, das Vertrauen der Bevölkerung in die Streitkräfte zu stärken und den Rückhalt der Bundeswehr bei den Bürgern zu erreichen.[55]

Die damals im Erlass von 1958 durchaus beabsichtigte Nachwuchswerbung setzte „Jugendarbeit in der Praxis“ voraus, deren erklärtes Ziel es war, „Wehraufklärung und Freiwilligenwerbung durch systematische, praktische Jugendarbeit zu intensivieren (ebd.).“ WITT erkennt hier den eigentlichen Schwerpunkt der Gründung der Institution der Jugendoffiziere der Bundeswehr (vgl. WITT 1984b: 23).

Tatsächlich resultierten aus dieser anfänglichen Aufgabenzusammenfassung viele sich lang festhaltende Zweifel an der neutralen und objektiven Bildungsarbeit der Jugendoffiziere, so dass sich der Generalinspekteur HEUSINGER 1960 in einem Brief wie folgt äußert: Der Jugendoffizier leistet „einen wesentlichen Beitrag zur Herstellung des gegenseitigen Vertrauens von Truppe und Volk – der Lebensfrage für die Bundeswehr.[56]

Die Verabschiedung eines ersten Erlasses zum „Gesamtauftrag der Jugendoffiziere“ vom 29.05.1959[57] führte zum bundesweiten Einsatz von 17 Offizieren, um den Kontakt mit Schulen und Jugendgruppen zu halten.

4.1.2 Die Implementierung

TEERLING fordert im Jahr 1964 „das ständige Gespräch“ zwischen Bundeswehr und Jugend und begrüßt den durch die Schaffung der Jugendoffiziere eingegangenen Dialog. Er erachtet diesen Dialog als „notwendig“, um gegenseitiges Vertrauen auf allen Ebenen“ zu erreichen (vgl. TEERLING 1964: 224) und die anfänglich bestehende Tabuisierung von Militär und Bundeswehr im Unterricht aufzulösen (vgl. ROGGE 1979: 123).

Zur Ausgestaltung dieser Dialogarbeit zur politischen Bildung erklärte Verteidigungsminister VON HASSEL bereits 1963: „Es gibt nur zwei Formen politischer Bildung: Indoktrination oder freie Aussprache mit voller Achtung vor der

[55] Der U.S.-amerikanische Journalist KEMPE fasst den Einsatz der Jugendoffiziere wie folgt zusammen: Jugendoffiziere „whose job (...) was PR: winning over skeptical young Germans to the idea that a peace-seeking democracy needed an army (KEMPE 2002: 166)“.

[56] vgl. HEUSINGER 1960, zit. n. BURGEMEISTER 1998: 7

[57] vgl. Handbuch der Jugendoffiziere (Akademie für Information und Kommunikation) 1995: 10

abweichenden, ja gegenteiligen Auffassung. Für die Bundeswehr kommt nur die zweite Form in Frage. Die Bundeswehr kann und will nicht die Nation erziehen [...]. Aber sie ist bereit und bemüht, mit allen anderen Erziehungsträgern an dieser politischen Bildung gemeinsam zu arbeiten."[58]

In den frühen sechziger Jahren kam es zu einer zunehmenden Zahl von Erlassen der Kultusministerien der Länder, die die Zusammenarbeit zwischen Schule und Jugendoffizieren regelten[59], aber jeden Werbe- oder Rekrutierungsversuch ausdrücklich untersagten.

Der verstärkten Nachfrage nach Diskussions- und Ansprechpartnern zu den aktuellen sicherheitspolitischen Themen wie Gewaltverzicht, Abrüstungspolitik, \`flexible response´ oder Wettrüsten (vgl. HAFTENDORN 1974: 61f.) antwortete die ministerielle Leitung der Bundeswehr mit der sukzessiven Steigerung der Anzahl der Jugendoffiziere auf 26 im Jahre 1969.

Zu Beginn der siebziger Jahre erkannten Politiker und Bildungsexperten Defizite in der Schulbildung; dies insbesondere in Fächern wie Politik und Sozialkunde (vgl. ROGGE 1979: 124f.). Bei einer Untersuchung der im Unterricht benutzten Sozialkundelehrbücher stellte man zusammenfassend fest, dass „die Bundeswehr kaum vom Wort her in den Inhalts- und Sachverzeichnissen auftaucht [...]. (vgl. ANKER 1978: 92)."

Verteidigungsminister Georg LEBER (Amtszeit: 1972-1978) sieht in der Öffentlichkeitsarbeit der Bundeswehr und der Jugendoffiziere eine wichtige Aufgabe. Er konstatiert: „Die Menschen wollen unmittelbar und aus erster Hand informiert, aufgeklärt und überzeugt werden" und erkennt, dass es dem Informationsbedürfnis der Bürger nicht ausreicht, wenn die Aufgaben und der Einsatz von Streitkräften „in Parlamenten debattiert und abgewogen und seine Interpretationen den Medien und der Presse übereignet ist (LEBER 1995: 22)."

Unter seiner Leitung erhöht die Bundeswehr die Anzahl der hauptamtlichen Jugendoffiziere im Jahre 1974 auf bundesweit 56.

58 VON HASSEL am 11.06.1963, zit. n. SCHMIDT 1964: 221

59 vgl. Broschüre „40 Jahre Jugendoffiziere", herausgegeben vom Streitkräfteamt 1998

4.1.3 Das neue Ministerialblatt

Ein vom Bundesminister der Verteidigung Georg LEBER am 29.12.1975 herausgegebenes Ministerialblatt aktualisiert erstmalig seit der Gründungsweisung von 1958 die „Tätigkeit der Jugendoffiziere und Jugendunteroffiziere im Rahmen der Öffentlichkeitsarbeit in Verteidigungs-fragen."[60]

Diese neue, bis heute gültige, Weisung (siehe 1.4.3) enthält eine entscheidende Veränderung im Auftrag; die Nachwuchswerbung wird als Aufgabe des Jugendoffiziers gestrichen. Die bisherige Zusammenlegung von Öffentlichkeitsarbeit und Nachwuchswerbung mit ihren Schwierigkeiten in der Außenwirkung für den Jugendoffizier wird aufgehoben.[61]

4.1.4 Der Ausbau und die Friedensbewegung

In den späten siebziger und frühen achtziger Jahren des letzten Jahrhunderts wurde die Bundeswehr selbst aktiver in der Diskussion um öffentliche Darstellung und Legitimation.

Inzwischen wurden nun 65 hauptamtliche Jugendoffiziere eingesetzt.

Bundespräsident Walter SCHEEL erkennt eine „Scheu in der Öffentlichkeit [...] über militärische Grundfragen offen und klar zu sprechen" auf der einen Seite und eine „Scheu der Bundeswehr in der Selbstdarstellung des eigenen Auftrages, ihrer Strukturen und Leistungen" auf der anderen Seite[62].

Noch 1978 fragt er in dem Buch *Die Bundeswehr und wir*, „wo aber soll ein junger Mann in der Bundesrepublik Deutschland nun eigentlich die Information herbekommen", wenn es um Verteidigungs- und Sicherheitspolitik und einen möglichen eigenen Beitrag geht und weist damit auf ein Defizit an Öffentlichkeitsarbeit hin (ebd.).

Diese frühe Thematisierung zeigt das verstärkte, eigene Bemühen der Bundeswehr in der Schaffung und Gestaltung eines „sozialen Konsenses" über die Richtigkeit der Verteidigungspolitik und Strategie der Bundesregierung (vgl. WITT 1984a: 19).

---

[60] Ministerialblatt 1975: 1-3

[61] ebd.: 3

[62] SCHEEL 1978, zit. n. ROGGE 1979: 2-3

Die Argumentation der Öffentlichkeitsarbeit und damit des Einsatzes von Jugendoffizieren in Schulen oder Jugendverbänden wurde deutlich vielschichtiger.

VON GOTTBERG sieht 1981 die kritische Information als Voraussetzung der eigenen Meinungsbildung und erkennt den Beitrag der Außendarstellung der Bundeswehr. Er nennt die Jugendoffiziere, „die inner- und außerhalb des Dienstes unermüdlich in [...] Schulen, aber auch Berufsverbänden, Organisationen und Parteien vor den Gefahren warnen und aufklären (VON GOTTBERG 1981: 312)."

KERBST nannte im Jahre 1984 die Öffentlichkeitsarbeit der Jugendoffiziere „Wehrkunde", deren Inhalt ist, „Bundeswehr und Militärpolitik als notweniges Mittel der Durchsetzung herrschender Interessen in den Köpfen und Herzen der Jugend zu verankern und sie damit für alle daraus resultierenden Entscheidungen, Maßnahmen und Pflichten empfänglich zu machen (KERBST 1984: 10)." Die gesamte Sprache, auch der Bundeswehrkritiker, scheint sich in dieser Debatte zu verändern; „Hauptangriffsziel einer gesellschaftlichen Einflußnahme der Bundeswehr ist das Bildungssystem, weil darüber vor allem die heranwachsende Generation systematisch im Geiste des Militarismus erzogen werden kann. Zugleich soll die durch die Friedensbewegung unterstützte Friedenserziehung in den Schulen möglichst im Keim erstickt werden (ebd.)."

Man spricht von der „initiierten Wehrkunde an den Schulen", bei der Jugendoffiziere „Propaganda für den Militärdienst" veranstalten (vgl. SCHWARMBORN 1986: 29).

Der rheinland-pfälzische Kultusminister erinnert 1986 seine Lehrkräfte daran, die Spannungen zwischen Bundeswehr und Schule abzubauen und ihnen nicht Vorschub zu gewähren. Er beschreibt den Dialog mit Jugendoffizieren wie folgt: „Damit leisten die Jugendoffiziere zugleich einen Beitrag zur Herausbildung einer politischen Kultur, die auf die an der Sache orientierte Auseinandersetzung im Gespräch baut und die Sprachlosigkeit der Gegenüberstellung unverrückbarer Standpunkte überwinden will (ebd.)."

„In dieser Zeit waren die Jugendoffiziere die am häufigsten anzutreffenden Vertreter der Bundeswehr, die sich in öffentlichen Diskussionen der Kritik stellten und versuchten, den Grundkonsens zu zentralen sicherheitspolitischen Fragestellungen herbeizuführen (ebd.)." VOLMERG bemerkt, dass die Jugendoffiziere in dieser Zeit sogar „die einzigen waren, die [...] Diskussionen und Informationen überhaupt anboten (VOLMERG 1987: 56)."

Die Deutsche Friedensgesellschaft – Vereinigte Kriegsgegner (kurz: DFG-VK) erkannte in der Beteiligung der Bundeswehr im Unterricht eine „Militarisierung der Schulen“ und sah im Jugendoffizier einen „geschulten Propagandisten für militärische Sicherheitspolitik“, wobei er nur die „Spitze des Eisbergs“ innerhalb der Militarisierung der Gesellschaft sei (KERBST [ca.] 1985: 3, 28). Die DFG-VK rief daher zum Boykott der Jugendoffiziere auf (ebd.).

Auch die Hessische Stiftung Friedens- und Konfliktforschung (kurz: HSFK) setzt sich in den achtziger Jahren mit der Bundeswehr auseinander und thematisiert deren Integrationsfähigkeit als gesellschaftliche Institution durch den Einsatz der Jugendoffiziere (vgl. HSFK 1987a

4.1.5 Veränderungen nach der Wiedervereinigung

Nach dem Abebben der brisanten sicherheitspolitischen Diskussionen der frühen achtziger Jahre des letzten Jahrhunderts, folgte eine Phase der Konsolidierung des Einsatzes der Jugendoffiziere, beschreibt D´ALQUEN die späteren achtziger Jahre (vgl. D´ALQUEN 1988: 12).

Doch durch die deutsche Wiedervereinigung kam für die Jugendoffiziere Anfang der neunziger Jahre eine „Stunde der Bewährung“, da es fortan galt, der „jungen Bevölkerung in den Neuen Ländern die Notwendigkeit, das Wesen und die Aufgaben von Streitkräften in der Demokratie zu verdeutlichen“ und mit rechtsstaatlichen Grundsätzen der Bundeswehr vertraut zu machen (ebd.) Gleichzeitig sollten die Unterschiede zur Nationalen Volksarmee der DDR heraus-gearbeitet werden, „ohne die Empfindungen der neuen Bundesbürger zu verletzen (vgl. WICKENBURG 1998: 23).“

36 der nunmehr 105 hauptamtlichen Jugendoffiziere wurden in den neuen Ländern und Berlin eingesetzt.

Die Bundeswehrführung legte fest, dass zunächst keine ehemaligen Offiziere der Nationalen Volksarmee als Jugendoffiziere zum Einsatz kommen sollten, da man einen Glaubwürdigkeitsverlust vermutete, wenn diese nach jahrelanger Vorprägung und Ausbildung in der DDR[63] nun von Rechtsstaatlichkeit und demokratischen Werten berichtet hätten (vgl. RÜCKERT 1998: 6).

[63] In der DDR begann die Wehrerziehung bereits in der Vorschule. Das Jugendgesetz von 1974 unterstreicht die ganzheitlichen Bemühungen des Staates und weist die Verantwortung für sozia-

In dieser Anfangszeit nach der Auflösung der Nationalen Volksarmee (NVA) wurden sie in den Neuen Bundesländern oft mit den „ungeliebten Polit- und Werbeoffizieren“ der NVA gleichgesetzt (RÜCKERT 1998: 5), konnten aber das anfängliche Misstrauen von Schülern und Lehrern durch „behutsames und einfühlsames Vorgehen“ abbauen.[64] Die Nachfrage nach einem Einsatz im Unterricht war oft nicht nur davon geprägt, mit einem Vertreter der Bundeswehr, sondern auch mit einem „Repräsentanten der neuen Staatsform“ diskutieren zu wollen (vgl. RÜCKERT 1998: 6).

In der Zeit des Zusammenwachsens der deutschen Staaten führten auch „...der Golfkrieg und die Auseinandersetzung im ehemaligen Jugoslawien wieder zu einem erhöhten Informationsbedarf der Bevölkerung zu sicherheitspolitischen Fragen (WICKENBURG 1998: 23)“. erkennt WICKENBURG an der erhöhten Nachfrage nach Jugendoffiziereinsätzen an den Schulen.

Die Streitkräftereduzierungen und Bundeswehrumstrukturierungen der neunziger Jahre[65] des letzten Jahrhunderts hatten auch die Kürzung der Dienstposten der Jugendoffiziere auf 94 zur Folge.

Der schulpolitische Sprecher der PDS Horst BETHGE stellte 1998 fest, dass es nach dem Wegfall der Blockkonfrontation keinen Grund mehr gibt, „SchülerInnen mit Jugendoffizieren zu konfrontieren“ und forderte deren Abschaffung. Er reduzierte damit die Funktion der Jugendoffiziere auf „softe Gewaltlösungspro-

listische Wehrerziehung den Staats- und Wirtschaftsfunktionären sowie den Lehrern und Erziehern in Schulen, Betrieben und gesellschaftlichen Organisationen zu. Zur vormilitärischen Ausbildung gehörte auch die Erziehung zum „Hass gegen die Feinde des Volkes“ (vgl. HENRICH/LINN 1984: 17-18). „Damit verbunden war ein dichotomisches Freund-Feind-Schema, d.h. im Feindbild wurde eine Reihe negativer Vorurteile gebündelt, die eine differenzierte Betrachtung dessen, was man mit dem Etikett Feind versah, unmöglich machte (vgl. MARGEDANT 1999: 22).“

Die Friedrich-Ebert-Stiftung definiert im 1978 herausgegebenen Band „Wehrpropaganda und Wehrerziehung in der DDR“ die Wehrpropaganda der DDR als „die Bemühungen der DDR-Führung, die Verteidigungsbereitschaft unter der Bevölkerung zu wecken, emotional und rational zu motivieren, damit sich diese zum bewaffneten Dienst für die DDR bekennt und dieses Bekenntnis schließlich auch in Taten umzusetzen bereit ist.“ Die Analyse der Schulbücher ergab, dass diese Bemühungen im ersten Schuljahr für die Sechs- bis Siebenjährigen begannen, da Texte, Gedichte und Lieder wehrpropagandistische Inhalte aufzeigen (vgl. FRIEDRICH-EBERT-STIFTUNG (Hg.) 1978: 13f.).

64 Dieser Einschätzung liegen die Jahresberichte der Jugendoffiziere zugrunde (vgl. ebd.).

65 Gab es 1990 noch ca. 500.000 Bundeswehrsoldaten, betrug deren Anzahl Anfang 1998 ca. 340.000.

paganda für die Wehrpolitik der Bundesregierung (BETHGE 1998: 8f.).“[66] Verteidigungsminister Volker RÜHE (Amtszeit: 1992-1998) wider-spricht dieser Feststellung. „Im schulischen Alltag gelten unsere Jugendoffiziere heute als eine anerkannte Institution der staatsbürgerlichen Bildung“ und verteidigt somit den Einsatz der Jugendoffiziere (vgl. RÜHE 1998: 5). Er fordert als Methode den offenen Dialog „...der die kritische Auseinandersetzung einschließt. Denn unsere Demokratie lebt von der Urteilskraft, Beteiligung und Zustimmung ihrer Bürger (ebd.: 4).“

Auch sein Amtsnachfolger, Rudolf SCHARPING (Amtszeit: 1998-2002), bekennt: „Wir wollen über unsere Probleme und unsere Pläne informieren und die Menschen in Deutschland zur aktiven Auseinandersetzung mit sicherheits- und verteidigungspolitischen Themen anregen.“[67] Er begründet das bundeswehreigene „Bemühen um Transparenz“ mit der Feststellung, dass auf diesem Wege „die anstehenden Fragen konstruktiv diskutiert und letztlich in breitem gesellschaftlichen Konsens beantwortet werden“ können (vgl. ebd.).

4.1.6 Die Wahrnehmung heute

Bis heute gibt es unterschiedliche Wahrnehmungen und Meinungen vom Einsatz der Jugendoffiziere. Neben politischer Befürwortung halten sich auch weiterhin Misstrauen und Skepsis in Bezug auf Auftrag und Wirkung ihrer Öffentlichkeitsarbeit.

Im Jahr 2001 weist das Ministerium für Bildung, Wissenschaft, Forschung und Kultur von Schleswig-Holstein in einem Schulrundschreiben auf den Einsatz von Jugendoffizieren hin und empfiehlt die Zusammenarbeit auch für Lehrerfortbildungsseminare zur Sicherheitspolitik. Im Rundschreiben heißt es dazu deutlich: “Jugendoffiziere betreiben keine Nachwuchswerbung. Eine Zusammenarbeit [...] dient ausdrücklich nicht der Berufswerbung der Bundeswehr, sondern der sicherheitspolitischen Informationsvermittlung.[68]“

---

66 BETHGE erkennt in der Tätigkeit der Jugendoffiziere das westliche Pendant zum Wehrunterricht in der DDR (BETHGE 1998: 8f.).

67 SCHARPING 2000: 1. Aus einer Rede anlässlich eines Neujahrsempfangs in Berlin zum Thema „Friedenspolitik und Streitkräfte“.

68 vgl. MBWFK SH v.13.02.2001:104

Die im Jahr 2000 gratis verteilte „Zeitung gegen Totschlagargumente" nennt die Arbeit der Jugendoffiziere „Gehirnwäsche" und ruft dazu auf, die Schulen zu „entmilitarisieren" und „die Armee aus den Schulen zu jagen.[69]"

Die von Bundeswehrgegnern veröffentlichte Zeitung „Illoyal - Journal für Antimilitarismus" vertritt die Auffassung, dass die Bundeswehr durch die Jugendoffiziere ein „militärisches Erziehungsziel" verfolgt und versucht, „SchülerInnen zu manipulieren (vgl. DANNEL 1998, In: Illoyal – Journal für Antimilitarismus. (3) 1998: 1). Jugendoffiziere werden als „Werbestrategen und Werbeträger in einem" bezeichnet, die den Dienst beim Bund beschönigen und versuchen, mit Bedrohungsszenarien und konstruierten Feindbildern die Notwendigkeit einer Verteidigungsarmee zu begründen. Zu diesem Zweck sollen sich die Jugendlichen „frühzeitig an das Bild von Soldaten gewöhnen (vgl. ebd.).

Es kam im Jahre 2004 zu körperlichen Auseinandersetzungen beim Auftritt von Jugendoffizieren in der Öffentlichkeit. Die Berliner Zeitung vom 29.03.2004 berichtet unter der Überschrift „Handgemenge am Stand der Bundeswehr", dass es auf der Leipziger Buchmesse auf einem von Jugendoffizieren betreuten Messestand der Bundeswehr zu einer Demonstration gegen den Messeauftritt kam, die von der Polizei beendet werden musste.[70]

Doch derart massive Vorbehalte gegen die Bundeswehr sind nur bei einer Minderheit der jungen Bürger vorzufinden. „Die deutschen Streitkräfte treffen bei einem Großteil der Jugendlichen auf interessiertes Wohlwollen", erkennt BIEHL.[71]

Seit 2009 gibt es die ersten weiblichen Jugendoffiziere.

Im selben Jahr schließen das Kultusministerium Baden-Württembergs und das Wehrbereichskommando IV der Bundeswehr eine Kooperationsvereinbarung zum Einsatz der Jugendoffiziere im Schulunterricht. „Ziel ist die Intensivierung der Zusammenarbeit (...)."[72]

---

[69]vgl. JUNGDEMOKRATINNEN / JUNGE LINKE (Hg.): Zeitung gegen Totschlagargumente – Für die Entmilitarisierung der Schule. Sonderausgabe der Radikaldemokratischen Zeitung der JungdemokratInnen/Junge Linke Berlin & Brandenburg. Berlin 2002: 1-8. Damit knüpft man wieder an die Tradition der frühen siebziger Jahre an, in denen der Slogan „Bundeswehr raus aus der Schule" galt (vgl. MEYER 1973: 182).

[70] Berliner Zeitung v. 29.03.2004 Nr. 75: 31

[71] vgl. BIEHL 2005: 2

[72] vgl. URL::
http//www.kultusportalbw.de/servlet/PB/menu/129894/index.html ?ROOT=107559
[Abruf: 04.12.2009]

Im Folgenden kommt es in weiteren Bundesländern zu Kooperationsverträgen zwischen Kultusministerien und der Bundeswehr. Im Rahmen der politischen Bildung können die Jugendoffiziere in allen Bereichen der politischen Bildung „in Form von Gesprächen, Diskussionen, Seminaren, Vorträgen oder Podiumsdiskussionen" die Lehrer unterstützen.[73]

Der Journalist Johann OSEL fasst am 21.06.2010 auf der Online-Site der Münchner *Süddeutschen Zeitung* „Sueddeutsche.de" die Stimmung zusammen: „Die Bundeswehr schickt verstärkt Jugendoffiziere in den Unterricht – zum Entsetzen vieler Eltern. Geht es um politische Bildung oder die Rekrutierung von Nachwuchs?"[74] Auf den Onlineseiten des Nachrichtenmagazins „Focus" wird die Frage gestellt: „Aufklärung oder Anwerbung?"[75]

Auch die Politikerin Ulla Jelpke, Mitglied des Bundestages der Partei DIE LINKEN betonte im Jahre 2011 ihre Skepsis zum Einsatz der Jugendoffiziere, und nennt diesen „bildungspolitisch absolut skandalös".[76]

Am 23.01.2012 kam es nach dem Aufruf des „Freiburger Bildungsstreikbündnisses", eines Zusammenschlusses der UStA der Pädagogischen Hochschule Freiburg mit dem Wahlspruch „gegen militaristische Ideologien im Bildungswesen"[77] zur Demonstration „gegen die Praxis der Kultusministerien Soldaten als Erzieher den politischen Unterricht zu ermöglichen",[78] an der über 500 Personen teilnahmen.[79]

Diese Meinungen und Vorkommnisse zeigen, dass die Diskussionen um Werbung, Propaganda und Manipulation der Bürger durch die von Jugendoffizieren veranstaltete Öffentlichkeitsarbeit der Bundeswehr auch über 50 Jahre nach deren Schaffung nicht abreißen.

Im Jahr 2015 beträgt die Anzahl der hauptamtlichen Jugendoffiziere 94[80].

---

73 vgl. Kooperationsvereinbarung zwischen dem Hessischen Kultusministerium und dem Wehrbereichskommando II der Bundeswehr vom 04. November 2010

74 vgl. URL: http://www.sueddeutsche.de/karriere/2.220/bundeswehr-draengt -in-schulen-alleinunterhalter-in-uniform [21.06.2010]

75 URL: http://www.Focus.de/schule/schule/unterricht/tid-17876/bundeswehr-an-schulen [15.04.2010]

76 vgl. URL: http://www.nrw.vvn-bda.de/texte/0760_ldk_ulla.htm [23.01.2015]

77 vgl. URL: http://jugendoffizier.wordpress.com/ [23.01.2010]

78 URL: http://jugendoffizier.wordpress.com/ [24.01.2010]

79 vgl. ebd.

80 vgl. URL:

4.2 Methoden des Jugendoffiziers in der Öffentlichkeits- arbeit

Die Kommunikationsziele Verständnis *für* und Vertrauen *in* die Bundeswehr als Instrument der bundesdeutschen Sicherheits- und Verteidigungspolitik sollen durch die Jugendoffiziere bei der Zielgruppe Jugendliche/junge Erwachsene erreicht werden.

Dafür setzen die Jugendoffiziere verschiedene Methoden ein, die mit ihrer grundsätzlich beabsichtigten Öffentlichkeitsarbeit dem Ministererlass entsprechen. Der Jugendoffizier plant, organisiert und leitet die Veranstaltungen nicht nur, sondern führt sie auch vor Ort durch. Er ist dabei sowohl Vermittler von Inhalten und Themen als auch direkter Ansprechpartner zu Fragestellungen, die über das eigentliche Veranstaltungsprogramm hinausgehen können.

Eine detaillierte Beschreibung der einzelnen Methoden bezüglich Anwendung und Ausgestaltung fehlt in diesem Erlass. Bis auf die Nennung der inhaltlichen Themenwahl bleiben auch die „Richtlinien für die Presse- und Öffentlichkeitsarbeit“ einer weiterführenden Beschreibung der Methoden schuldig.[81]

Auch eine Gewichtung der verschiedenen Einsatzformen oder eine vorgegebene Konzentrierung auf *eine bestimmte Methode* und Einsatzform findet nicht statt.

Diese allgemein gehaltene Tätigkeitsbeschreibung lässt dem Jugendoffizier einen großen Handlungsspielraum für die Methodenwahl und Ausgestaltung *seiner* Öffentlichkeitsarbeit.

In der vom Bundesministerium der Verteidigung im Jahre 2009 herausgegebenen Informationsbroschüre „Die Jugendoffiziere der Bundeswehr“ heißt es:

> Neben fachlicher Kompetenz und der notwendigen Zielgruppenorientierung bieten wir Ihnen Organisation und Planung der Veranstaltung. Unsere Schwerpunkte liegen zum einen bei der Generation der Heranwachsenden, zum anderen bei den in der Bildung tätigen Erziehern, Ausbildern und Lehrern.[82]

---

http://www.bmvg.de/portal/a/bmvg/!ut/p/c4/DcLBDYAgEATAWmzg7u_PLtQf4AErCAQQE6vXzPDOv6QGnOrISUVeeTOY9UP6Go4ajJfqBb2VHNERSCUnOneh83aSjmwtXkgVLmGZPsEz42M!/ [07.02.2015]

[81]vgl. Ministerialblatt des Bundesministeriums der Verteidigung (Nr. 4) 1993: 54-59

[82] vgl. Bundesministerium der Verteidigung (Hg.) 2009: 7

Deren Angehörige können bei Veranstaltungen an Schulen im Klassen- oder Kursverbund angetroffen werden. Daher finden die meisten Veranstaltungen der Jugendoffiziere an Schulen mit Schülergruppen statt.[83]

Beispielsweise unterstützen Jugendoffiziere Lehrer bei der inhaltlichen Gestaltung von Unterrichten zu Themen, die gemäß Lehrplan im Unterricht behandelt werden müssen. Inzwischen gilt der Jugendoffizier als der „zentrale Vermittler deutscher Sicherheitspolitik an den allgemeinbildenden Schulen."[84]

Die drei am häufigsten genutzten und auf der Homepage der Bundeswehr genannten[85] Methoden sind der Einsatz im *Schulunterricht*, die Durchführung von *Truppenbesuchen* und die Veranstaltung *von Seminaren.*[86]

Für die geplante Untersuchung sind sie daher besonders geeignet.

4.2.1 Einsatz im Schulunterricht

Der Einsatz im Schulunterricht ist die häufigste Einsatzvariante der Jugendoffiziere. Im Schulunterricht werden auch die meisten Teilnehmer von Maßnahmen der Jugendoffiziere erreicht.

Im Jahr 2004 wurden bundesweit bei 4244 Vortrags- und Diskussionsveranstaltungen in Schulen mit über 102.000 Teilnehmern durchgeführt.[87]

Bei dieser Einsatzform stellt der Jugendoffizier auf Einladung des Schulleiters, des Fachbereichsleiters oder eines Fachlehrers sicherheitspolitische Themen für Schulklassen, Schülergruppen oder Kurse vor und diskutiert dann die Inhalte.

Die Jugendoffiziere „helfen Schülern", die komplexen Sachverhalte der Sicherheitspolitik zu verstehen.[88]

---

[83] vgl. Jahresbericht der Jugendoffiziere 2003: 6

[84] vgl. Jahresbericht der Jugendoffiziere 2004: 12

[85] vgl. URL:
http://www.bmvg.de/portal/a/bmvg/!ut/p/c4/DcLBDYAgEATAWmzg7u_PLtQf4AErCAQQE6vXzPD
6QGnOrISUVeeTOY9UP6Go4ajJfqBb2VHNERSCUnOneh83aSjmwtXkgVLmGZPsEz42M!/
[23.01.2015]

[86] vgl. Jahresbericht der Jugendoffiziere 2002, Anlage 3a

[87] vgl. Jahresbericht der Jugendoffiziere 2003: Anlage 3a

[88] vgl. Homepage des Bundesministeriums der Verteidigung

Diese Einsatzform kann den Unterricht des Lehrers in Themen, die durch den Lehrplan des jeweiligen Kultusministeriums vorgegeben sind, unterstützen und ergänzen. Bundeswehr, Wehrpflicht und Sicherheitspolitik sind oft in Rahmenlehrplänen genannte Themen der Fächer Politik, Geschichte oder Sozialkunde, deren Inhalte sich ständig verändern und die daher permanent aktualisiert werden müssen.

> Lehrer sehen sich [...] häufig überfordert, die erforderlichen Informationen ausreichend zu geben [...]. So suchen Lehrer nach Hilfen und sie finden bereitwillige Helfer in Gestalt der Jugendoffiziere, die sich als Sachverständige in Fragen der Bundeswehr und Sicherheitspolitik anbieten (WITT 1984: 94).[89]

Bei der Untersuchung muss beachtet werden, dass der Jugendoffizier zum Einen als Akteur der Öffentlichkeitsarbeit für die Bundeswehr tätig ist, indem er über diese informiert, und zum Anderen auch als Träger und Übermittler von in Schullehrplänen geforderten Wissensinhalten gesehen werden muss.

Schüler als Teilnehmer bei Veranstaltungen der Jugendoffiziere könnten - oder sollten, wenn der Lehrplan dieses fordert - somit sogar weiterführenden Nutzen davon haben, wenn Jugendoffiziere Inhalte in Unterrichten und Lehrveranstaltungen anbieten.

Der Jugendoffizier ist dabei teilweise eher zufällig als *der Vertreter der Öffentlichkeitsarbeit der Bundeswehr* für Unterrichtsveranstaltungen eingeladen. Oftmals wird er als derjenige angesehen, der mit verschiedenen Themen der Sicherheitspolitik vertraut ist und als „sicherheitspolitischer Experte von Berufs wegen“[90] den Unterricht inhaltlich gestalten kann. Seine Vorträge und Diskussionen im Schulalltag füllen oftmals eine Lücke in der Umsetzung der vorgeschriebenen Rahmenlehrpläne der Kultusministerien durch die Lehrer.

Die Nachfrage nach Einsätzen der Jugendoffiziere und die Zusammenarbeit mit ihnen wird ausdrücklich befürwortet, wobei die Durchführung nur in „Absprache mit dem Lehrer im Rahmen der von ihm vorgegeben pädagogischen Konzeption“ stattfinden soll.[91] Welche Unterrichtsdidaktik oder -methodik angewandt wird, soll also mit dem Lehrer koordiniert werden, da nur dieser über

---

URL:
http://bmvg.de/portal/a/bmvg/!p/c4/DcLBDYAgDAXQWVygvXtzC_UGW...[18.12.2011]

[89] Der Arbeitsbereich 2 Öffentlichkeitsarbeit des Bundesministeriums der Verteidigung bezeichnet im Jahresbericht der Jugendoffiziere 2003 die Jugendoffiziere als „unterrichtsbegleitende Sachverständige“ (vgl. Jahresbericht der Jugendoffiziere 2003: Anlage 1)

[90] vgl. Jahresbericht der Jugendoffiziere der Bundeswehr 2003, S. 3

[91] vgl. ebd.

Vorkenntnisse, Interessenlage und erwartbares Verhalten der Schüler Auskunft geben kann.

4.2.2 Einsatz bei Truppenbesuchen

Der Ausdruck *Truppenbesuch* beschreibt den Besuch von Nichtangehörigen der Bundeswehr bei der Bundeswehr. Dazu zählen „Besuche bei der Truppe bzw. bei Dienststellen und Einrichtungen der Streitkräfte und der Wehrverwaltung des Bundes."[92]

Das sind u.a. Besichtigungen in Kasernen, Führungen durch Liegenschaften, Mitfahrten auf Fahrzeugen oder Exkursionen auf Übungsplätzen, d.h. die *Truppe,* soll vor Ort *besucht* werden.

Im Jahr 2004 besuchten über 28.000 Teilnehmer von Veranstaltungen der Jugendoffiziere die Bundeswehr.

Im `Handbuch der Jugendoffiziere´ wird die Wahl der Methode des Truppenbesuchs ausdrücklich empfohlen. „Truppenbesuche sind das beste Mittel, um Vorurteile über die Bundeswehr bei Jugendlichen abzubauen."[93]

Auch die „Richtlinien der Presse- und Öffentlichkeitsarbeit der Bundeswehr" nennen den Besuch bei der Truppe als „wirksamstes Mittel der Öffentlichkeitsarbeit", da vorausgesetzt wird, dass Meinungsbildung „sich in erheblichem Maße durch eigene Anschauung und Kenntnis" vollzieht.[94]

Durch diese Besuche soll die Bundeswehr im gewöhnlichen Alltag, z.B. im „ganz normalen Ausbildungsdienst" gezeigt werden.[95]

Die Teilnehmer sollen sich ein eigenes, „ungefiltertes" Bild von der Bundeswehr durch das persönliche Erleben machen können.[96] Der Jugendoffizier fungiert dabei als Organisator, Begleiter und Moderator.

Oft verläuft ein Truppenbesuch dergestalt, dass der Jugendoffizier eine Teilnehmergruppe durch eine Kaserne führt und verschiedene Einblicke in die Arbeit und Aufgaben der Truppe ermöglicht. „Mittelpunkt des Besuches sollen

---

92 vgl. ebd.

93 Akademie für Information und Kommunikation 1995: 16

94 vgl. Ministerialblatt des Bundesministeriums der Verteidigung (Nr. 4) 1993: 54

95 vgl. Akademie für Information und Kommunikation 1995: 16

96 vgl. Jahresbericht der Jugendoffiziere 2003: 4

immer die zwischenmenschlichen Beziehungen sein", heißt es dazu im Handbuch. Die Teilnehmer sollen erleben, wie z.B. der Alltag der Soldaten abläuft und Gelegenheit bekommen, sich mit ihnen zu unterhalten.

Die inhaltlichen Möglichkeiten der Gestaltung eines Truppenbesuchs variieren und hängen z.B. von der Nähe zu Kasernen und Truppenteilen, technischer Ausstattung und Verfügbarkeit ab.

MEYER sieht in der Methode des Truppenbesuchs die „sekundäre Motivation", dass jugendliche Teilnehmer durch die technische Faszination der gezeigten Fahrzeuge und Waffensysteme angelockt werden sollen, in der Bundeswehr zu dienen (vgl. MEYER 1973: 179).

Im Jahresbericht 2002 wird der deutliche Rückgang der Anzahl der durchgeführten Truppenbesuche von über 1000 Veranstaltungen zum Vorjahr bedauert. Als Ursache für diesen Rückgang wird die „unbestreitbare Belastung der Truppe" durch Vorbereitung und Durchführung der Auslandseinsätze und eine damit verbundene Aufgabenverteilung erkannt.[97]

Bei weiterem Rückgang der Besuche droht der Entzug des Erlebens von Soldaten in ihrem Alltag.

Die Truppe scheint für den Jugendlichen immer mehr nur noch `virtuell´ zu existieren", stellt der Referatsleiter der Öffentlichkeitsarbeit im Verteidigungsministerium fest und fordert weiterhin die Ermöglichung von Truppenbesuchen als „Blick hinter die Kulissen.

Er führt aus, dass „die Realität des Dienstbetriebes nur in dieser Form glaubwürdig, attraktiv und sympathiegewinnend zu vermitteln ist."[98] Der Referatsleiter erkennt somit in der Durchführung der Truppenbesuche eine geeignete Methode für die Erreichung der Kommunikationsziele Glaubwürdigkeit, Attraktivitätssteigerung und Sympathiegewinnung in der Öffentlichkeit.

4.2.3 Einsatz in Seminarform

Eine weitere Methode der Jugendoffiziere ist die Veranstaltung von teilweise mehrtägigen Seminaren zu Themen der Sicherheits- und Verteidigungspolitik.

[97] vgl. Jahresbericht der Jugendoffiziere 2002: 4

[98] vgl. ebd.

Dabei können die Jugendoffiziere Teilnehmer verschiedenster Zielgruppen ansprechen.

Mit Seminaren erreichen die Jugendoffiziere oft auch Zielgruppen, die durch die sonstigen Angebote der Öffentlichkeitsarbeit nicht angesprochen werden und *bahnen* somit eine weitere Zusammenarbeit *an.*[99]

Durch ein durchgeführtes, sicherheitspolitisches Seminar mit der Zielgruppe Lehrkräfte können z.B. Folgekontakte mit Schulklassen entstehen.

Diese Methode wurde im Jugendoffiziererlass von 1975 noch nicht erwähnt, findet aber Berücksichtigung im Maßnahmenkatalog der *Richtlinien für die Presse- und Öffentlichkeitsarbeit* von 1993.

Im Jahr 2004 nahmen bei 520 Seminaren 23.993 Personen teil.[100]

In der Einsatzstatistik des Jahresberichts wird nicht unterschieden nach Programm, Verlauf, Themen oder Dauer der Seminare, lediglich die Zugehörigkeit der Teilnehmer zu verschiedenen Zielgruppen wird erfasst.

Als Seminarverantwortliche müssen sich die Jugendoffiziere bei der Seminargestaltung und Durchführung an die Richtlinien der Erlasse halten. Insbesondere die haushalterischen Vorgaben müssen Beachtung finden.[101] Die Homepage des Bundesministeriums der Verteidigung informiert darüber, dass Seminare auf ca. 25 Teilnehmer ausgelegt sind.[102]

Die Jugendoffiziere gestalten ihre Seminare konzeptionell und inhaltlich selbst. Sie entscheiden, welche Aspekte einer im Erlass erwähnten Thematik betrachtet werden sollen. Sie entscheiden auch, welche der genannten Zielgruppen teilnimmt.

GÖHRING erkennt, dass bei Seminaren mit Multiplikatoren, z.B. Lehrern, eine hohe didaktische Professionalität der Jugendoffiziere gefordert ist, „um Schwächen im Ablauf des Seminars, der Unterrichtsgestaltung und der Referentenauswahl zu vermeiden“.

---

99 vgl. Ministerialblatt des Bundesministeriums der Verteidigung (25) 1975: 518

100 vgl. ebd.: Anlage 3a

101 vgl. Ministerialblatt des Bundesministeriums der Verteidigung (4) 1993: 54-59.
Oft werden Seminare in Kooperation mit anderen Bildungsträgern, wie z.B. den Landeszentralen für Politische Bildung oder Politischen Stiftungen veranstaltet. Hierbei treten die Kooperationspartner häufig als Geldgeber für kostenintensivere Seminare auf (vgl. Broschüre: Der Jugendoffizier. BMVg [Hg.] 2000: 13).

102 vgl. URL: http://www.bmvg.de/portal/a/bmvg!ut/p/c4/DcJBEoMgEATAt_iB3Xtu-UXMbSEjTt [18.12.2011]

Er sieht bei berechtigter Kritik an diesen Punkten gar die Gefährdung des Seminarerfolgs, da „Lehrer in diesem Metier zu Hause sind“ (vgl. GÖHRING 1987: 73).

4.2.3.1 Das POL&IS-Seminar

Neben den allgemeinen Seminaren zu sicherheits- und verteidigungspolitischen Inhalten, wie z.B. die aktuelle Sicherheitspolitik der Bundesrepublik, Aufbau und Funktion der NATO[103] oder ethische Grundlagen des soldatischen Dienens,[104] bietet der Jugendoffizier auch die Teilnahme an der mehrtägigen Simulation *Politik und Internationale Sicherheit* (kurz: POL&IS) an.

Diese interaktive Simulation wurde in den achtziger Jahren von der *Forschungsgruppe Simulationen* an der Universität Erlangen für Studenten der Politikwissenschaften entwickelt, um komplexe Themen und Sachverhalte „internationaler Beziehungen mit den Schwerpunkten Politik, Wirtschaft und Sicherheit“ spielerisch erlebbar zu machen (vgl. BURGEMEISTER 1998a: 12).

POL&IS erwies sich als erfolgreiche Methode der Erwachsenenbildung.[105] Die 30-60 Teilnehmer übernehmen für bestimmte Regionen die Funktionen von Regierungschefs, Staatsministern, Wirtschaftsministern oder Oppositionsführern. Zusätzlich gibt es die Rollen des Generalsekretärs der Vereinten Nationen, der Weltbank, der Weltpresse und NGOs[106] wie *Greenpeace* oder *amnesty international*.

Mit dieser Simulation können über mehrere Tage die unterschiedlichsten, simulierten Probleme der realen Welt abgebildet und diskutiert werden, so dass sich die Teilnehmer mit den realen Schwierigkeiten auseinander setzen und eigene Lösungen entwickeln können. Auf der Homepage des Bundesministeriums der Verteidigung heißt es: „POL&IS vermittelt (...) die Prozesse realer Weltpolitik im Kleinen.“[107]

---

103 NATO ist die Abkürzung für North Atlantic Treaty Organization.

104 vgl. Ministerialblatt des Bundesministeriums der Verteidigung (4) 1993: 54-59

105 POL&IS erweist sich durch die Nachfrage gar als ein „besonderer Renner“ der Öffentlichkeitsarbeit der Bundeswehr (vgl. BURGEMEISTER 1998b: 4).

106 NGOs = Non governmental Organizations

107 vgl. URL: http://www.bmvg.de/portal/a/bmvg!ut/p/c4/FcqxDYAgEAXQWVzgrrdzC7UDPPAL [18.12.2011]

POL&IS wird aufgrund der Komplexität der immer wieder aktualisierten Version nicht mehr an Universitäten betrieben, sondern nur noch von den Jugendoffizieren in der Öffentlichkeitsarbeit der Bundeswehr eingesetzt. Inzwischen hat die Bundeswehr die Rechte an der Durchführung und Weiterentwicklung von der Forschungsgruppe Simulationen erworben und setzt die Simulation in der Öffentlichkeitsarbeit ein.

Jugendoffiziere veranstalten diese mehrtägige Simulation als Angebot für an der internationalen Politik interessierte Gruppen.

"POL&IS ist durch seine Gestaltbarkeit für Jugendliche und Erwachsene gleichermaßen geeignet. Es lässt sich sowohl im politischen Unterricht als auch in Seminaren der Erwachsenenbildung einsetzen."[108]

Gerade durch POL&IS (...) erzielte die amtliche Informations- und Kommunikationspolitik eine erkennbare Aufmerksamkeit im Schulbereich (REEB 2011: 100).

Das große Interesse an einer Teilnahme bei einer POL&IS-Simulation ist deutlich; im Jahre 2004 wurden insgesamt 378 Simulationen durchgeführt.[109] Die Jugendoffiziere konnten teilweise die Nachfrage nach Teilnahme an der Simulation nicht mehr befriedigen.[110]

4.3 Zusammenfassung Teil 4

Schuleinsatz, Truppenbesuch und POL&IS-Seminar sind die drei hauptsächlich angewandten Methoden der Jugendoffiziere, um in Kontakt zur Anspruchsgruppe zu treten.

Sie werden von den Jugendoffizieren eingesetzt, um Themen der Verteidigungspolitik zu diskutieren, Ausschnitte der Bundeswehr zu präsentieren und Sicherheitspolitik zu thematisieren.

Diese Methoden entsprechen der in den Erlassen geforderten dialogorientierten Öffentlichkeitsarbeit.

---

108 Bundesministerium der Verteidigung- Presse- und Informationsstab- Referat Öffentlichkeitsarbeit 2000: 13

109 Ihre Anzahl wird gesondert im Jahresbericht erfasst (vgl. Jahresbericht der Jugendoffiziere 2004: 3).

110 vgl. Jahresbericht der Jugendoffiziere 2003: 4

Doch gibt es Unterschiede in deren Wirkung bei den Teilnehmern?
Gibt es eine Methode, die das Kommunikationsziel am stärksten erreicht?

5 Evaluation der Öffentlichkeitsarbeit der Jugendoffiziere I Vorliegende Forschung

Für eine Evaluation der Tätigkeit der Jugendoffiziere wird auf in der Praxis entwickelte Methoden und Standards zurückgegriffen; sie werden im Abschnitt 5.2 vorgestellt. Des Weiteren liegen mehrere Erhebungen vor, deren Thematik, die beabsichtigte Untersuchung berühren; hierzu die anschließenden Abschnitte unter 5.3.

5.1 Evaluation von Öffentlichkeitsarbeit

Evaluation als „resultatbezogene Analyse und Informationsrückkopplung im öffentlichen Sektor“ war bereits in den 1960er Jahren ein Mittel der Überprüfung und Messung von eigenen Leistungen (vgl. VEDUNG 1999: 1).

Evaluierungsforscher werden gebeten, Rat darüber zu erteilen, wie die Implementation, die Leistung und die Ergebnisse politisch-administrativen Handelns im Nachhinein zu bewerten sind, um Selbstreflexion, tieferes Verständnis und gut begründete Entscheidungen seitens der verantwortlichen Behörden zu bewirken“ (ebd.).

VEDUNG erkennt als „offenbares Ziel“ einer Evaluation im öffentlichen Sektor die Bildung „vernünftiger Urteile“, um Entscheidungsprozesse zu optimieren (vgl. VEDUNG 1999: 12) und definiert Evaluation als

> die sorgfältige retrospektive Bewertung eines Verdienstes, der Güte und des Wertes der Implementation, der Leistung und der Ergebnisse staatlicher Interventionen mit dem Zweck, in zukünftigen praktischen Handlungssituationen eine Rolle zu spielen“ (ebd.: 2).

Doch nicht nur die internen Entscheidungsprozesse innerhalb der staatlichen Institutionen werden verstärkt betrachtet, vielmehr wird heute auch immer häufiger die Darstellung nach außen evaluiert.

Neben dem Begriff Evaluation sind in diesem Zusammenhang auch die Begriffe „Wirkungskontrolle, Wirksamkeit, Erfolgs- oder Effizienzkontrolle, Prozesskontrolle, Prozesscontrolling, Soll-Ist-Vergleich oder Kosten-Nutzen-Vergleich“

geläufig (vgl. BARTH et al 1999: 74).

Auch WOTTAWA/THIERAU erkennen eine „Definitionsvielfalt“ und arbeiten die allgemeinen Kennzeichen wissenschaftlicher Evaluation anstelle eines eigenen zusätzlichen Definitionsversuchs heraus (vgl. WOTTAWA/ THIERAU 1990: 9). Ihre Auswertung der unterschiedlichen Definitionen ergab folgende Gemeinsamkeiten:

Evaluation dient

> als Planungs- und Entscheidungshilfe und hat somit etwas mit der Bewertung von Handlungsalternativen zu tun. Evaluation ist ziel- und zweckorientiert. Sie hat primär das Ziel, praktische Maßnahmen zu überprüfen, zu verbessern oder über sie zu entscheiden (ebd.).

Weiterhin haben die Autoren festgestellt, dass im wissenschaftlichen Sprachgebrauch ein Konsens darüber besteht, dass „Evaluationsmaßnahmen dem aktuellen Stand wissenschaftlicher Techniken angepaßt sein sollten“ (ebd.).

Doch nicht nur staatliche Institutionen sondern auch Wirtschaftsunternehmen beschäftigen sich mit dem Wert der eigenen Öffentlichkeitsarbeit. Hier sind weniger Informationsrückkopplungen als vielmehr die betriebswirtschaftlich messbaren Effekte - vor allem der Gewinn für das Unternehmen - von Interesse.

Die Frage, welchen Beitrag Kommunikation zum Geschäftserfolg leistet und auf welche Weise, ist zum beherrschenden Thema der Kommunikationsbranche geworden. Kein anderes Thema hat in den

vergangenen Jahren, [...] so viel produktive Aufmerksamkeit und Nachfrage gefunden“ (SEVERIN 2005: 10 f.).

Inzwischen wird die Erforschung des Wertschöpfungsbeitrags der Kommunikation bereits als „Modethema“ bezeichnet (vgl. MATHES 2005: 83).

Für den Bereich der Wirkungsforschung von Werbung auf das Käuferverhalten wurden verschiedene Modelle entwickelt, die versuchen, unterschiedliche Einflüsse auf gezeigte Kaufentscheidungen zu berücksichtigen (vgl. BONGARD 2002: 204 f.).

MERTEN bemerkt dazu, dass das „Gros aller Wirkungsuntersuchungen nicht in der Kommunikationsforschung, sondern in der Werbewirtschaft durchgeführt“ werden (vgl. MERTEN 1994: 303).

Doch auch hier werden Schwierigkeiten in der Forschung erkannt. Eine überzeugende Theorie für das Vertrauen konnte bislang nicht gebildet werden.

> Theoretisch anspruchsvolle Konzepte, die über eine meist vordergründig

> am praktischen Handeln orientierte Forschungspraxis hinausgehen, bleiben solange unberücksichtigt, wie die direkte Verwertbarkeit der Ergebnisse ge sichert ist! (BONGARD 2002: 1).

Eine klare Bestimmung der Kommunikationsziele gilt als Grundvoraussetzung für eine Erfolgmessung der Öffentlichkeitsarbeit. Wie erfolgreich oder erfolglos Öffentlichkeitsarbeit ist, lässt sich daran bemessen, ob sie imstande war, die Ziele zu realisieren (vgl. BURKART 1997: 71).

Einige Experten bemängeln, dass die Messung von Resultaten der Öffentlichkeitsarbeit auf dem „Stande des Weihnachtsmannes" nach folgendem Wahlspruch: „Tue Gutes und rede darüber" geblieben ist (vgl. REINEKE/EISELE 1994: 98 f.).

Auch der Vergleich, dass das Messen der Effektivität von Öffentlichkeitsarbeit nur ein wenig leichter ist als das Messen eines gasförmigen Körpers mit einem Gummiband, wird benutzt, um die Schwierigkeiten der Evaluation von Öffentlichkeitsarbeit zu beschreiben (vgl. REINEKE/EISELE 1994: 99).

Und dennoch beschäftigt man sich zunehmend mit der Messung von Effekten der betriebenen Öffentlichkeitsarbeit, um den „weißen Fleck auf der PR-Landkarte" zu beseitigen (vgl. FUCHS/KLEINDIEK 1984: 38).

> Eine systematisierte, quantitative und qualitative Erfolgskontrolle der persuasierenden Kommunikation findet - obwohl in allen PR-Modellen stets vorgesehen – so gut wie nie statt. Folglich sind PR-spezifische, methodologisch reflektierte Forschungstechniken [...] dürftig und unterentwickelt
> (RONNEBERGER/ RÜHL 1992:183)

kritisieren RONNEBERGER/RÜHL die mangelnde Erfolgmessung im Bereich der Öffentlichkeitsarbeit.

Auch BAERNS stellt fest, dass die Kontrollmöglichkeiten, gelungene Kommunikation zu messen, fehlen (vgl. BAERNS 1997: 17).

Im Jahre 1988 fasste BARTHENHEIER den Erfolg von PR-Maßnahmen als die Zielerreichung unter Berücksichtigung einer günstigen Kosten-Nutzen-Relation zusammen, doch auch er bleibt einer Definition der Ziele und der Messung der Erreichung schuldig (vgl. BARTHENHEIER 1988: 37).

> Idealerweise können Evaluationsstudien nicht nur zeigen, ob eine Kommunikationsmaßnahme Effekte hat, sondern auch, warum Effekte zustande gekommen oder ausgeblieben sind. Die Evaluation von Public-Relations-Maßnahmen ist also der Grundstein für Qualitätsverbesserung und Qualitätssicherung der Öffentlichkeitsarbeit (FERMERS/KLEWES 1997: 115).

Da sich Öffentlichkeitsarbeit ständig auf sich verändernde Rahmenbedingungen einstellen muss, sollte auch eine kontinuierliche Bewertung der Öffentlichkeitsarbeit selbst als ein ständiger Prozess erfolgen, empfehlen BARTH et al. (vgl. BARTH et al 1999: 76).

Ein Grundproblem der Öffentlichkeitsarbeit ist die mangelnde Prognosefähigkeit, d.h. die Anwender und Durchführenden können nicht von der eingesetzten Maßnahme auf den Erfolg bzw. die beabsichtigten Effekte schließen.

Für den Bereich der Öffentlichkeitsarbeit von Unternehmen stellt LANGE fest:

> Niemand ist in der Lage, [...] von Kommunikationsinvestitionen präzise vorherzusagen. Die Folgen sind einerseits ein Ressourceneinsatz, der in vielen Fällen nicht auf plausible Zahlen gestützt ist, sowie ein bleibendes Gefühl von Unsicherheit darüber, wie viel in welche Art von Kommunikation investiert werden muss (LANGE 2005: 201).

Das stellt die in der Öffentlichkeitsarbeit Tätigen und gar die gesamte Branche vor Rechtfertigungsschwierigkeiten bei den Auftraggebern. Deren Forderung „sich in Zeiten knappen Geldes etwas präziser bestätigen zu lassen, wofür man das Geld ausgegeben hat" (BENTELE 1997: 16), lässt diesen Rechtfertigungsdruck entstehen.

> Der Druck auf die Kommunikationsabteilungen wächst. Wenn es der PR nicht gelingt, in absehbarer Zeit Konsens über geeignete und praktikable Instrumente zu finden, wird ihre Stellung bei den üblichen Verteilungsprozessen von Budgets oder Personalkapazitäten ausgesprochen schwierig und ungemütlich (MAST 2005: 30).

Daher sollte jeder in der Öffentlichkeitsarbeit Tätige die Ziele seiner Arbeit kennen und deren Erreichung im Sinne einer Erfolgmessung kritisch prüfen.

> Aber neben ihrer **legitimatorischen** Funktion hat Wirkungsmessung eine **operative** Funktion in der Öffentlichkeitsarbeit. Ohne irgendeine Form von \`Messung´ und ´Wertung´ bleibt Kommunikation blind, taub und selbstbezüglich (Hervorh. im Original, AHRENS/BEHRENT 1997: 85).

Die Wirkung oder der Erfolg der Kommunikation sollte dabei nicht nur als eine subjektive Bewertung durch den Durchführenden selbst gesehen werden, sondern muss sich nach objektivierbaren Kriterien betrachten und messen lassen (vgl. AHRENS/BEHRENT 1997: 87). Eine „Quantitative Analytik ist der Grundstein jeder Erfolgskontrolle" (FEMERS/KLAWES 1997: 120).

> Erfolg tritt bekanntlich ein, wenn andere den Botschaften nicht nur zustimmen, sondern tatsächlich folgen. Insofern verspricht die Beobachtung des faktischen

Verhaltens, die präziseste Auskunft über die

Wirkung oder **Nichtwirkung** von Kommunikation zu geben (ROLKE 1997: 178).

Das Ziel der Evaluation ist es, die „Informations- und Aufklärungsaktivitäten im Interesse der Adressaten so wirksam wie irgend möglich zu gestalten" (TÖPPICH 1997: 97).

5.2 Befragung zur Tätigkeit der Jugendoffiziere

In dieser Arbeit sollen die Kommunikationszielerfolge nach erfolgter Teilnahme an einer Maßnahme eines Jugendoffiziers untersucht werden. Die Teilnahme kann bis zu fünf Jahren vor der Befragung stattgefunden haben, da die Jugendoffiziere sich nur an junge Leute ab einem Alter von 16 Jahren wenden, die Befragten zum Zeitpunkt der Befragung jedoch nicht älter als 20 Jahre alt sind.

Um herauszufinden, welche Auswirkung der Einsatz des Jugendoffiziers auf das Vertrauen der Anspruchsgruppe hat, werden die Antworten einer durchgeführten Befragung der Teilnehmer an Veranstaltungen der Jugendoffiziere ausgewertet und mit den Antworten der Nicht-Teilnehmer konfrontiert.

Bei der Befragung müssen folgende Voraussetzungen gegeben sein:

- Die Befragten gehören zur Anspruchsgruppe.
- Die Summe der Befragten muss repräsentativ sein.
- Zur besseren Auswertung und Vergleichbarkeit handelt es sich bei den Fragen um geschlossene Fragen mit vorgegebenen Antwortmöglichkeiten.

Den Befragten, die angaben, bereits an einer Veranstaltung der Jugendoffiziere teilgenommen zu haben, werden Fragen nach ihrem persönlichen Eindruck und Verhaltensänderungen im Anschluss an die Teilnahme gestellt.

Die *Teilnahme an der Veranstaltung* wird somit als *abhängige Variable* gesehen.

ZERFASS/PFANNENBERG erkennen: „(…) angewandte eindimensionale Befragungen führen oft nicht zu einer Untersuchung, die valide und reliable Ergebnisse liefern kann, da die Einflüsse auf genannte Antworten selten nur *eine* Ursache haben können."

Es gibt also Schwierigkeiten von Begriff und Messbarkeit von Vertrauen und

> die Frage nach unabhängigen Variablen, die für das Vorhandensein und die Ausprägung von Vertrauen verantwortlich sind (vgl. OFFE 2001: 368).

BERGER warnt außerdem vor der unbeabsichtigten, aber möglichen Beeinflussung der Befragten durch die Fragesteller selbst und erkennt:

> Eine realistische Sichtweise, die den Befrager nicht als vorprogrammierten Computer und das Verhalten der Befragten nicht als stimulierte Reaktionen unter idealen experimentellen Bedingungen interpretiert, muß eine Beeinflussung des Interview-Ablaufs durch eine Menge von Verhaltensregel, Interpretationsmaximen und Erwartungsmustern beider Beteiligter zugestehen (BERGER 1985: 35).

Bei dieser repräsentativen Befragung wird jedoch davon ausgegangen, dass sich das Vorhanden-sein individueller Einflüsse (*unabhängiger Variablen*) auf die Beantwortung der Fragen nicht auf alle Antworten auswirken und somit nicht die Gesamtbeantwortung verfälscht.

Im Folgenden sollen die Ergebnisse durchgeführter Erhebungen zum *Vertrauen in staatliche Institutionen* ausgewertet werden.

5.3 Frühere Erhebungen mit Konsequenzen für die Evaluation der Arbeit der Jugendoffiziere

Drei Befragungen, die sich mit der Thematik *Vertrauen in staatliche Institutionen* und *Vertrauen in Streitkräfte* beschäftigen, sollen kurz vorgestellt und nach ihren Erkenntnissen für diese Arbeit untersucht werden.

Dabei ist der Fokus auf das Vertrauen in die Bundeswehr bzw. Streitkräfte gerichtet, um zu erkennen, wie groß dieses Vertrauen allgemein ist. Außerdem werden Vergleiche zu anderen Institutionen ermöglicht.

Ziel dieser Betrachtung ist es, zu erkennen, auf welchem Niveau das Vertrauen in die Bundeswehr allgemein besteht, um dann in dieser Arbeit den möglichen Beitrag des Jugendoffiziereinsatzes in der Öffentlichkeitsarbeit der Bundeswehr im Sinne einer Generierung sichtbar werden zu lassen.

5.3.1 Die 14. Shell Jugendstudie 2002

Die Deutsche Shell Holding GmbH lässt in unregelmäßigen Jahresabständen eine Befragung von Jugendlichen durchführen und veröffentlicht die Ergebnisse in der „Shell Jugendstudie“ (vgl. DEUTSCHE SHELL [Hg.] 2002: 13).

Diese seit 1952 in der Bundesrepublik durchgeführten Studien basieren auf der wissenschaftlichen Auswertung einer persönlichen, repräsentativen Befragung des Meinungsforschungsinstituts *Infratest Sozialforschung*.

Bei der 14. Shell Jugendstudie wurden 2515 Jugendliche im Alter von 12 bis 25 Jahren im März und April 2002 zu den beiden Themenschwerpunkten Politikverständnis Jugendlicher und geschlechtsspezifische Jugendphänomene befragt (vgl. ebd.: 13 u. 29).

Die Befragten sollten im Themenkomplex „Individualität und Sicherheit in neuer Synthese? Wertorientierungen und gesellschaftliche Aktivität“ auch ihr Vertrauen in gesellschaftliche Institutionen und Gruppierungen beurteilen und mit Zahlenwerten versehen.

Diese Frage wurde zusammen mit einer kurzen Anleitung gegeben. Sie lautete:

„Ich nenne Ihnen nun einige Gruppierungen und Organisationen. Uns interessiert, wie viel Vertrauen Sie diesen Gruppen oder Organisationen entgegenbringen. 1 bedeutet `Sehr wenig Vertrauen´ und 5 bedeutet ´Sehr viel Vertrauen´. Mit den Zahlen dazwischen können Sie Ihre Angaben abstufen. Nennen Sie mir einfach die für Sie zutreffende Ziffer“ (vgl. DEUTSCHE SHELL [Hg.] 2002: 425).

Zur anzukreuzenden Auswahl standen dabei „Bürgerinitiativen, Unternehmensverbände, Bundesregierung, Bundesverfassungsgericht, Bundeswehr, große Unternehmen, Fernsehen, Gerichte, Gewerkschaften, Kirchen, Menschenrechtsgruppen, Politische Parteien, Polizei, Umweltschutzgruppen und Tageszeitungen (Frankfurter Allgemeine, Süddeutsche usw.).“[111]

Das Vertrauen in die Bundeswehr wurde mit dem Durchschnittswert 3,3 von Jugendlichen aus den alten Bundesländern und 3,1 von Jugendlichen aus den neuen Bundesländern eingeschätzt.

SCHNEEKLOTH kommentiert dieses:

> Interessant ist [...], dass von den Jugendlichen auch gegenüber der Bundeswehr relativ viel Vertrauen artikuliert wird.“ (SCHNEEKLOTH 2002: 105).

[111] vgl. ebd.

Das Vertrauen in die Bundeswehr lag damit hinter dem zu Gerichten (3,6 und 3,4), Polizei (3,4 und 3,2), Menschenrechts- (3,5 und 3,2) und Umweltgruppen (3,5 und 3,2), aber vor dem in Gewerkschaften, Bürgerinitiativen, der Bundesregierung, die Kirche, in Unternehmerverbänden und Parteien (vgl. ebd.).

SCHNEEKLOTH erkennt im Ergebnis keine großen Unterschiede zu Befragungen der Gesamtbevölkerung, hebt jedoch hervor, dass „die durchweg negative Bewertung solcher Institutionen, die mit `Parteipolitik´ in Verbindung gebracht werden", auffällig ist (vgl. ebd.: 106).

Insgesamt liefert die Shell-Studie 2002 für die eigene Untersuchung nach der Erreichung des Kommunikationszieles Vertrauen der Jugendoffiziere keine verwertbaren Ergebnisse; schließlich wird *der Jugendoffizier* nicht einmal erwähnt. Die Studie beschäftigt sich mit allgemeinen Werteorientierungen und dem Politikverständnis der Jugendlichen. Sie will ein „umfassendes Porträt der Jugendlichen in Deutschland" zeichnen[112]. Für die Studie wurde nur allgemein nach dem Vertrauen der Jugendlichen und jungen Erwachsenen in Institutionen gefragt; sie lässt aber die Ursachen – insbesondere die eigene Öffentlichkeitsarbeit der Institutionen – außer acht.

Festzuhalten bleibt nur, dass die jungen Bürger *in* die Bundeswehr vertrauen.

Das *Warum* oder *Wie* bleibt offen.

[112] Deutsche Shell (Hg.): 14. Shell Jugendstudie. Jugend 2002. Zwischen pragmatischem Idealismus und robustem Idealismus. Frankfurt/Main 2002: 11

5.3.2 Umfrage des Weltwirtschaftsforums 2002

Das Genfer Weltwirtschaftsforum *(World Economic Forum)* ließ im August 2002 eine repräsentative Befragung in 47 Staaten mit 36.000 Interviewpartnern zum Thema Vertrauen durchführen.

Diese Umfrage diente als Vorbereitung des Weltwirtschaftforumsgipfels 2002, der sich mit *Vertrauen* als Schwerpunktthema beschäftigte.

Den Befragten wurde eine Liste mit 17 gesellschaftlichen Institutionen und Vereinigungen vorgegeben, bei denen zu entscheiden war, ob man der jeweiligen Institution viel, einiges, wenig/nicht viel oder kein Vertrauen entgegenbringt.[113]

Diese Befragung war so konzipiert, dass die Auftraggeber davon ausgingen, dass die über 36.000 Befragten repräsentativ für eine Gesamtmenge von 1,4 Milliarden Menschen abstimmen würden.

Die nationalen Institutionen waren: Regierung, Parlament, Polizei, Streitkräfte, Bildungssystem, Rechtssystem und Gesundheitssystem.

Hinzu kamen nationale, nicht-staatliche Institutionen und Vereinigungen wie Kirchen, Presse/Medien, Gewerkschaften und nationale Konzerne.

Die internationalen Institutionen waren die Vereinten Nationen, die Weltgesundheitsbehörde (WHO), die Weltbank und der Internationale Währungsfonds.

Internationale, aber nicht staatliche Vereinigungen waren die Nicht-Regierungsabhängigen Organisationen (NGO) und globale Konzerne.

Die Antwortmöglichkeiten stimmten also in vielen Fällen mit denen der 14. Shell Jugendstudie 2002 (siehe Abschnitt 5.3.1) überein.

In der Bundesrepublik führte das Institut *Emnid* die Befragung von 500 Bürgern durch.

Diese wurden telefonisch bzw. in *face-to-face-Interviews* befragt.

Als zentrales Ergebnis dieser Studie wurde das weltweit hohe Ansehen der Streitkräfte angesehen.

In der Bundesrepublik antworteten 70% der Befragten, dass sie viel oder einiges Vertrauen in die Bundeswehr hätten.

---

[113] In der vom U.S.-amerikanischen Meinungsforschungsinstitut Gallup entworfenen Befragung lauten die 4 Antwortkategorien „a lot of trust“, „some trust“, „a little trust“ und „no trust“.

51% der befragten Bundesbürger antworteten, dass sie der Regierung viel oder einiges Vertrauen schenken. 49% hatten kein oder wenig Vertrauen in die Regierung.

Weltweit sagten 50% der Befragten, dass sie der eigenen Regierung vertrauen.

Schlusslicht bildete im weltweiten Durchschnitt das Vertrauen in die Arbeit des Parlaments mit nur 38%.

Als Gesamtergebnis ist festzustellen, dass im weltweiten Durchschnitt die Bürger lediglich den Nicht-Regierungs-Organisationen und den jeweiligen Bildungssystemen mehr Vertrauen schenkten als den Streitkräften.

Diese international durchgeführte Befragung liefert für meine Fragestellung in dieser Arbeit keine verwertbaren Erkenntnisse, zumal sie sich nicht ausschließlich an die Zielgruppe der 16-20-jährigen richtete. Ursachen, Einflüsse und die Rolle der streitkräfteeigenen Öffentlichkeitsarbeit waren keine Gegenstände der Umfrage des Weltwirtschaftsforums im Jahre 2002.

Es wird lediglich das Ergebnis aus der Shell-Jugendstudie bestätigt, dass der Bundeswehr als Institution vertraut wird. Das relativ hohe Vertrauen in Streitkräfte ist sogar weltweit erkennbar.

5.3.3 Befragung von TNS Emnid 2003

Der Arbeitsbereich 2 Öffentlichkeitsarbeit des Bundesministeriums der Verteidigung ist für die Untersuchung der Wahrnehmung und der Einstellung zur Bundeswehr in der Öffentlichkeit zuständig (siehe Abschnitt 1.2). Dazu wurde in der Vergangenheit die Bevölkerung auch mit einem - in den Jahren weitgehend unveränderten - Fragenkatalog befragt. Durch diese jährliche Wiederholung sollen Entwicklungen und Tendenzen in den Wahrnehmungen erkannt werden. Außerdem sollen durch diese Systematik Rückschlüsse von aktuellen Ereignissen und politischen Veränderungen und deren Reaktion bei der Bevölkerung ermöglicht werden.

Nach öffentlicher Ausschreibung erhielt das Bielefelder *TNS Emnid-Institut* den Auftrag zur Durchführung für das Jahr 2003.

Außerdem wurde im gleichen Jahr eine Jugendumfrage bei 16-20jährigen durchgeführt. Dabei wurden innerhalb einer repräsentativen Befragung 2000 junge

Bürger zu ihrer Meinung und ihrem Interesse an verschiedenen Teilbereichen der Sicherheits- und Verteidigungspolitik und der Einstellung zur Bundeswehr befragt.

Die Studie unterscheidet die jeweiligen Antworten nach Geschlecht und Herkunft aus den alten oder neuen Bundesländern und vergleicht die Ergebnisse mit denen aus der aufbaugleichen Befragung des Vorjahres 2002.

Die Befragten sollten unter anderem ihr Vertrauen in 15 verschiedene Institutionen benennen. Die Frage lautete: „Wie viel Vertrauen haben Sie in die folgenden öffentlichen Einrichtungen?“[114]

Auch in dieser Befragung wurden verschiedene Antwortkategorien vorgegeben; der Befragte musste sich für einen Wert zwischen 1 (entspricht „volles Vertrauen“) und 10 (entspricht „überhaupt kein Vertrauen“) der eigenen Vertrauensgröße entscheiden.

Zur Auswahl standen folgende Institutionen und Einrichtungen: Universitäten, Polizei, Bundesverfassungsgericht, sonstige Gerichte, Bundeswehr, Schulwesen, Gewerkschaften, Bundesrat, Landesregierung, Bundestag, Fernsehen, Bundesregierung, Kirchen, Presse und politische Parteien.

37% der Befragten ordneten der Bundeswehr die Werte 1 bis 3, d.h. hohes Vertrauen in die Institution, zu.

Die Antworten von männlichen und weiblichen Befragten scheinen sich bei dieser Frage nur gering voneinander zu unterscheiden (Männer 37% und Frauen 34%).

50 % aller Befragten gaben der Bundeswehr mittlere Zahlenwerte zwischen 4 und 7 und 14% aller Befragten bekundeten ihr relativ geringes Vertrauen mit den Vertrauenswerten 8 bis 10.

Die Betrachtung der Ergebnisse nach der Herkunft weist etwas deutlichere Unterschiede in den Antworten auf.

Während 34% der Befragten aus den alten Bundesländen der Bundeswehr relativ hohes Vertrauen (Zahlenwerte 1 bis 3) zuschreiben, sind es bei der Gruppe der Befragten aus den neuen Bundesländern 42%.

Die jugendlichen Befragten bringen der Bundeswehr im Vergleich zu anderen Institutionen somit ein relativ hohes Vertrauen entgegen.

Größeres Vertrauen schenkten sie lediglich den Universitäten, der Polizei, dem Bundesverfassungsgericht und sonstigen Gerichten.

---

[114] Sinus aktuell -Erste Jugendumfrage 2003

Die *TNS Emnid*-Jugendstudie fragt die Probanden nach den Quellen der Informationsgewinnung bezüglich des Themas Bundeswehr.

Eine zentrale Frage lautet: „Wie haben Sie sich bereits über die Bundeswehr informiert?"

Neun Informationsquellen wurden vorgegeben, die Antwortmöglichkeiten waren „trifft zu" und „trifft nicht zu."

Im Einzelnen waren die Informationsquellen:

- Sendungen über die Bundeswehr gesehen
- Informationsmaterial angesehen
- TV-Spots der Bundeswehr angesehen
- Anzeigen in Zeitschriften oder Zeitungen angesehen
- Besuch einer Kaserne, eines Schiffs oder eines Flugplatzes
- Kontakt mit der Bundeswehr in der Schule
- Internetseiten der Bundeswehr angesehen
- Besuch einer Ausstellung der Bundeswehr
- Kontakt mit der Bundeswehr auf einer Messe
- Besuch im Kreiswehrersatzamt/Zentrum für Nachwuchsgewinnung

Obwohl die Institution *Jugendoffizier* explizit nicht genannt ist, werden Tätigkeiten der Jugendoffiziere genannt, die gemäß der Erlasse (siehe Abschnitt 1.4) durch sie bei der Hauptzielgruppe Jugendliche/junge Erwachsene ausgeübt werden sollen.

So gehören für die Befragten die Bereitstellung von Informationsmaterial, Informationsbesuche in der Truppe, Schulbesuche sowie die Unterstützung von Messeauftritten der Bundeswehr zu den Hauptaufgaben der Jugendoffiziere.

46% aller Jugendlichen antworteten, dass sie bereits eine Kaserne, ein Schiff oder einen Flugplatz besucht hätten. Möglicherweise handelt es sich bei diesen Informationsbesuchen um Veranstaltungen, die durch Jugendoffiziere organisiert und durchgeführt wurden.

35% gaben an, dass sie bereits „Kontakt mit der Bundeswehr in der Schule" hatten.

Da neben den Jugendoffizieren auch Wehrdienstberatungsoffiziere im Bereich der Berufsberatung an Schulen eingesetzt sind, lässt die Aussage „Kontakt mit der Bundeswehr in der Schule“ nicht eindeutig auf den Jugendoffiziere schließen. Außerdem kann es auch andere Gelegenheiten geben, bei denen Schüler in der Schule mit der Bundeswehr hatten, beispielsweise wenn ein ehemaliger Schüler oder ein in der Bundeswehr tätiges Elternteil Schüler über den eigenen Beruf oder Werdegang informiert.

Die Befragten der Jugendstudie wurden nicht gezielt nach möglicher Teilnahme an Veranstaltungen, die von Jugendoffizieren veranstaltet wurden, oder dem Kontakt mit Jugendoffizieren befragt.

Die Studie lässt also keine Rückschlüsse auf den Zusammenhang von Informationsquelle und subjektiver Einstellung zur Bundeswehr oder gar dem Vertrauen in die Bundeswehr zu. So bleibt es durch die Antworten dieser Befragung nur zu spekulieren, inwieweit ein Einsatz des Jugendoffiziers die Informationsquelle darstellte.

Insgesamt kann auch die *TNS Emnid*-Studie keine direkten Informationen über den Erfolg des Einsatzes von Jugendoffizieren in der Öffentlichkeitsarbeit der Bundeswehr geben.

Daher bietet sich diese jährlich beauftragte Befragung an, um sie um den *Einsatz der Jugendoffiziere* zu erweitern, da ihre Durchführung beim Auftraggeber Bundesministerium der Verteidigung und den Durchführenden etabliert ist

5.3.4 Zusammenfassung: Die Relevanz der Ergebnisse früherer Erhebungen für die aktuelle Evaluation

Alle drei untersuchten Befragungen liefern als Ergebnis, dass das Vertrauen in die Bundeswehr im Vergleich zu anderen Institutionen auf einem hohen Niveau liegt.

Keine Befragung beschäftigte sich mit der Frage nach den Ursachen für das jeweilige Vertrauen und den Auswirkungen und Folgen.

Die jährlich im Auftrag vom Bundesministerium der Verteidigung durchgeführte TNS Emnid-Studie scheint jedoch thematisch um den Einsatz der Jugendoffiziere erweiterbar.

Fragen zu den Auswirkungen seiner Veranstaltungen und Konsequenzen **für** das Vertrauen der Probanden können der Befragung angehängt werden. Der Arbeitsbereich 2 der Informationsarbeit des Bundesministeriums der Verteidigung stimmte diesem Vorgehen zu, so dass die Befragung durchgeführt werden konnte.

6 Evaluation der Öffentlichkeitsarbeit der Jugendoffiziere II – Eigene Erhebung

6.1.1 Fragestellungen

Eingangs ist die umfassende, übergeordnete Forschungsfrage formuliert:

In welchem Umfang und in welcher Weise wird das für die Öffentlichkeitsarbeit der Bundeswehr gestellte Ziel der Vertrauensgenerierung durch den Einsatz von Jugendoffizieren bei der Zielgruppe Jugendliche und junge Erwachsene erreicht?

Von den Antworten auf diese Frage wird erwartet, dass sie die Beantwortung von Fragen gestatten, die sich aus den diversen Forderungen und Erwartungen an den Einsatz der Jugendoffiziere ergeben:

> In welchem Umfang wird das erstrebte Profil der Jugendoffiziere erfüllt?

Aus den Ergebnissen der Befragung der Verteidigungspolitiker ergibt sich die Frage:

> In welchem Umfang entsprechen die Ergebnisse der Befragung die Erwartungen der Verteidigungspolitiker?

Hieran schließt sich die weitergehende Frage an, welche praktischen Konsequenzen sich für die Arbeit der Jugendoffiziere ergeben.

Daran lassen sich folgende Fragen anknüpfen; u.a.

Bewirkt der Kontakt mit dem Jugendoffizier eine Einflussnahme auf Meinungen und Einstellungen bei der Zielgruppe? Ist der Einsatz der Jugendoffiziere vor den Veränderungen der Informationsgesellschaft noch eine zeitgemäße Methode, den Bedürfnissen und Interessen der Zielgruppe gerecht zu werden?

Rechtfertigt der Kommunikationserfolg der Jugendoffiziere den hohen finanziellen und personellen Aufwand für deren Einsatz?

Gegenstand der eigenen Erhebung sind die Veranstaltungstypen Einsatz im Schulunterricht, Einsatz bei Truppenbesuchen und Einsatz im Schulunterricht (siehe Abschnitt 4.2 dieser Arbeit).

6.1.2 Zu Zielen, Funktionen und Instrumenten von Öffentlichkeitsarbeit und zu Zielen von Evaluationen

> Die Kommunikation wäre viel zu langsam, um die Meinungen vieler zu einem bestimmten Zeitpunkt sichtbar zu machen (LUHMANN 1992: 78).

Mit dieser Feststellung weist LUHMANN auf ein grundsätzliches Problem von Umfragen als Versuch der Einstellungsmessung zu bestimmten Themen und Fragestellungen hin, die wiederholt und kontrovers diskutiert worden sind.

Daher werden bei der Überprüfung von erreichten Kommunikationszielen in der Literatur unterschiedliche Vorgehensweisen empfohlen.
Eine möglichst objektive Evaluation von Kommunikationserfolgen muss gründlich vorbereitet sein. Beispielsweise wird geraten, vor Beginn einer Evaluation von Öffentlichkeitsarbeit zu definieren,

welche PR-Instrumente,
welche PR-Zielsetzungen,
welche Evaluationszielsetzungen,
welchen Zeitpunkt im Kommunikationsprozess,
welche finanziellen Mittel und
welche fachliche Kompetenz

zur Verfügung stehen (vgl. FUHRBERG 1997: 59-60, BARTH et al 1999: 79).

Folgt man diesen Empfehlungen in vorliegender Untersuchung gelten

- die verschiedenen Methoden Schuleinsatz, Truppenbesuch und Seminar als das gewählte *PR-Instrument;*

- die Schaffung von Vertrauen bei der Zielgruppe Jugend / junge Erwachsene als das erklärte *PR-Ziel*;

- messbare Verstärkungen des Vertrauens der Teilnehmer in die Bundeswehr und in die Regierungsarbeit in Sicherheits- und Verteidigungspolitik nach Veranstaltungsbesuch der Jugendoffiziere als die *Evaluationszielsetzung*.

Die Befragung erfolgt *nach* dem Kommunikationsprozess, d.h. *nach* der Teilnahme an einer Veranstaltung mit den Jugendoffizieren.[115]

Die empfohlene Betrachtung der *finanziellen Mittel* spielt in dieser Arbeit keine Rolle, da haushaltsrechtliche Verteilungsentscheidungen im Verteidigungsministerium das Budget der Jugendoffiziere bestimmen und diesen bislang keine Prüfungen nach Erreichung der Kommunikationsziele vorausgingen.

Mit *fachlicher Kompetenz* ist der Grad der Wissenschaftlichkeit der gewählten Evaluationsverfahren, also die Frage nach der Transparenz und Nachvollziehbarkeit der jeweiligen Verfahren, gemeint (vgl. FUHRBERG 1997: 65). Meine Befragung soll sowohl transparente als auch nachvollziehbare –also quantitativ messbare - Ergebnisse über den Kommunikationszielerfolg liefern.

Zusammengefasst lässt sich sagen, dass bei der beabsichtigten Evaluation des Jugendoffiziereinsatzes geprüft wird, ob die angewandten Instrumente, d.h. die Methoden *Schuleinsatz*, *Truppenbesuch* und *Seminarveranstaltung* den gewünschten Kommunikationserfolg herbeiführen.

Ebenso wie die einzelnen *Kommunikationsziele* sollten auch die *Evaluationsziele* vor einer Untersuchung benannt werden.

SIGNITZER nennt sechs Typen von Entscheidungen, die nach der Durchführung einer Evaluation getroffen werden sollten.

115 Der zeitliche Abstand zwischen der Teilnahme an einer Veranstaltung der Öffentlichkeitsarbeit und der Befragung kann höchstens fünf Jahre betragen. Das ist der Fall, wenn ein Befragter schon im Alter von 16 Jahren an einer Jugendoffizierveranstaltung teilgenommen hat, er zum Zeitpunkt der Befragung aber bereits 20 Jahre alt geworden ist.

Die Entscheidungstypen sind

1. Fortsetzung oder Einstellung der PR-Aktion;
2. Verbesserung von Durchführungspraktiken;
3. Hinzufügung oder Aufgabe spezifischer Teile bzw. Techniken der PR-Aktion;
4. Einsatz ähnlicher PR-Aktionen in ähnlichen Kontexten;
5. Neuverteilung der Ressourcen unter konkurrierenden PR-
6. Aktionen;
7. Akzeptanz oder Zurückweisung der Annahmen, die einer bestimmten PR-Aktion zugrunde liegen (vgl. SIGNITZER 1989: 338).

Es obliegt der ministeriellen Leitung des Ressorts Verteidigung Ergebnisse umzusetzen. Nur die ministerielle Leitung kann den Einsatz der Jugendoffiziere gemäß der o.g. Typen der Entscheidungen nach SIGNITZER bewerten und ihn verändern.

6.1.3 Durchführung einer Erhebung zur Tätigkeit der Jugendoffiziere

Der Arbeitsbereich 2 Öffentlichkeitsarbeit des Bundesministeriums der Verteidigung ist neben anderen Aufgaben (siehe Abschnitt 1.2) auch für die Abstimmung der eigenen Öffentlichkeitsarbeit auf die Wahrnehmung von Sicherheitspolitik und Bundeswehr in der Öffentlichkeit zuständig. Regelmäßig werden daher demoskopische Untersuchungen durchgeführt.

Seit 1995 findet einmal jährlich die Befragung „Sicherheitspolitische Lage Bevölkerung" (kurz: SPL Bevölkerung) statt. Meinungsforschungsinstitute werden mit der Durchführung beauftragt.

Absicht dieser Befragung ist es, Kenntnisse *über* und Meinungen *zu* den Thermenbereichen Bundeswehr, Sicherheitspolitik und Wehrpflicht der Gesamtbevölkerung der Bundesrepublik zu erhalten.

Für die Zielgruppe Jugendliche, festgelegt als die 16-20-jährigen, wird ergänzend noch die „Sicherheitspolitische Befragung Jugend" (kurz: SPL Jugend) als eine gesonderte Befragung durchgeführt.

Inhaltlich werden weitgehend die gleichen Themen wie in der jährlichen „SPL Bevölkerung" abgefragt und teilweise auch die gleichen Fragen gestellt.

Für die vorliegende Untersuchung bietet sich eine Beteiligung an dieser etablierten Befragung an, da somit auf bestehende Erfahrungen in der Durchführung einer repräsentativen Befragung zurückgegriffen werden kann.

Da die Befragten im Alter von 16 bis 20 Jahre alt sind, gehören sie alle zur Hauptzielgruppe *Jugendliche und junge Erwachsene* der Jugendoffiziere.[116]

Angeregt durch die Überlegungen bezüglich einer qualitativen Bewertung der Wirkungen des Einsatzes der Jugendoffiziere, genehmigte der Arbeitsbereich 2 Öffentlichkeitsarbeit des Bundesministeriums der Verteidigung eine inhaltliche Erweiterung der bereits beabsichtigten Befragung „SPL Jugend" des Jahres 2005.

Der aktualisierte Fragenkatalog wird um die entwickelten Fragebereiche „Vertrauen und Bundeswehr" und „Der Einsatz der Jugendoffiziere" ergänzt.

Erstmalig werden die Jugendlichen nach ihrem bisherigen Kontakt zu den Jugendoffizieren befragt.

Die Fragen zielen darauf ab, die Effekte der Öffentlichkeitsarbeit der Jugendoffiziere gemäß der in Erlassen und Weisungen genannten Kommunikationsziele sowohl qualitativ als auch quantitativ zu erfassen.

Im Zeitraum September bis Oktober 2005 werden dafür mit der Befragung SPL Jugend insgesamt 2000 telefonische Interviews bei der Zielgruppe geführt.

Ein im Juni 2005 mit 50 befragten Jugendlichen durchgeführter Pretest konnte zeigen, dass die formulierten Fragen von der Zielgruppe verstanden werden und daher für die Befragung geeignet sind.[117]

Die Antworten der Befragten, die bereits an Veranstaltungen der Jugendoffiziere teilgenommen haben, werden mit den Antworten derjenigen verglichen, die noch keinen Kontakt zu den Jugendoffizieren hatten.

Der Vergleich der zwei Gruppen Teilnehmer vs. Nicht-Teilnehmer soll zeigen, ob die Beantwortung der Fragen zu „Vertrauen und Bundeswehr" durch die Teilnahme an Veranstaltungen der Jugendoffiziere signifikante Unterschiede gegenüber Nichtteilnehmern aufweist.

---

[116] vgl. Abschnitt 2.3 dieser Arbeit

[117] Als eine „klassische Fehlerquelle" der Befragungspraxis nennt REEB „die Formulierung der Fragen", die die Aussagefähigkeit der Antworten beeinflussen können (vgl. REEB 2009: 104).

Der zeitliche Abstand zwischen Kontakt zum Jugendoffizier bzw. Teilnahme an einer seiner Veranstaltungen und der Befragung spielt keine Rolle in meiner Untersuchung. Das kann bedeuten, dass der Kontakt zum Jugendoffizier am Tag der Befragung passierte oder aber bereits Jahre zurück liegt.

Auf eine Untersuchung, ob und wie sich der zeitliche Abstand von Kontakt und Befragung auswirkt, wurde verzichtet,

Damit wird insgesamt der Forschungsfrage nachgegangen, ob der Einsatz des Jugendoffiziers in der Öffentlichkeitsarbeit der Bundeswehr messbare Effekte bei der Zielgruppe Jugendliche erreicht.

Die Untersuchung der gesamten Befragung „Sicherheitspolitische Lage Jugend 2005“ (siehe Anhang) ist in dieser Arbeit nicht von Interesse, da deren Fragen nicht ausschließlich den Einsatz der Jugendoffiziere betreffen, sondern ein Meinungsbild der Jugendlichen zu bestimmten Themen der Sicherheitspolitik und Bundeswehr liefern sollen, die anschließend mit den Befragungen der letzten Jahre verglichen werden.

Zentraler Gegenstand war in der SPL Jugend 2005 die *Wahrnehmung der Allgemeinen Wehrpflicht*.

6.1.4 Befragungsdesign

Im Folgenden werden die für die vorliegende Untersuchung relevanten Fragen der durchgeführten Befragung „SPL Jugend 2005“ genannt.

Die erstmalig entwickelten Fragen werden in den bestehenden Fragenkatalog eingefügt, so dass deren Reihenfolge bei der tatsächlich durchgeführten Befragung verändert wurde. Dies geschah aus Gründen der besseren Vergleichbarkeit der Daten mit Erhebungen der Vorjahre. Zwar waren hier die Jugendoffiziere noch nie Gegenstand der Gesamtuntersuchung, jedoch sind die Fragen zur Wehrpflicht und den Auslandseinsätzen bereits genauso gestellt worden. Daher ist der Vergleich dieser Antworten für das Bundesministerium der Verteidigung als Auftraggeber von besonderem Interesse.

Die Veränderung der Reihenfolge der hinzugefügten Fragen ist für die Auswertung tolerierbar.

Die zusätzlichen Fragen beziehen sich jeweils nur auf Teilaspekte von Vertrauen bzw. die Wahrnehmung des Jugendoffiziers und sollten daher in meiner Untersuchung nach den Effekten von Öffentlichkeitsarbeit nicht ausschließlich isoliert betrachtet werden. Eindimensionale Korrelationen zwischen Teilnahme an einer Veranstaltung des Jugendoffiziers und Vertrauensgewinn können sicherlich nicht vermutet werden, da sich gerade das Entstehen von Vertrauen nicht nur auf die Teilnahme an *einer* oder *mehrerer* Veranstaltungen zurückführen lässt.

Der Vergleich der Antworten von Teilnehmer an Veranstaltungen des Jugendoffiziers mit denen von Nichtteilnehmern kann jedoch Erkenntnisse über die Wirkungen der durchgeführten Öffentlichkeitsarbeit liefern.

Die Gesamtbetrachtung der Antworten kann Aussagen über die Effekte des Einsatzes der Jugendoffiziere hinsichtlich der Vertrauensgenerierung zulassen.

1. Frage:

„Wie stark sind Sie an der Sicherheits- und Verteidigungspolitik interessiert?
Sagen Sie mir bitte, ob Ihr Interesse sehr stark, stark, weniger stark oder überhaupt nicht ist.“

Grundsätzlich kann der Befragte hier sein subjektiv empfundenes Interesse an Sicherheits- und Verteidigungspolitik einschätzen. Diese erste Frage wird ohne Vorfragen oder Vorbedingungen gestellt und soll daher ein möglichst unvoreingenommenes Meinungsbild widerspiegeln.

Diese Frage ist für vorliegende Untersuchung wichtig, da in einem zweiten Schritt betrachtet werden soll, ob der Befragte, der an einer Veranstaltung der Jugendoffiziere teilgenommen hat, ein größeres Interesse an der Sicherheits- und Verteidigungspolitik hat. Möglicherweise verstärkt eine erfolgte Teilnahme dieses Interesse. Und mit dem Interesse ist die Voraussetzung für ein gestärktes Vertrauensverhältnis gegeben.

2. Frage:

„Ich nenne Ihnen jetzt einige Gelegenheiten, bei denen man die Bundeswehr im Alltag sieht, etwas von ihr hört oder über sie liest. Bitte sagen Sie mir, wie häufig Sie persönlich die Bundeswehr bei diesen Gelegenheiten wahrnehmen: täglich, fast täglich, etwa ein- bis dreimal in der Woche, etwa ein- bis dreimal im Monat, seltener als einmal im Monat.“

Die Gelegenheiten sind:

- Im Alltag, da wo ich wohne
- bei öffentlichen Veranstaltungen
- bei Gesprächen mit Freunden, Verwandten, Kollegen
- bei Sendungen im Fernsehen
- bei Sendungen im Radio
- bei Beiträgen im Internet
- bei Berichten in Zeitungen und Zeitschriften
- bei Veranstaltungen der Jugendoffiziere der Bundeswehr.

Der Proband antwortet aus eigener Erinnerung, ob und wie oft er die Jugendoffiziere erlebt hat. Insgesamt lautet die für die Erkenntnis aus dieser Frage, wie groß der Anteil der Befragten ist, die bereits eine Veranstaltung der Jugendoffiziere besucht haben. Eine Spezifizierung der Veranstaltung nach Form und Methode bleibt an dieser Stelle noch aus. Für meine Untersuchung ist jedoch die befragte Häufigkeit der Kontakte zum Jugendoffizier unerheblich, ist es doch gar nicht vorgesehen, dass der Jugendoffizier täglich, wöchentlich bzw. weniger als einmal im Monat mit den gleichen Teilnehmern zusammentrifft. Da sich jedoch die nächste (3.) Frage auf diese bezieht, sei sie hier mit erwähnt.

Die Antworten auf die Frage zeigen außerdem, ob der Jugendoffizier überhaupt wahrgenommen wird. In den bisherigen TNS-Befragungen wurde nie nach dem Jugendoffizier gefragt.

Mit dieser Frage wird die Gesamtsumme der Befragten in die beiden Gruppen ehemalige Teilnehmer an Veranstaltungen von Jugendoffizieren und Nicht-Teilnehmer aufgeteilt, was für vorliegende Arbeit von zentraler Bedeutung ist.

3. Frage:

> „Und wie nehmen Sie die Bundeswehr bei diesen Gelegenheiten wahr? Ist dies sehr positiv, eher positiv, teils positiv / teils negativ, eher negativ oder sehr negativ?"

Diese Frage richtet sich gezielt nach der Wahrnehmung der Bundeswehr bei verschiedenen Gelegenheiten. Auch die Gelegenheit *Veranstaltung des Jugendoffiziers* wird aufgeführt, so dass eine Aussage zur Wahrnehmung des Jugendoffiziers erstmalig ermöglicht wird.

Eine positive Wahrnehmung ist gemäß der für die Tätigkeit der Jugendoffiziere geltenden Erlasse und Weisungen beabsichtigt und wird auch von den Verteidigungspolitikern (siehe Abschnitt 1.4) ausdrücklich gewünscht, wurde jedoch in dieser direkten Frageweise noch nie überprüft. Von besonderem Erkenntniswert der Antworten auf diese Frage sind die Korrelationsmöglichkeiten mit anderen Fragen, z.B. der Frage nach dem Interesse an Sicherheitspolitik (Frage 1), d.h. sind ehemalige Teilnehmer an Veranstaltungen von Jugendoffizieren stärker an Sicherheitspolitik interessiert?

4. Frage:

> „Über die Bundeswehr kann man sich ja in ganz verschiedener Weise informieren. Ich lese Ihnen einige Beispiele vor. Sagen Sie mir bitte, ob das für Sie persönlich zutrifft oder nicht zutrifft, ob Sie das schon einmal getan haben oder nicht."

Die Möglichkeiten sind:

- Fernsehserien/Reportagen über den Alltag in der Bundeswehr ansehen
- Informationsmaterial der Bundeswehr ansehen (Broschüren, Poster, CD-Rom)
- Anzeigen der Bundeswehr in Zeitungen/Zeitschriften ansehen
- Besuch Kaserne/Schiff/Flugplatz
- Internetseiten der Bundeswehr ansehen
- Besuch einer Ausstellung der Bundeswehr
- Kontakt mit der Bundeswehr auf einer Messe
- Besuch von Jugendoffizieren der Bundeswehr in der Schule
- Teilnahme an Veranstaltung von Jugendoffizieren der Bundeswehr
- Teilnahme an einer POL&IS-Simulation

Antwortmöglichkeiten auf diese Frage sind auch die drei häufigsten Veranstaltungsmethoden der Jugendoffiziere, d.h. Truppenbesuch, Schuleinsatz und POL&IS-Seminarteilnahme (siehe Abschnitt 4.2 dieser Arbeit). Die Antworten lassen möglicherweise Rückschlüsse auf den Grad der Kommunikationszielerreichung bezogen auf die eingesetzte Methode zu. Antwortet zum Beispiel ein ehemaliger Teilnehmer an einer POL&IS-Simulation anders auf die Fragen als jemand, der an dieser nicht teilgenommen hat?

Diese bereits früher in den TNS-Befragungen gestellte Frage habe ich um die letzten drei Antwortmöglichkeiten ergänzt. Von besonderem Interesse an dieser Frage sind die Korrelationsmöglichkeiten mit anderen Fragen, z.B. der Frage nach dem Interesse an Sicherheitspolitik (Frage 1) oder der Wahrnehmung des Jugendoffiziers (Frage 5).

5. Frage:

„Welche Eindrücke haben Sie von Ihrer Begegnung mit dem Jugendoffizier? Stimmen Sie den folgenden Aussagen zu oder stimmen Sie nicht zu?“

Die Eindrücke sind:

- Mit dem Jugendoffizier konnte man sachlich und offen diskutieren.
- Man konnte über allen Fragen die Bundeswehr betreffend diskutieren.
- Der Jugendoffizier war ein interessanter Gesprächspartner.
- Der Jugendoffizier schilderte auch persönliche Erlebnisse aus der Bundeswehr.
- Die Bundeswehr wurde für mich anschaulich und erlebbar.
- Mich hat die Begegnung mit dem Jugendoffizier (z.B. die Person, die Atmosphäre, das Programm) positiv überrascht.
- Der Jugendoffizier wollte uns als Zeit- und Berufssoldaten gewinnen.
- durch den Jugendoffizier habe ich nichts Neues erfahren.

Diese erstmalig im Rahmen der TNS-Befragung gestellte Frage wurde denjenigen Probanden gestellt, die bereits an Veranstaltungen des Jugendoffiziers teilgenommen hatten.

Wieder steht die Wahrnehmung des Jugendoffiziers im Mittelpunkt. Entspricht das empfundene Verhalten der Jugendoffiziere den Empfehlungen der Erlasse und auch den Vorstellungen der Verteidigungsexperten? Wird der Jugendoffizier eher positiv oder negativ wahrgenommen? Entspricht die Wahrnehmung bei der Hauptzielgruppe den Erwartungen in den Jugendoffizier als Vertreter der Öffentlichkeitsarbeit der Bundeswehr?

Eine eher positive Wahrnehmung kann als Voraussetzung für eine Bestärkung des Vertrauens in die Bundeswehr gesehen werden. Außerdem kann hier die in den Erlassen beschriebene Zielsetzung i.S. des Anspruchs des Einsatzes der Jugendoffiziere mit der von der Zielgruppe wahrgenommenen Wirklichkeit verglichen werden.

Von besonderem Interesse an dieser Frage sind auch die Korrelationsmöglichkeiten mit anderen Fragen, z.B. der Frage nach der Einsatzform (Frage 4).

6. Frage:

„Inwiefern hat die Begegnung mit dem Jugendoffizier Ihr Interesse an der Sicherheitspolitik und an der Bundeswehr verändert? Treffen die folgenden Aussagen zu oder treffen sie nicht zu?“

Die Aussagen lauten:

- Ich habe mich im Bekanntenkreis über die Bundeswehr unterhalten.
- Ich habe mir weiteres Informationsmaterial über die Bundeswehr angeschaut.
- Ich interessiere mich für eine berufliche Laufbahn in der Bundeswehr bzw. habe mich zeitweilig dafür interessiert.
- Ich verfolge seitdem gezielter Beiträge über die Außen- und Sicherheitspolitik in den Medien.
- Ich verfolge seitdem gezielter Beiträge über die Bundeswehr in den Medien.
- Ich habe noch einmal den persönlichen Kontakt zur Bundeswehr gesucht.

Diese Frage wurde denjenigen Probanden gestellt, die bereits an einer Veranstaltung der Jugendoffiziere teilgenommen hatten.

Nachhaltige Veränderungen und Konsequenzen aus der Teilnahme an einer Jugendoffizierveranstaltung sollen erkannt werden. Gibt es überhaupt Veränderungen? Bewirkt der Einsatz der Jugendoffiziere irgendetwas, was über die Teilnahme an der Maßnahme hinaus geht? Kurz gefragt: Spielt die Teilnahme auch längerfristig für den Einzelnen eine Rolle?

Eine durch den Einsatz des Jugendoffiziers ausgelöste, längerfristige Beschäftigung mit der Thematik Sicherheitspolitik oder Bundeswehr kann bedeuten, dass nicht nur das Interesse des Teilnehmers geweckt wurde, sondern er auch positiv in seinem Vertrauensverhältnis zur Bundeswehr bestärkt wurde, da er sich freiwillig über die Veranstaltung hinaus weiter informiert.

Von besonderem Interesse an dieser Frage sind ebenfalls die Korrelationsmöglichkeiten mit anderen Fragen, z.B. der Frage nach der Einsatzform (Frage 4).

7. Frage:

„Ich nenne Ihnen nun einige Institutionen des öffentlichen Lebens und möchte gerne wissen, ob diese Einrichtungen Ihr Vertrauen genießen oder nicht. Sagen Sie mir bitte Ihre Meinung anhand einer Skala von 1 bis 10. Eine 1 heißt, dass diese Einrichtung Ihr volles Vertrauen genießt. 10 heißt, dass diese Einrichtung bei Ihnen überhaupt kein Vertrauen hat. Mit den Werten dazwischen können Sie Ihre Meinung abstufen."

Die genannten Institutionen sind:

Universitäten
Polizei
Bundesverfassungsgericht
Sonstige Gerichte
Schulwesen
Bundeswehr
Gewerkschaften
Kirchen
Landesregierung
Bundesrat
Bundesregierung
Bundestag

Presse
Fernsehen
Politische Parteien

Diese Frage wurde unverändert aus der TNS Emnid-Befragung übernommen, da hier grundsätzlich das subjektive Vertrauensverhältnis zur Bundeswehr gefragt wird. Diese Frage wurde in ähnlicher Weise auch in allen von mir betrachteten Umfragen (siehe Abschnitt 5.3) gestellt, sie bildet förmlich die „Standardfrage“ bei dem zu untersuchenden Gegenstand „Vertrauen in Institutionen“.

Durch die Antworten wird die Grundhaltung zur Bundeswehr ermittelt.

Im Folgenden werden die Ergebnisse der Befragung zusammengefasst dargestellt.

6.2 Ergebnisse der Befragung

Nachstehend werden die Antworten auf die gestellten Fragen dargestellt.

6.2.1 Kontaktart und Vertrauen in die Bundeswehr

Der Kontakt der Jugendlichen zur Bundeswehr kann in verschiedenen Formen geschehen.
Zehn unterschiedliche Kontaktarten werden den Probanden genannt. Die Jugendlichen sollen angeben, ob und in welcher Art der Kontakt zur Bundeswehr stattfand.
Anschließend werden die Probanden nach ihrem Vertrauen in die Bundeswehr befragt.

Abb. 9: Kontakt mit der Bundeswehr (N=2000)

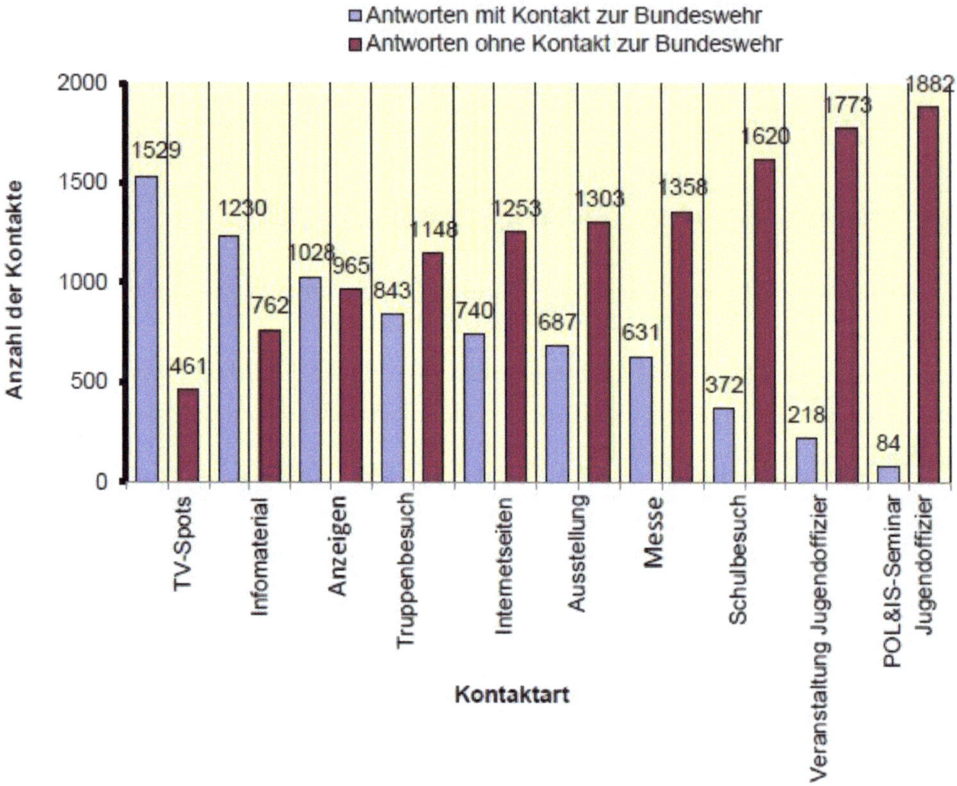

Durch die drei Einsatzmethoden der Jugendoffiziere wird der Kontakt der Zielgruppe zur Bundeswehr am Seltensten hergestellt.

Mit *TV-Sendungen/Reportagen* (Platz1) und *Zeitungen/Zeitschriften* (Platz 3) stehen Kontaktarten an der Spitze der Nutzung, die nicht unmittelbar von der Bundeswehr angeboten werden.

Die Befragung ließ Mehrfachnennungen zu, daher kann eine Kumulierung von Kontaktarten bei den Probanden nicht festgestellt werden.
Bei sämtlichen Aussagen dieser Untersuchung darf jedoch nicht die Größe der Stichprobe übersehen werden, die teilweise nur unscharfe Ergebnisse zulässt. Beispielsweise konnten nur 84 Jugendliche befragt werden, die an einem POL&IS-Seminar teilnahmen.

Im Folgenden werden die Antworten der Emnid-Fragen 4 und 12 miteinander korreliert, um erkennen zu können, ob sich die Teilnahme an einer Kontaktart mit der Bundeswehr auf das Vertrauen auswirkt.
Das eigene Vertrauen wird von den Befragten auf einer Skala von 1 bis 10 angegeben. Dabei steht der Wert 1 für *volles Vertrauen* und der Wert 10 für *kein Vertrauen* in die Bundeswehr.

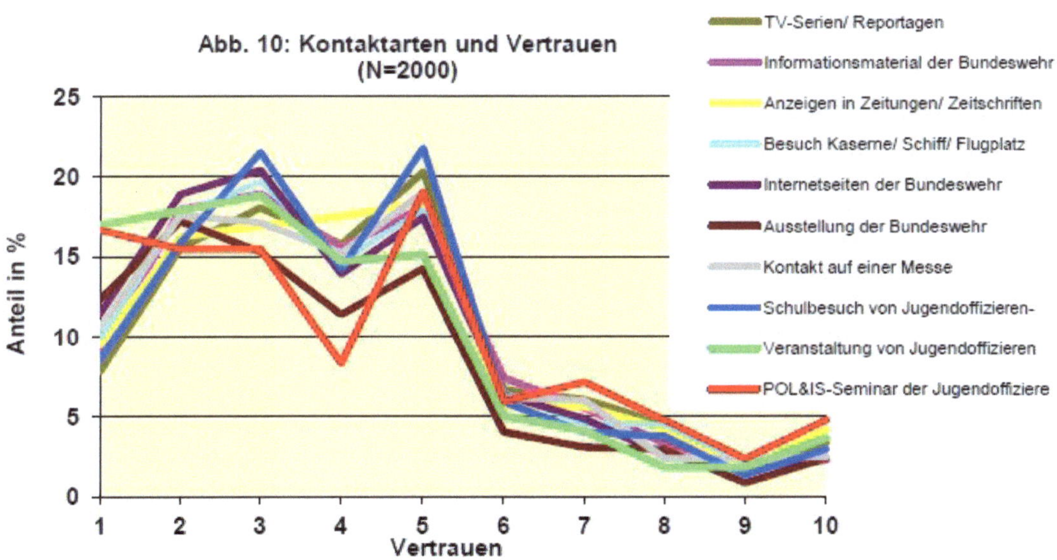

Der Wert 1 für volles Vertrauen wurde von Teilnehmern der Kontaktarten *Veranstaltungen der Jugendoffiziere* und *POL&IS-Seminaren* am häufigsten vergeben.

Um jedoch detailliertere Aussagen zum Zusammenhang von Methoden der Jugendoffiziere und dem Vertrauen zu erhalten, werden im Folgenden die zehn Einzelwerte für das Vertrauen in nur noch drei Kategorien gruppiert.

Zu erwarten ist, dass die Befragten mit Kontakt zur Bundeswehr häufiger *volles Vertrauen* in die Bundeswehr haben als diejenigen ohne Kontakt.

Abb. 11: Extremwerte des Vertrauens -
Volles Vertrauen

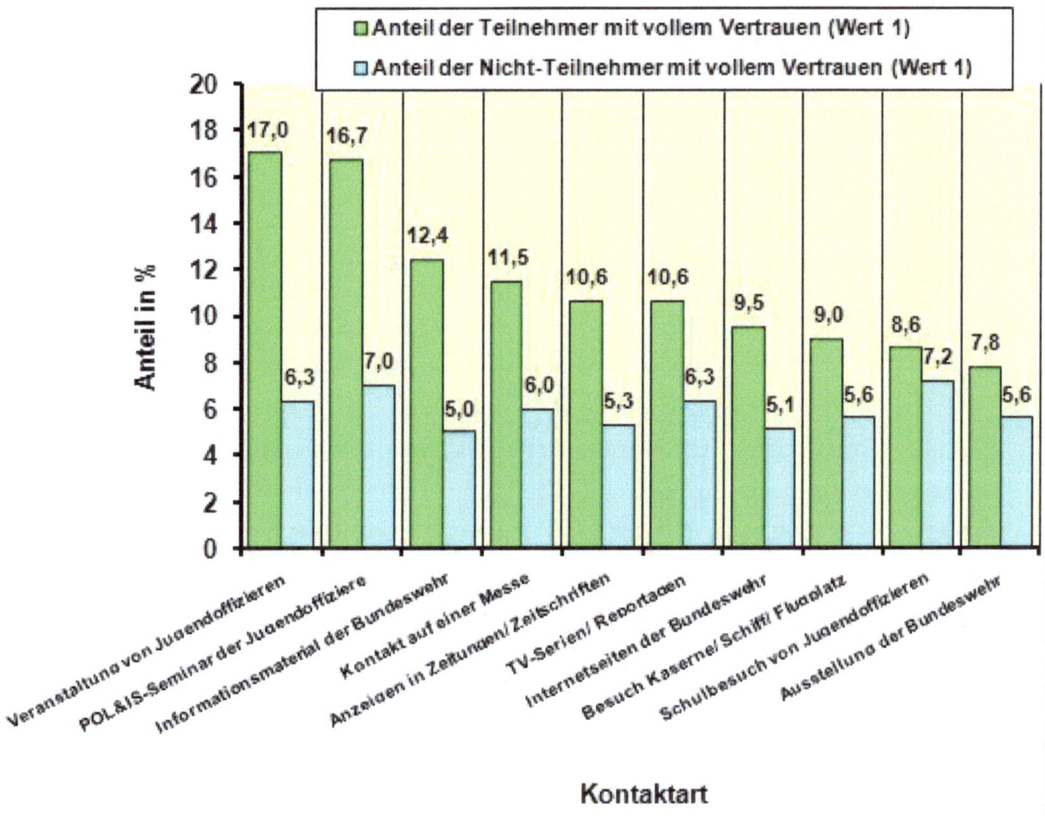

Anzahl der Antworten				
Kontaktart	Teilnehmer (n=100%)	Anzahl *Volles Vertrauen* *(Wert 1)*	Nicht-Teilnehmer (n=100%)	Anzahl Volles *Vertrauen* *(Wert 1)*
Veranstaltung von Jugendoffizieren	218	37	1773	111
POL&IS-Seminar der Jugendoffiziere	84	14	1882	131
Informationsmaterial der Bundeswehr	1230	111	762	38
Kontakt auf einer Messe	631	67	1358	81
Anzeigen in Zeitungen/ Zeitschriften	1028	98	965	51
TV-Serien/ Reportagen	1529	120	461	29
Internetseiten der Bundeswehr	740	85	1253	64
Besuch Kaserne/ Schiff/ Flugplatz	843	84	1148	64
Schulbesuch von Jugendoffizieren	372	32	1620	117
Ausstellung der Bundeswehr	687	85	1303	64

Für alle Kontaktarten zur Bundeswehr gilt, dass die Teilnehmer häufiger *volles Vertrauen* in die Bundeswehr haben als die Nicht-Teilnehmer.

Die Kontaktarten mit den größten Anteilen an Probanden, die angeben, *volles Vertrauen* in die Bundeswehr zu haben, sind *Veranstaltungen von Jugendoffizieren* und *POL&IS-Seminare der Jugendoffiziere.*

Zu erwarten ist, dass die Befragten ohne Kontakt zur Bundeswehr häufiger *kein Vertrauen* in die Bundeswehr als die Befragten mit Kontakt haben.
Folgende Abbildung zeigt die Extremwerte *kein Vertrauen.* Die zehn Kontaktarten sind dabei der Größe nach ihrem Anteil mit *keinem Vertrauen* in eine Reihenfolge gebracht worden.

Abb. 12: Extremwerte des Vertrauens - Kein Vertrauen (N=2000)

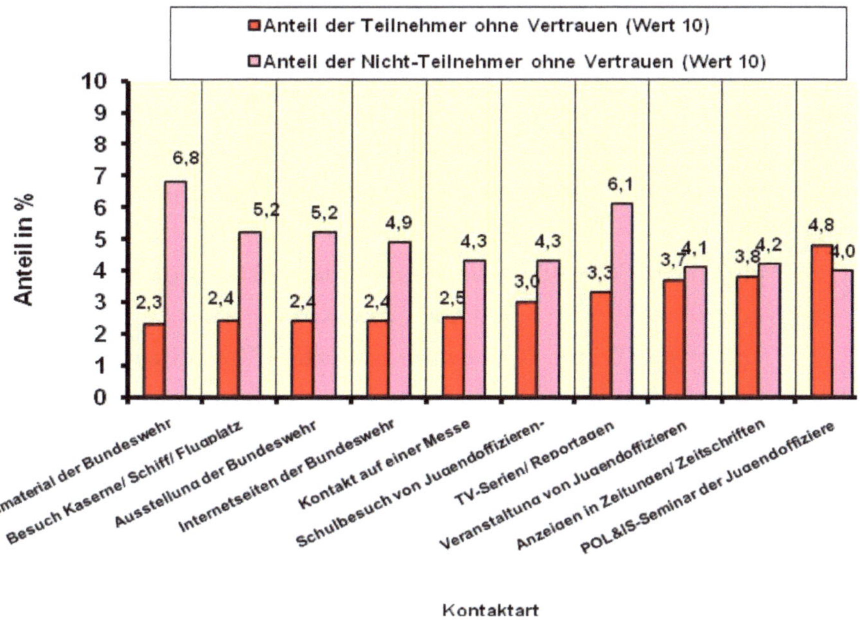

Anzahl der Antworten

Kontaktart	Teilnehmer (n=100%)	Anzahl *Kein Vertrauen (Wert 10)*	Nicht-Teilnehmer (n=100%)	Anzahl *Kein Vertrauen (Wert 10)*
Informationsmaterial der Bundeswehr	1230	28	762	52
Besuch Kaserne/ Schiff/ Flugplatz	843	20	1148	60
Ausstellung der Bundeswehr	687	20	1303	60
Internetseiten der Bundeswehr	740	18	1253	62
Kontakt auf einer Messe	631	22	1358	58
Schulbesuch von Jugendoffizieren	372	11	1620	69
TV-Serien/ Reportagen	1529	51	461	28
Veranstaltung von Jugendoffizieren	218	8	1773	72
Anzeigen in Zeitungen/ Zeitschriften	1028	43	965	37
POL&IS-Seminar der Jugendoffiziere	84	4	1882	75

Die Befragten ohne Kontakt zur Bundeswehr geben häufiger an, *kein Vertrauen* in die Bundeswehr zu haben als Befragte mit Kontakt. Einzige Ausnahme ist die Kontaktart *POL&IS-Seminare der Jugendoffiziere*.

Offenbar scheint diese Kontaktart stark zu polarisieren, da hier gleichzeitig auch der zweithöchste Anteil an Probanden, die *volles Vertrauen* in die Bundeswehr haben, zu finden ist.

Insgesamt können sich aus den zehn Skalenwerten Unschärfen ergeben.

Daher sollen im Folgenden die zehn Skalenwerte in drei Gruppen zusammengefasst werden.
Diese sind *großes* (Werte 1-3), *mittleres* (Werte 4-7) und *wenig Vertrauen* (Werte 8-10).

Abb. 13: Kontaktarten und Vertrauens (gruppiert)

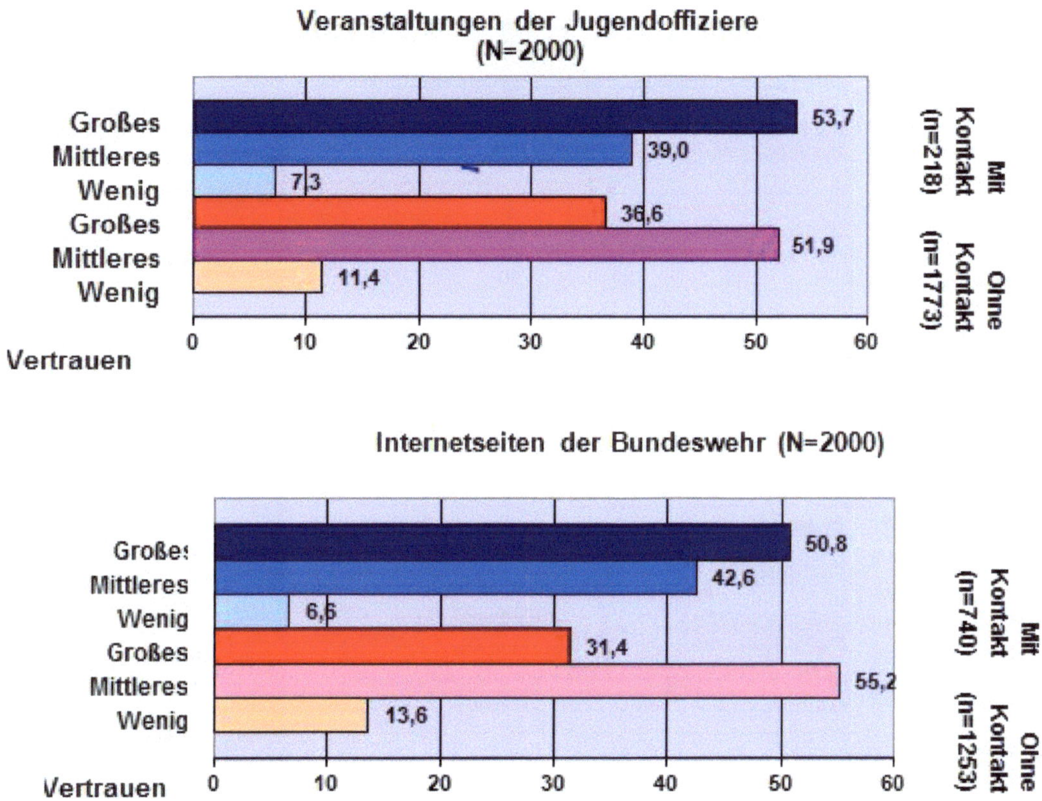

Internetseiten der Bundeswehr (N=2000)

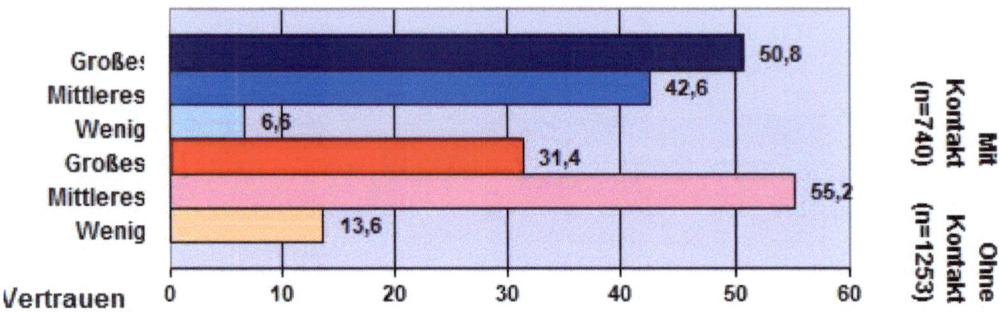

POL&IS-Seminare der Jugendoffiziere (N=2000)

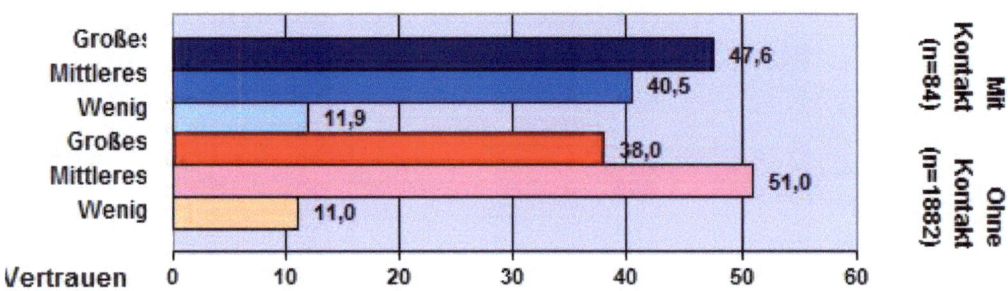

Truppenbesuch (N=2000)

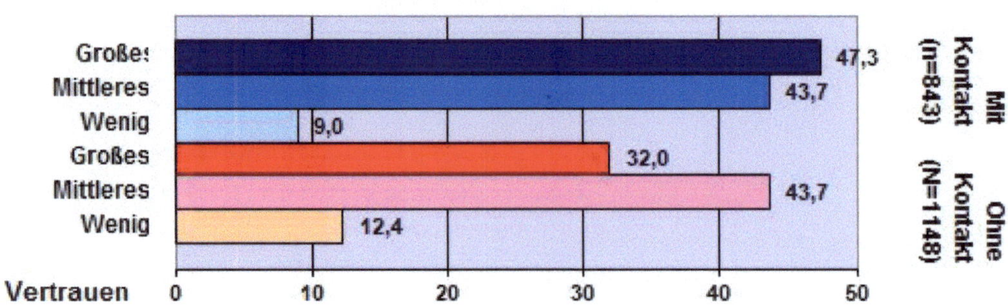

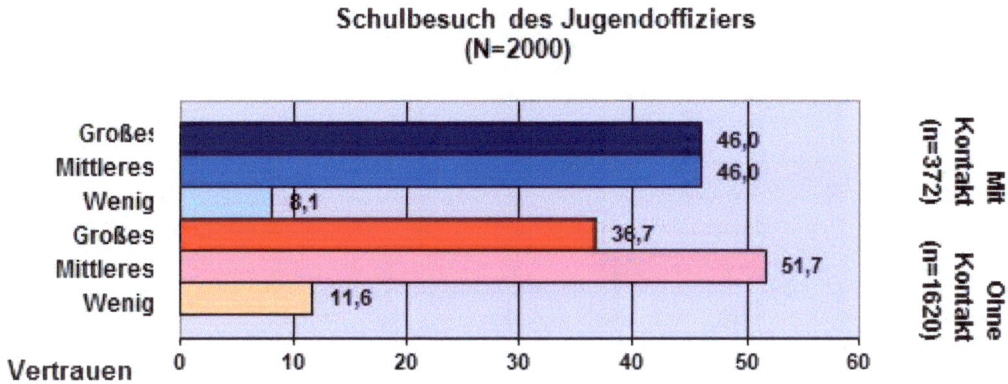
Schulbesuch des Jugendoffiziers
(N=2000)
Großes
Mittleres
Wenig
Großes
Mittleres
Wenig
46,0
46,0
8,1
36,7
51,7
11,6
Mit Kontakt (n=372)
Ohne Kontakt (n=1620)
Vertrauen
0
10
20
30
40
50
60

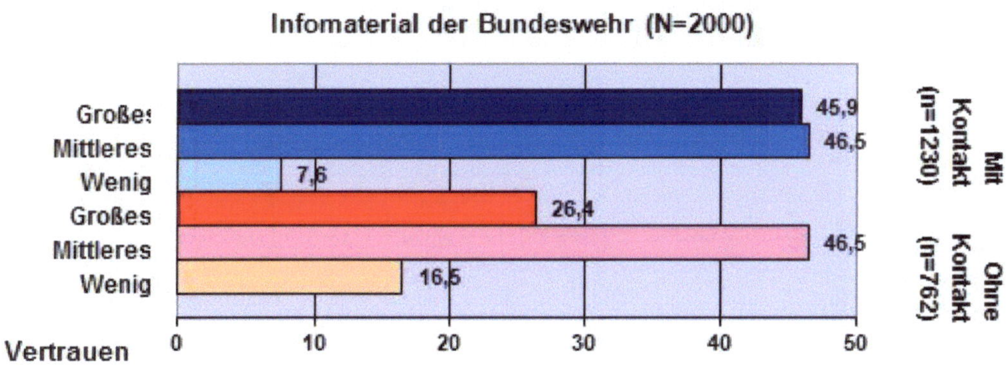
Infomaterial der Bundeswehr (N=2000)
Großes
Mittleres
Wenig
Großes
Mittleres
Wenig
45,9
46,5
7,6
26,4
46,5
16,5
Mit Kontakt (n=1230)
Ohne Kontakt (n=762)
Vertrauen
0
10
20
30
40
50

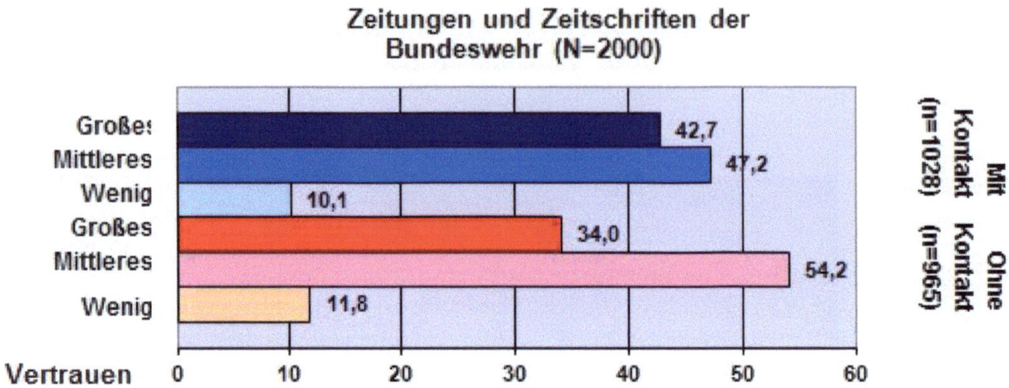

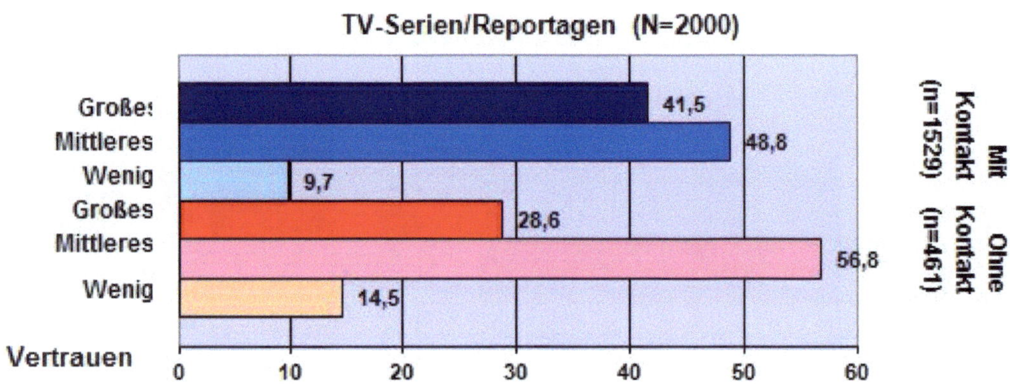

Ergebnisse:

Jugendliche mit Kontakt zur Bundeswehr haben häufiger *großes Vertrauen* in die Bundeswehr als diejenigen ohne Kontakt. Dieses gilt für alle untersuchten Kontaktarten.

Bis auf die Ausnahme *POL&IS-Seminare* gilt weiterhin auch für alle Kontaktarten, dass der Anteil der Befragten mit *wenig Vertrauen* bei den Probanden ohne Kontakt größer ist als bei denen mit Kontakt.

Da gleichzeitig diese Kontaktart auch diejenige ist, deren Anteil mit *großem Vertrauen* bei Befragten mit Kontakt auf dem dritten Rang ist, scheint diese Kontaktart zu polarisieren; jugendliche Teilnehmer an *POL&IS-Seminaren* haben entweder *großes Vertrauen* oder relativ häufig *wenig Vertrauen* in die Bundeswehr.

Alle vier Kontaktarten mit den Jugendoffizieren (*Veranstaltung, POL&IS-Seminar, Truppenbesuch, Schulbesuch)* sind unter den fünf Kontaktarten mit dem größten Anteil *großes Vertrauen zu finden.*
Die Kontaktart *Veranstaltungen der Jugendoffiziere* nimmt in der Rangfolge bezüglich des Anteils
mit *großem Vertrauen* den Spitzenplatz ein; Teilnehmer geben am häufigsten an, *großes Vertrauen* in die Bundeswehr zu haben.

6.2.2 Kontaktart und Vertrauen in die Bundeswehr Hier: Unterscheidung der Befragten nach Herkunft

Im Folgenden werden die verschiedenen Kontaktarten mit den Jugendoffizieren, die gleichzeitig auch deren Hauptmethoden sind, betrachtet.
Unter den 2000 Befragten stammen 1461 Probanden aus den westlichen und 539 aus den östlichen Bundesländern.
Spielt die Herkunft der Befragten eine Rolle bei der Vertrauensgenerierung? Haben die eingesetzten Methoden des Jugendoffiziers bei den verschiedenen Teilgruppen die gleiche Wirkung?

Zunächst wird das Vertrauen der befragten Teilnehmer und Nicht-Teilnehmer gemäß der Angabe auf der zehnteiligen Skala betrachtet. Anschließend werden die zehn Einzelwerte zu drei Kategorien gruppiert, um eine aussagekräftigere Vergleichbarkeit der Antworten zu erreichen.

a) Kontaktart *Schulbesuch der Jugendoffiziere - Unterscheidung der Befragten nach Herkunft*

Abb. 14: Vertrauen und Schulbesuch der Jugendoffiziere (N=2000)

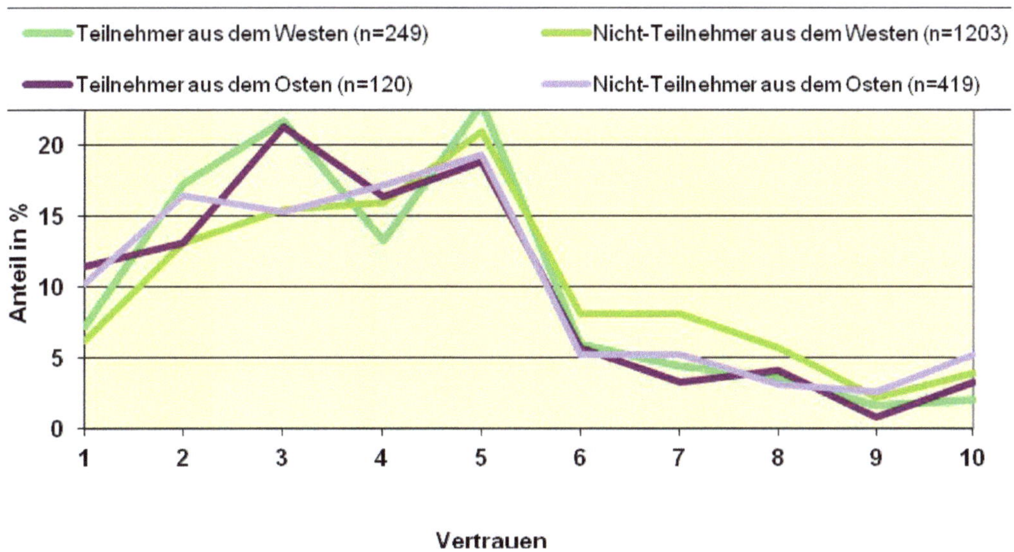

Am häufigsten vergeben Teilnehmer an Schulbesuchen der Jugendoffiziere aus dem Westen den Wert 5 für das eigene Vertrauen in die Bundeswehr.

Teilnehmer aus dem Osten nennen am häufigsten den Wert 3. Für *volles Vertrauen* (Wert 1) entscheidet sich etwa jeder neunte Proband aus dem Osten, aber nur etwa jeder Vierzehnte aus dem Westen.

Gleich welcher Herkunft gilt, dass weniger als jeder zwölfte Teilnehmer an Schulbesuchen ein *geringes Vertrauen* in die Bundeswehr hat.

Abb. 15: Vertrauen und Schulbesuch der Jugendoffiziere (gruppiert) (N=2000)

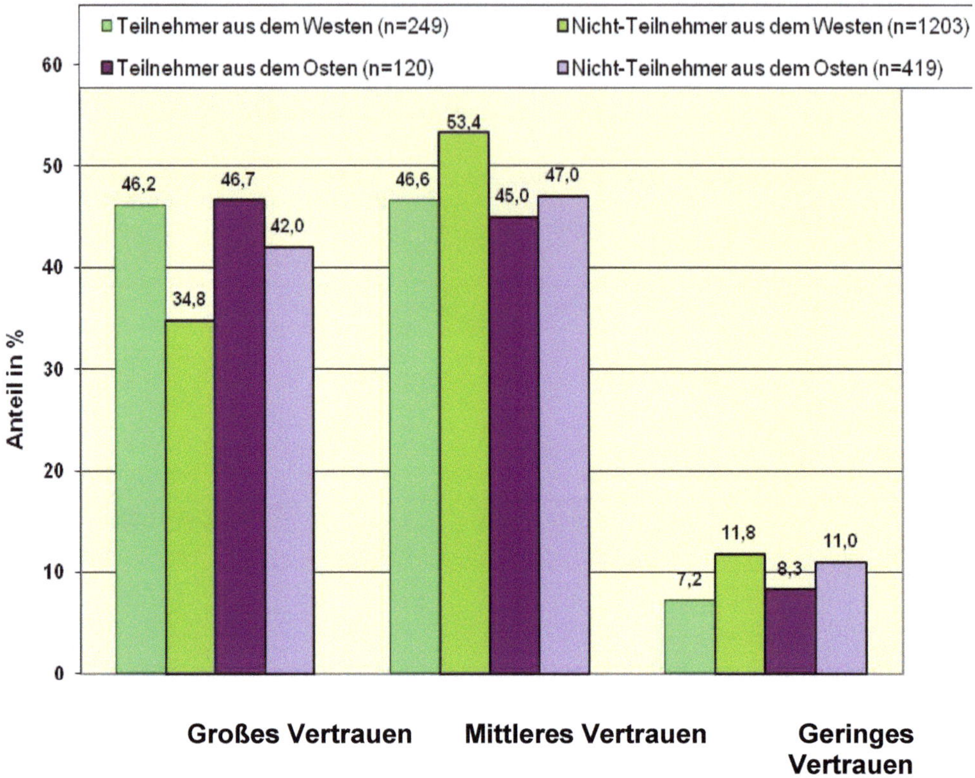

Werden die Werte 1, 2 und 3 zur Kategorie *großes Vertrauen* gruppiert, zeigt sich, dass sich die Antworten der Teilnehmer am *Schulbesuch* aus West und Ost voneinander unterscheiden. Während der größte Anteil bei Befragten aus dem Westen beim *mittleren Vertrauen* zu finden ist, geben die befragten Teilnehmer aus dem Osten am häufigsten an, ein *großes Vertrauen* in die Bundeswehr zu haben.

Betrachtet man die beiden Kategorien *mittleres* und *geringes Vertrauen*, zeigen sich auch hier deutliche Unterschiede bei den Antworten der Befragten aus West und Ost.

b) Kontaktart *Veranstaltungen der Jugendoffiziere* - Unterscheidung der Befragten nach Herkunft

Abb. 16: Vertrauen und Veranstaltungen der Jugendoffiziere (N=2000)

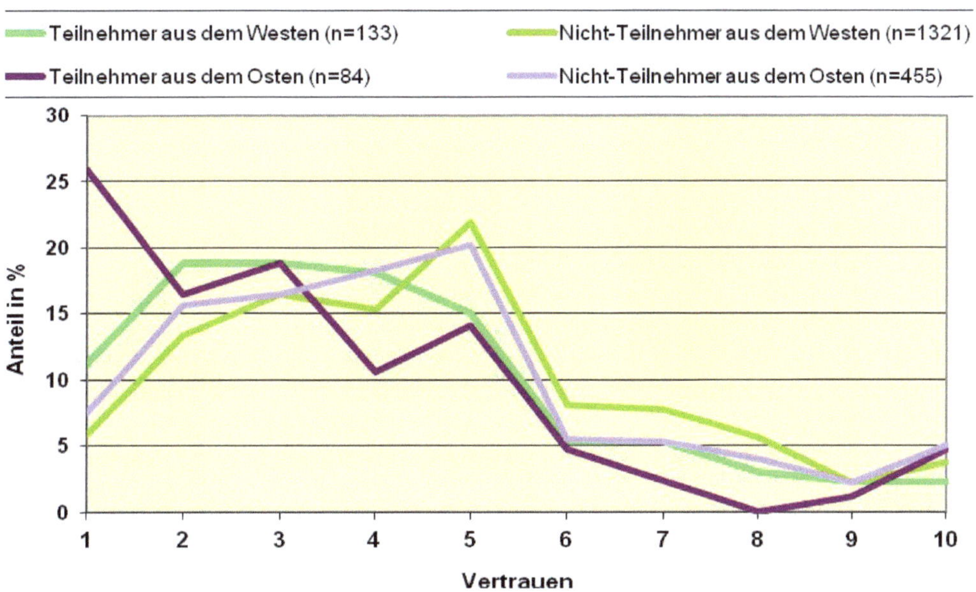

Der am häufigsten vergebene Wert der Befragten aus West und Ost für das Vertrauen in die Bundeswehr ist der Wert 3; fast jeder fünfte Teilnehmer nennt diesen Wert.

Für *volles Vertrauen* (Wert 1) entscheidet sich etwa jeder neunte Proband aus dem Westen, während es mehr als jeder vierte Befragte aus dem Osten ist.

Abb. 17: Vertrauen und Veranstaltungen der Jugendoffiziere (gruppiert) (N=2000)

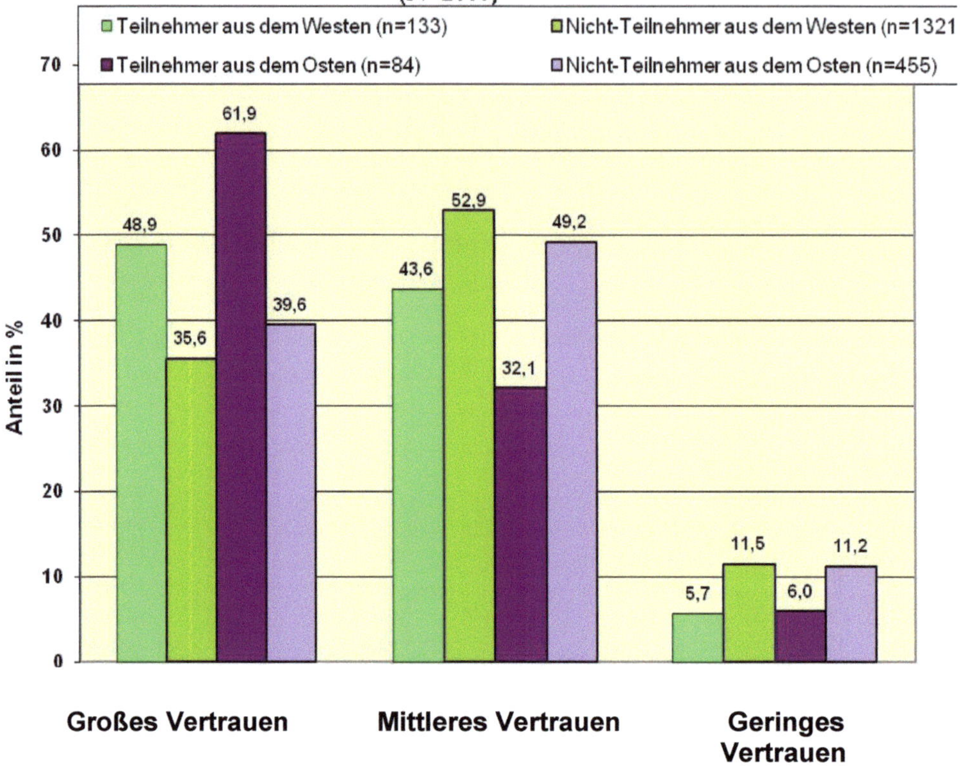

Bei der Kategorie *großes Vertrauen* zeigt sich, dass sich die Antworten der Teilnehmer aus West und Ost sehr deutlich voneinander unterscheiden.

Betrachtet man auch die beiden Kategorien *mittleres* und *geringes Vertrauen*, zeigen sich auch hier deutliche Unterschiede.

c) Kontaktart *POL&IS-Seminar der Jugendoffiziere*
- Unterscheidung der Befragten nach Herkunft

Abb. 18: Vertrauen und POL&IS-Seminare der Jugendoffiziere (N=2000)

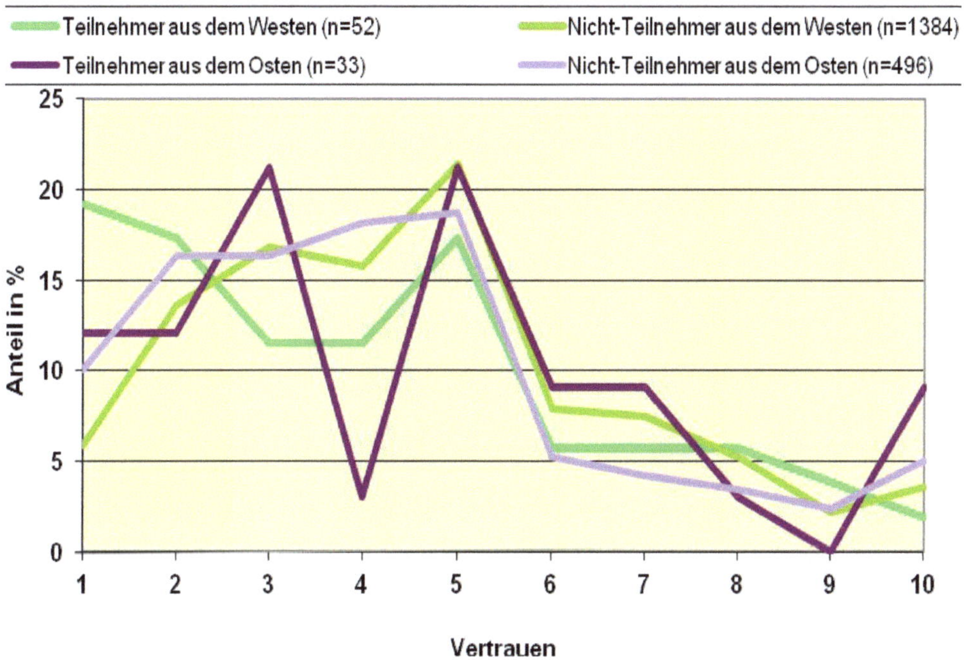

Fast ein Fünftel der Teilnehmer an POL&IS-Seminaren der Jugendoffiziere aus dem Westen hat volles Vertrauen in die Bundeswehr. Dieser Wert nimmt den Spitzenplatz ein. Teilnehmer aus dem Osten vergeben die Werte 3 und 5 am häufigsten.

Abb. 19: Vertrauen und POL&IS-Seminare der Jugendoffiziere (gruppiert) (N=2000)

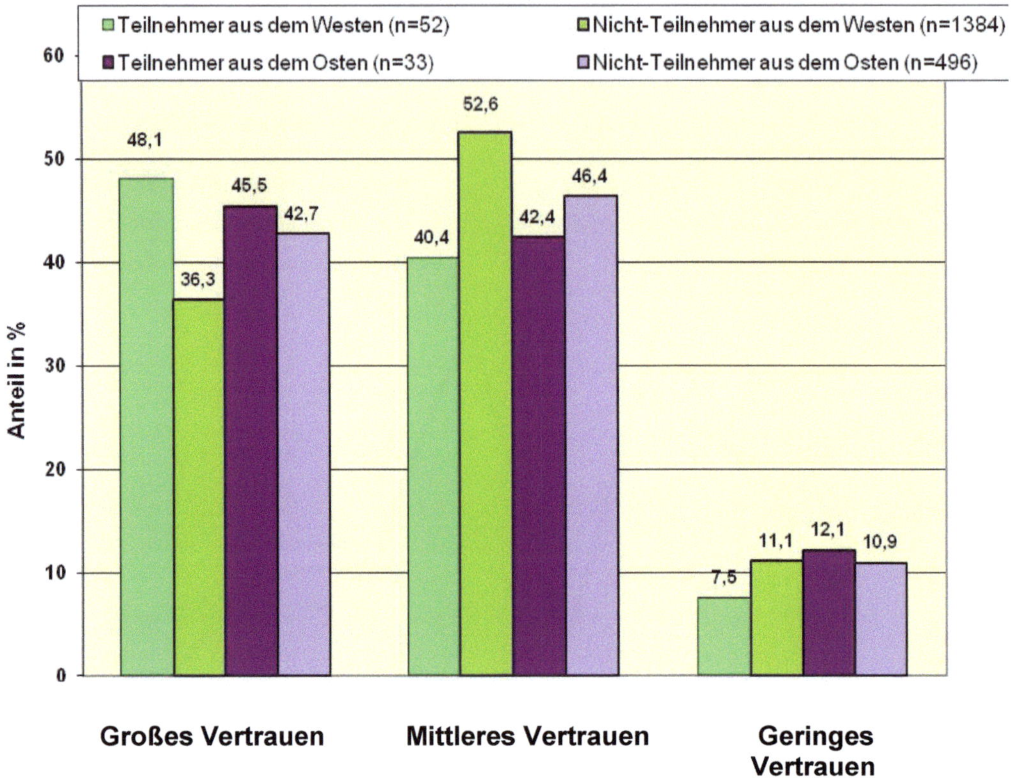

Betrachtet man die Kategorie *großes Vertrauen,* wird erkennbar, dass sich Teilnehmer aus West und Ost nicht sehr deutlich voneinander unterscheiden. Auch bei den Kategorien *mittleres* und *geringes Vertrauen* zeigt sich, dass auch diese relativ ähnlich zwischen Befragten aus den westlichen und östlichen Bundesländern sind.

Sowohl aus dem Westen als auch aus dem Osten hat nur etwa jeder neunte Befragte ein *geringes Vertrauen* in die Bundeswehr.

Gleich welcher Herkunft gilt für die Teilnehmer an *POL&IS-Seminaren*, ein relativ hohes Vertrauen in die Bundeswehr zu haben.

d) Informationsart *Kaserne/Schiff/Flugplatz (Truppenbesuch)* - Unterscheidung der Befragten nach Herkunft

Abb. 20: Vertrauen und Truppenbesuch (N=2000)

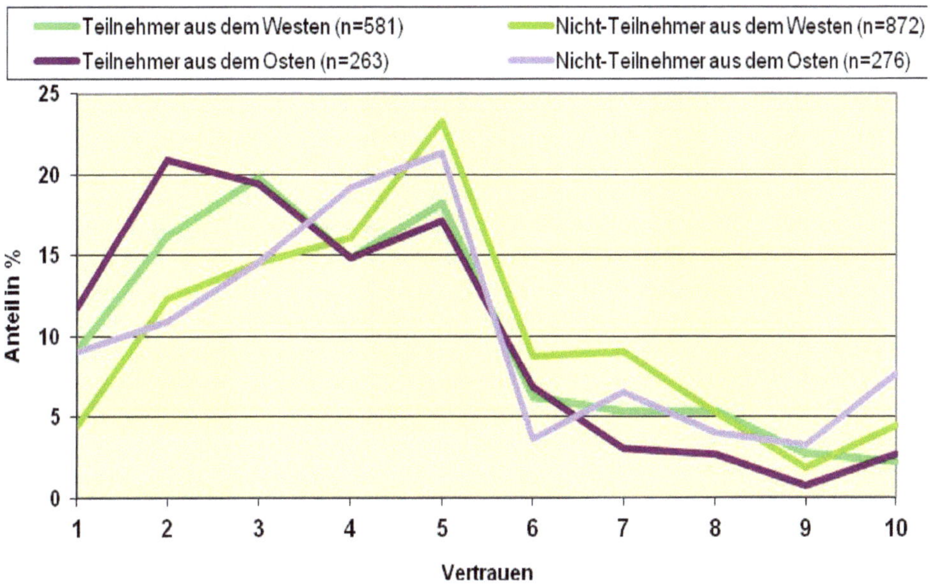

Als häufigsten Wert für ihr Vertrauen in die Bundeswehr vergibt fast jeder fünfte Teilnehmer an *Truppenbesuchen* aus dem Westen den Wert 3, während ostdeutsche Befragte am häufigsten den Wert 2 nennen.

Abb. 21: Vertrauen und Truppenbesuch (gruppiert) (N=2000)

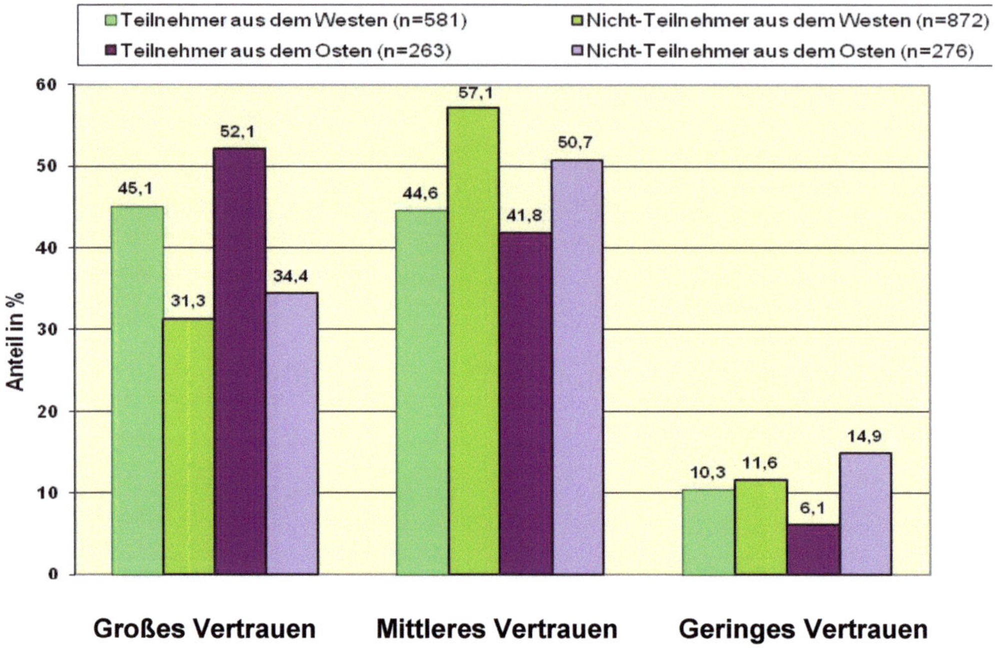

Die Antworten der Teilnehmer an *Truppenbesuchen, die angeben, großes Vertrauen in die Bundeswehr zu haben,* unterscheiden sich bei den Befragten aus West und Ost. Betrachtet man die Antworten zu *mittleres* und *geringes Vertrauen*, zeigen sich kleine Differenzen bei den Antworten von westlichen und östlichen Befragten.

Gleich welcher Herkunft gilt für die befragten Teilnehmer an *Truppenbesuchen,* dass sie ein relativ *großes Vertrauen* in die Bundeswehr haben.

Abb. 22: Reihenfolge der Kontaktarten mit dem größten Anteil an *großem Vertrauen* (gruppiert)

Teilnehmer aus dem Westen

Platzierung	Kontaktart	Anteil in %
1	Veranstaltung d JgdOffz.	48,9
2	POL&IS-Seminar	48,1
3	Schulbesuch d. JgdOffz.	46,2
4	Truppenbesuch	45,1

Teilnehmer aus dem Osten

Platzierung	Kontaktart	Anteil in %
1	Veranstaltung d. JgdOffz	61,9
2	Truppenbesuch	52,1
3	Schulbesuch d. JgdOffz	46,7
4	POL&IS-Seminar	45,5

Werden die Kontaktarten mit dem Anteil an *großem Vertrauen* in eine Rangreihe gebracht, sehen die Reihenfolgen bei Befragten aus dem Westen und Osten unterschiedlich aus.

Das Vertrauen in die Kontaktart *Veranstaltungen der Jugendoffiziere* wurde sowohl von Teilnehmern aus West und Ost am häufigsten als groß benannt. Die übrige Reihenfolge der Kontaktarten fällt jedoch ganz unterschiedlich aus.

Um die Unterschiede der Werte für *großes* und *mittleres Vertrauen* der Befragten aus West und Ost besser darzustellen, werden im Folgenden die Antworten nach Herkunft des Befragten mit dem jeweiligen Gesamtwert aller Befragten der einzelnen Kontaktart verglichen.

Abb. 23: 1. *Großes Vertrauen* als Antwort der Befragten

Kontaktart	Teilnehmer		Gesamt	Nicht-Teilnehmer		Gesamt
	West	Ost		West	Ost	
Truppenbesuch	45,1	52,1	47,3	31,3	34,4	32,1
Schulbesuch	46,2	46,7	46,3	34,8	42,0	36,7
Veranstaltung Jugendoffz.	48,9	61,9	54,0	35,6	39,6	36,6
POL&IS-Seminar	48,1	42,7	47,1	36,3	42,8	38,1

Für die Jugendlichen mit Teilnahme als auch ohne Teilnahme an der jeweiligen Kontaktart gilt, dass Befragte aus dem Osten bei den Antworten häufiger als Befragte aus dem Westen ihr Vertrauen mit *groß* bezeichnen. Möglicherweise deutet sich bei den Befragten aus Ostdeutschland ein gewisser größerer Vertrauensvorschuss an.

Die einzige Ausnahme ist bei den Teilnehmern der Kontaktart *POL&IS-Seminare* zu finden; Befragte aus dem Westen haben einen größeren Anteil mit *großem Vertrauen.*

Die Anteile der Antworten der Befragten aus dem Osten mit *großem Vertrauen* liegen bis auf die Teilnehmer an der Kontaktart *POL&IS-Seminar* über dem jeweiligen Gesamtwert, die der West-Befragten unter diesem.

Abb. 24: 2. *Mittleres Vertrauen* als Antwort der Befragten

Kontaktart	Teilnehmer		Gesamt	Nicht-Teilnehmer		Gesamt
	West	Ost		West	Ost	
Truppenbesuch	44,5	41,8	43,7	57,1	50,7	55,6
Schulbesuch	46,6	45,0	46,1	53,4	47,0	51,7
Veranstaltung Jugendoffz.	43,6	32,1	39,2	52,9	49,2	52,0
POL&IS-Seminar	40,4	42,4	41,2	52,6	46,3	51,0

Für die Jugendlichen mit Teilnahme als auch ohne Teilnahme an der jeweiligen Kontaktart gilt, dass Befragte aus dem Westen häufiger als Befragte aus dem Osten ihr Vertrauen als *Mittleres* bezeichnen. Die einzige Ausnahme ist bei der Teilnahme an der Kontaktart *POL&IS-Seminare* zu finden; Befragte aus dem Osten haben hier einen größeren Anteil mit *mittlerem Vertrauen.*

Die Anteile der Antworten der Befragten aus dem Osten mit *mittlerem Vertrauen* liegen bis auf die Kontaktart *POL&IS-Seminar* über dem jeweiligen Gesamtwert, die der West-Befragten unter diesem.

Ergebnis:

Für sämtliche Methoden der Jugendoffiziere gilt, dass deren Teilnehmer häufiger ein *großes Vertrauen* in die Bundeswehr haben als die Nicht-Teilnehmer.

Bei fast allen Methoden geben die befragten Teilnehmer aus beiden Herkünften am häufigsten an, *großes Vertrauen* in die Bundeswehr zu haben. Einzige Ausnahme ist der *Schulbesuch der Jugendoffiziere* bei Teilnehmern aus dem Westen; diese geben etwas häufiger an, ein *mittleres Vertrauen* in die Bundeswehr zu haben.

Bei den Kontaktarten *Schulbesuch* und *POL&IS-Seminare der Jugendoffiziere* haben die Befragten aus dem Westen ein größeres Vertrauen in die Bundeswehr als die Probanden aus dem Osten. Bei den anderen beiden Methoden (*Veranstaltungen der Jugendoffiziere* und *Truppenbesuche*) verhält es sich umgekehrt.

Die Unterschiede bei den Antworten von Befragten aus West und Ost lassen die Vermutung zu, dass die Herkunft der Befragten eine Rolle bei der Beantwortung der Fragen zum persönlichen Vertrauen in die Bundeswehr spielt.

Kontaktarten und Vertrauen in die Bundeswehr
Hier: Die Kontaktarten mit dem Jugendoffizier - Unterscheidung der Befragten nach Geschlecht

Um ein deutlicheres Profil zu erhalten, werden anschließend wieder die zehn Einzelwerte des Vertrauens der jeweiligen Kontaktart in die drei Kategorien *Großes Vertrauen* (Werte 1-3), *Mittleres Vertrauen* (Werte 4-7) und *Geringes Vertrauen* (Werte 8-10) zusammengefasst.

a) Kontaktart: *Schulbesuch der Jugendoffiziere*
- Unterscheidung der Befragten nach Geschlecht

Abb. 25: Vergleich Teilnehmer vs. Nicht-Teilnehmer von Schulbesuchen der Jugendoffiziere (N=2000)

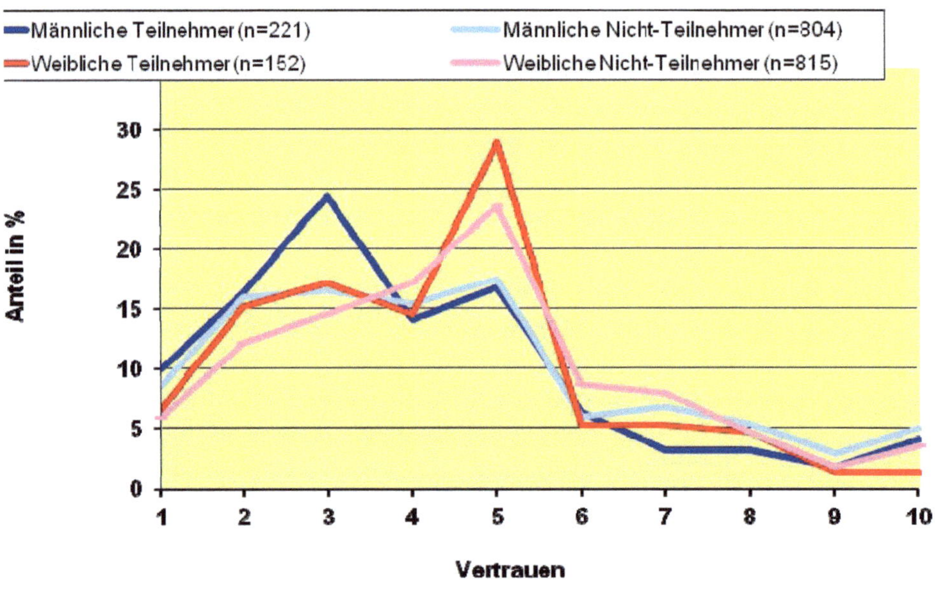

Betrachtet man die Antworten der Nicht-Teilnehmer, fällt auf, dass sich sowohl die männlichen als auch die weiblichen Probanden tendenziell ausgeglichener äußern und überwiegend Werte zwischen 1 bis 5 für das eigene Vertrauen in die Bundeswehr nennen. Die Antworten der männlichen und weiblichen Nicht-Teilnehmer sind sehr ähnlich, wobei die männlichen Nicht-Teilnehmer ein größeres Vertrauen in die Bundeswehr haben als die weiblichen.

Teilnehmerinnen an Schulbesuchen der Jugendoffiziere geben seltener die extremen Werte 1 und 2 sowie 9 und 10 für ihr Vertrauen bzw. Nicht-Vertrauen in die Bundeswehr an als männliche Teilnehmer. Probandinnen tendieren mit ihrem Vertrauen eher zu den Mittelwerten. Am häufigsten wird dabei der Wert 5 genannt. Bei den männlichen Teilnehmern nimmt der Wert 3 den Spitzenplatz ein. Den Wert 10 für kein Vertrauen geben männliche Befragte mehr als dreimal so häufig an wie weibliche.

Abb. 26: Schulbesuch der Jugendoffiziere und Vertrauen der Probanden [gruppiert] (N=2000)

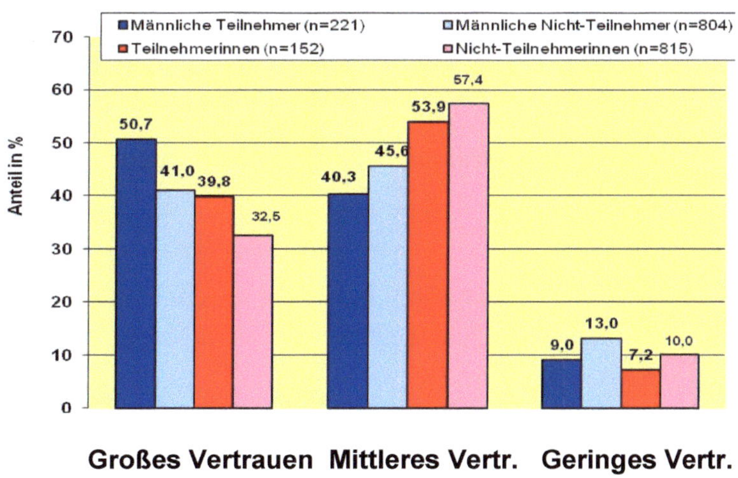

Abb. 26: Schulbesuch der Jugendoffiziere und Vertrauen der Probanden [gruppiert] (N=2000)

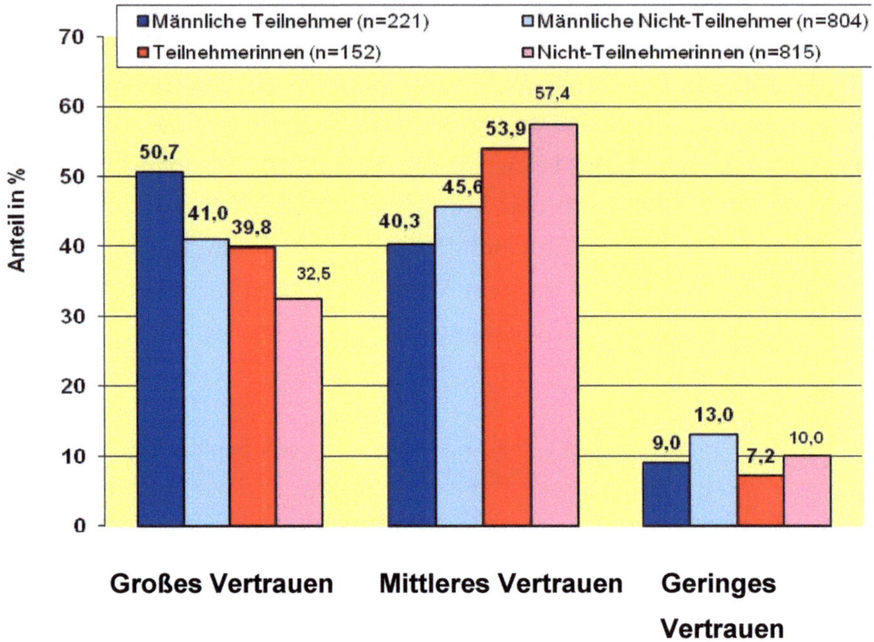

Werden die Werte 1, 2 und 3 kumuliert, hat mehr als die Hälfte der männlichen und fast vier Zehntel der weiblichen Teilnehmer an *Schulbesuchen der Jugendoffiziere großes Vertrauen* in die Bundeswehr.

Männliche Teilnehmer haben somit häufiger ein großes Vertrauen in die Bundeswehr als Teilnehmerinnen. Dieses Ergebnis lässt vermuten, dass männliche Befragte eher durch den Schulbesuch der Jugendoffiziere angesprochen werden als Teilnehmerinnen.

Über die Hälfte von ihnen gibt an, ein *mittleres Vertrauen* zu haben. Dies gilt sowohl für Teilnehmerinnen als auch für Nicht-Teilnehmerinnen.

Werden die Kategorien *großes* und *mittleres Vertrauen* jedoch kumuliert, haben männliche (91%) und weibliche Probanden (93,7%) annähernd gleich *großes Vertrauen* in die Bundeswehr. Auch bei den Nicht-Teilnehmern ist ein ähnlich großer Wert zu finden; 86,6% bei den männlichen und 89,9% bei den weiblichen Befragten.

Bei dieser Zusammenfassung wirkt der *Schulbesuch der Jugendoffiziere* sehr ähnlich auf Probanden beider Geschlechter.
Sowohl bei männlichen als auch weiblichen Befragten haben Teilnehmer an *Schulbesuchen der Jugendoffiziere* einen deutlich größeren Anteil mit *großem Vertrauen* als Nicht-Teilnehmer. Also kann angenommen werden, dass sich die Teilnahme auf das Vertrauen der Befragten positiv auswirkt.

Auch die Werte der Kategorie *Geringes Vertrauen* lassen erkennen, dass ein Zusammenhang zwischen Teilnahme und Vertrauen besteht, da Nicht-Teilnehmer häufiger als Teilnehmer aussagen, nur ein *geringes Vertrauen* in die Bundeswehr zu haben.

Insofern kann festgestellt werden, dass der *Schulbesuch der Jugendoffiziere* wahrscheinlich einen positiven Beitrag zur Generierung des Vertrauens der Jugendlichen leistet.

b) Kontaktart: ***Veranstaltungen der Jugendoffiziere***
- Unterscheidung der Befragten nach Geschlecht

Abb. 27: Vergleich Teilnehmer vs. Nicht-Teilnehmer von Veranstaltungen der Jugendoffiziere (N=2000)

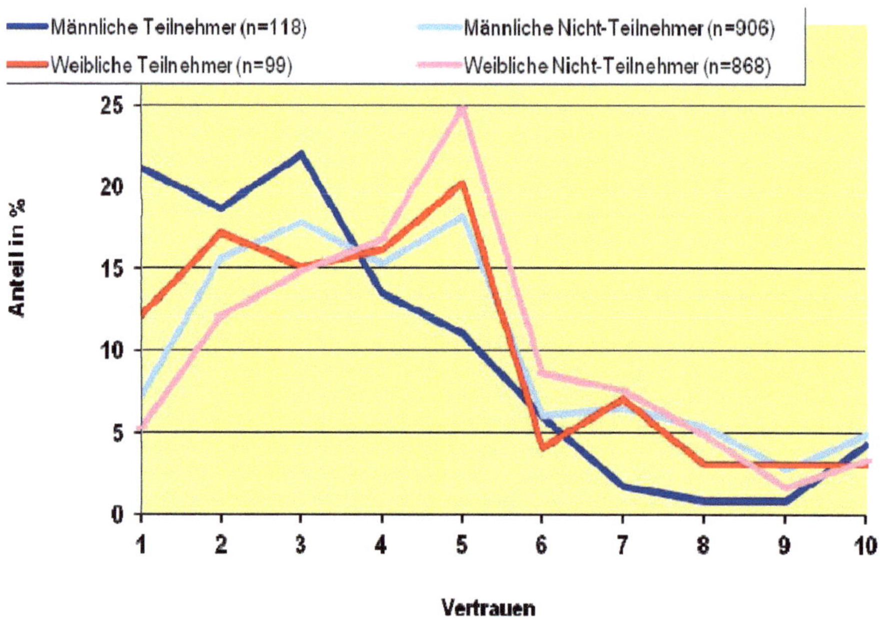

Sowohl männliche als auch weibliche Teilnehmer an *Veranstaltungen der Jugendoffiziere* haben mehr Vertrauen in die Bundeswehr als Nicht-Teilnehmer.

Männliche Teilnehmer geben häufiger die extremen Werte 1 bzw. 10 für ihr Vertrauen bzw. Nicht-Vertrauen in die Bundeswehr an als weibliche Teilnehmer. Probandinnen tendierten mit ihrem Vertrauen eher zu den Mittelwerten. Mehr als ein Viertel der Teilnehmerinnen nennt den Wert 5. Bei den männlichen Teilnehmern wird der Wert 3 am häufigsten vergeben..

Abb. 28: Veranstaltungen der Jugendoffiziere und Vertrauen der Probanden [gruppiert] (N=2000)

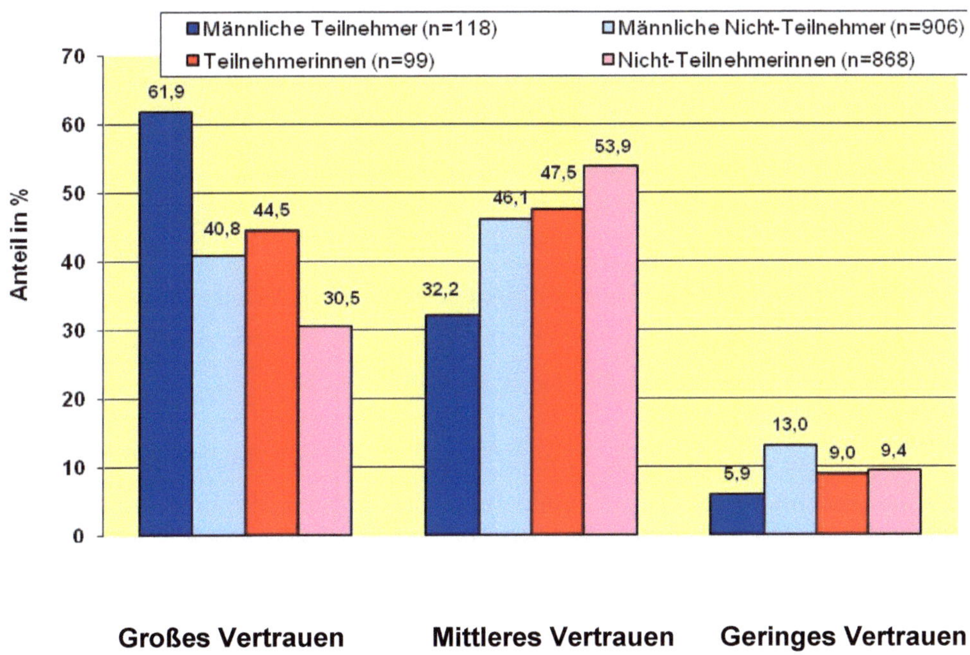

Werden die Werte 1, 2 und 3 kumuliert, haben fast zwei Drittel der männlichen und über vier Zehntel der weiblichen Teilnehmer an *Veranstaltungen der Jugendoffiziere großes Vertrauen* in die Bundeswehr.

Männliche Teilnehmer haben somit häufiger ein *großes Vertrauen* in die Bundeswehr als Teilnehmerinnen. Dieses Ergebnis lässt vermuten, dass männliche Befragte eher durch den *Veranstaltungen der Jugendoffiziere* angesprochen werden als Teilnehmerinnen.
Fast die Hälfte von ihnen gibt an, ein *mittleres Vertrauen* zu haben. Bei den Nicht-Teilnehmerinnen ist es sogar über die Hälfte. Das zeigt, dass weibliche Befragte bei ihren Antworten eher zu den mittleren Werten tendieren.
Werden die Kategorien *großes* und *mittleres Vertrauen* kumuliert, haben männliche (94,1%) und weibliche Probanden (92%) ein annähernd gleich *großes Vertrauen* in die Bundeswehr. Auch bei den
Nicht-Teilnehmern ist dieser Wert ähnlich groß; 86,9% bei den männlichen und 84,4% bei den weiblichen Befragten.
Bei dieser Zusammenfassung wirkt die *Veranstaltung der Jugendoffiziere* auf Probanden beider Geschlechter scheinbar in sehr ähnlicher Weise.

Sowohl bei männlichen als auch weiblichen Befragten haben Teilnehmer an *Veranstaltungen der Jugendoffiziere* einen deutlich größeren Anteil mit *großem Vertrauen* als Nicht-Teilnehmer. Also kann angenommen werden, dass sich die Teilnahme auf das Vertrauen der Befragten positiv auswirkt.

Auch die Werte der Kategorie *Geringes Vertrauen* lassen schwach erkennen, dass ein Zusammenhang zwischen Teilnahme und Vertrauen besteht, da Nicht-Teilnehmer häufiger als Teilnehmer aussagen, nur ein *geringes Vertrauen* in die Bundeswehr zu haben.

Daher kann vermutet werden, dass die *Veranstaltung der Jugendoffiziere* wahrscheinlich einen positiven Beitrag zur Generierung des Vertrauens der Jugendlichen leistet.

Abb. 29: Vergleich Teilnehmer vs. Nicht-Teilnehmer von POL&IS-Seminaren der Jugendoffiziere (N=2000)

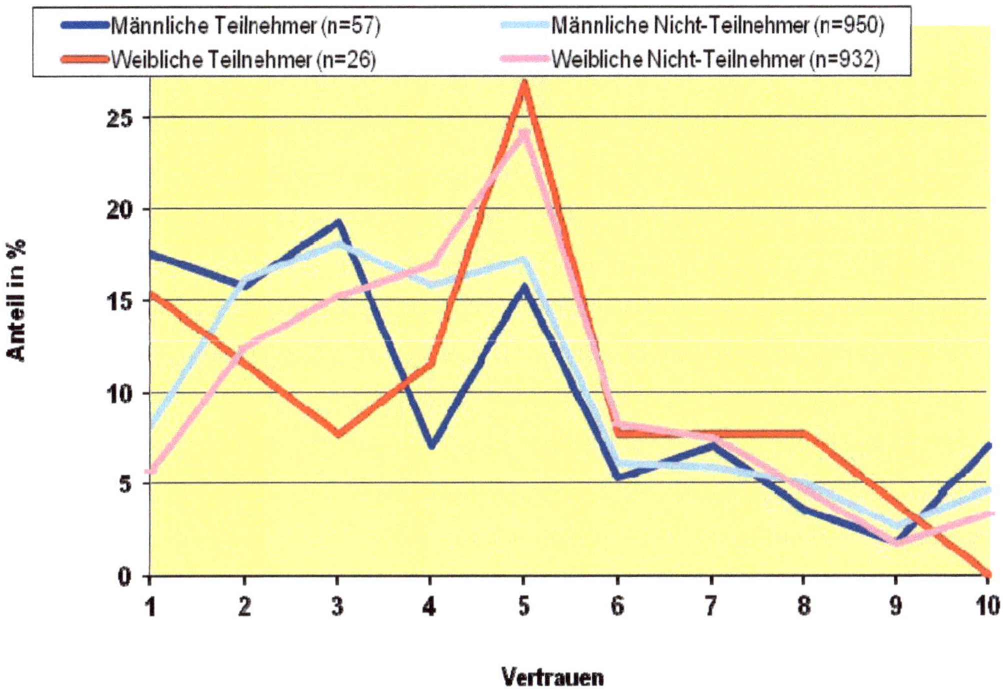

Betrachtet man die Antworten der Teilnehmer an *POL&IS-Seminaren der Jugendoffiziere,* fällt auf, dass sowohl männliche als auch weibliche Probanden häufiger ein großes Vertrauen in die Bundeswehr haben als Nicht-Teilnehmer. Bei Nicht-Teilnehmern und Nicht-Teilnehmerinnen erscheinen die Werte für ihr Vertrauen etwas ausgeglichener.

Männliche Teilnehmer an *POL&IS-Seminaren* geben häufiger als weibliche Teilnehmer die extremen Werte 1 bzw. 10 für ihr Vertrauen bzw. Nicht-Vertrauen in die Bundeswehr an. Probandinnen tendieren bei der Nennung ihres Vertrauens eher zu den Mittelwerten. Über ein Viertel der Teilnehmerinnen nennt den Wert 5. Bei männlichen Teilnehmern wird der Wert 3 am häufigsten vergeben. Keine Teilnehmerin sagt, dass sie kein Vertrauen (Wert 10) in die Bundeswehr hat.

Abb. 30: POL&IS-Seminare der Jugendoffiziere und Vertrauen der Probanden [gruppiert] (N=2000)

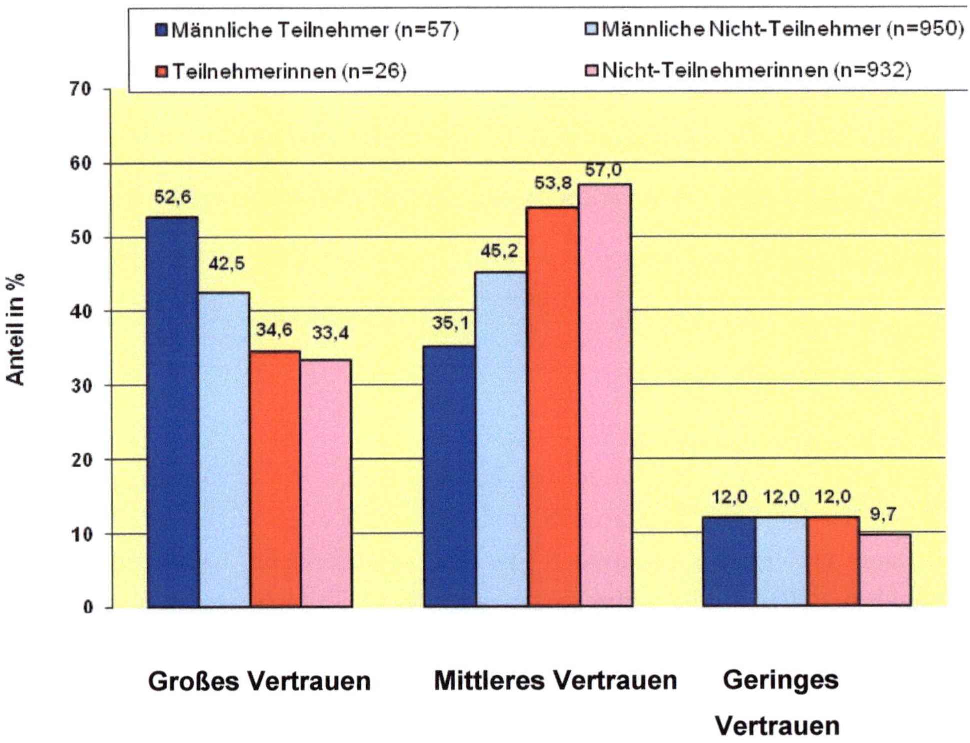

Werden die Werte 1, 2 und 3 kumuliert, haben mehr als die Hälfte der männlichen und mehr als ein Drittel der weiblichen Teilnehmer an *POL&IS-Seminaren großes Vertrauen* in die Bundeswehr.

Männliche Teilnehmer haben somit häufiger ein *großes Vertrauen* in die Bundeswehr als Teilnehmerinnen. Über die Hälfte der weiblichen Befragten gibt an, ein *mittleres Vertrauen* in die Bundeswehr zu haben. Dies gilt sowohl für Teilnehmerinnen als auch für Nicht-Teilnehmerinnen.
Dieses Ergebnis lässt vermuten, dass männliche Befragte eher durch *POL&IS-Seminare* angesprochen werden und deren Vertrauen in die Bundeswehr deutlicher verstärkt wird als bei Teilnehmerinnen.

Werden jedoch die Kategorien *großes* und *mittleres Vertrauen* kumuliert, haben männliche (87,7%) und weibliche Probanden (88,4%) ein *großes Vertrauen* in annähernd gleicher Größe. Auch bei den Nicht-Teilnehmern ist dieser Wert ähnlich groß; 87,7% bei den männlichen und 90,4% bei den weiblichen Befragten.

Bei Kumulierung der Werte 1, 2 und 3, haben mehr als die Hälfte der männlichen und mehr als ein Drittel der weiblichen Teilnehmer an POL&IS-Seminaren großes Vertrauen in die Bundeswehr.
Sowohl bei männlichen als auch weiblichen Befragten haben Teilnehmer an *POL&IS-Seminaren der Jugendoffiziere* einen größeren Anteil mit *großem Vertrauen* als Nicht-Teilnehmer. Also kann angenommen werden, dass sich die Teilnahme auf das Vertrauen der Befragten positiv auswirkt.

Werden die Werte der Kategorie *Geringes Vertrauen* betrachtet, erscheinen die Auswirkungen fast gleich zu sein.

d) Kontaktart *Kaserne/Schiff/Flugplatz (Truppenbesuch)* - Unterscheidung der Befragten nach Geschlecht

Abb. 31 Vergleich Teilnehmer vs. Nicht-Teilnehmer von Truppenbesuchen (N=2000)

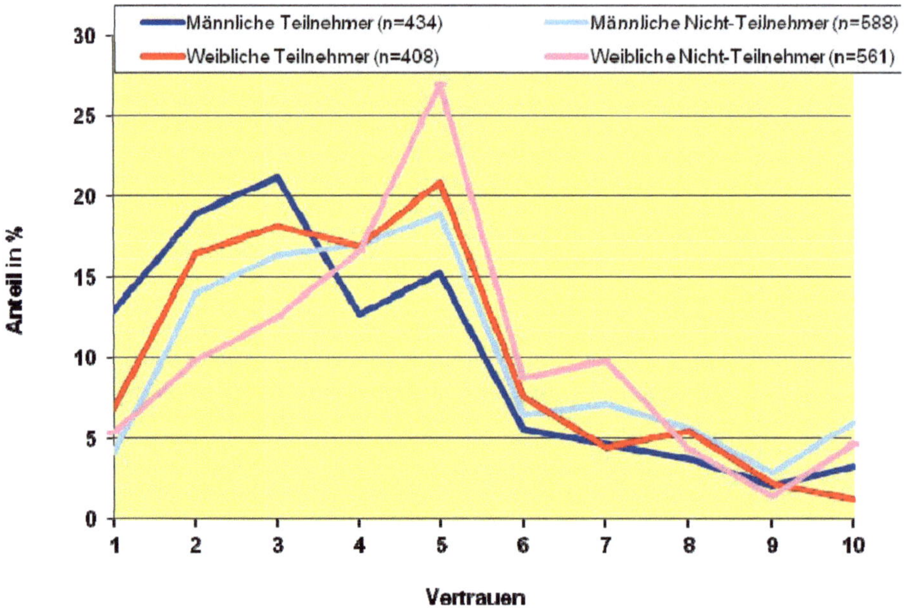

Am häufigsten geben männliche Teilnehmer ihrem Vertrauen in die Bundeswehr den Wert 3, während die Nicht-Teilnehmer am häufigsten den Wert 5 nennen. Bei Teilnehmerinnen und Nicht-Teilnehmerinnen ist dies der Wert 5, wobei Nicht-Teilnehmerinnen ihn deutlich häufiger nennen.

Männliche Teilnehmer an *Truppenbesuchen* geben häufiger die extremen Werte 1 bzw. 10 für ihr Vertrauen bzw. Nicht-Vertrauen in die Bundeswehr an als weibliche Teilnehmer. Fast doppelt so häufig nennen männliche Teilnehmer den Wert 1 für ihr volles Vertrauen in die Bundeswehr. Den Wert 10 für *kein Vertrauen* geben sie mehr als doppelt so häufig an wie weibliche.

Probandinnen tendieren mit ihrem Vertrauen eher zu den Mittelwerten. Mehr als jede fünfte Teilnehmerin nennt den Wert 5, während nicht einmal jeder sechste männliche Teilnehmer diesen Wert für sein Vertrauen in die Bundeswehr angibt.

Abb. 32: Truppenbesuch und Vertrauen der Probanden [gruppiert] (N=2000)

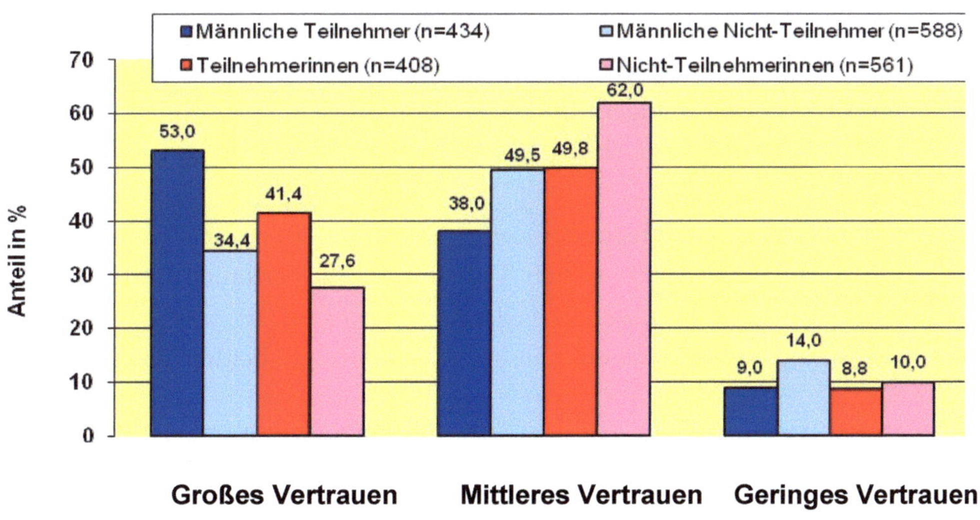

Werden die Werte 1, 2 und 3 kumuliert, haben über die Hälfte der männlichen und über vier Zehntel der weiblichen Teilnehmer an *Truppenbesuchen großes Vertrauen* in die Bundeswehr.

Männliche Teilnehmer haben somit häufiger ein *großes Vertrauen* in die Bundeswehr als Teilnehmerinnen.
Diese nennen am häufigsten, ein *mittleres Vertrauen* zu haben. Fast die Hälfte der Teilnehmerinnen und deutlich mehr als die Hälfte der Nicht-Teilnehmerinnen geben an, ein *mittleres Vertrauen* in die Bundeswehr zu haben. Das Ergebnis lässt vermuten, dass männliche Befragte eher durch Truppenbesuche angesprochen werden als Teilnehmerinnen.

Werden die Kategorien *großes* und *mittleres Vertrauen* jedoch kumuliert, haben männliche (91%) und weibliche Probanden (91,2%) ein annähernd gleich *großes Vertrauen* in die Bundeswehr. Auch bei den Nicht-Teilnehmern ist dieser Wert ähnlich groß; 83,9% bei den männlichen und 89,6% bei den weiblichen Befragten.
Sowohl bei männlichen als auch weiblichen Befragten haben Teilnehmer an *Truppenbesuchen* einen größeren Anteil mit *großem Vertrauen* als Nicht-Teilnehmer. Also kann angenommen werden, dass sich die Teilnahme auf das Vertrauen der Befragten positiv auswirkt.

Auch die Werte der Kategorie *Geringes Vertrauen* lassen schwach erkennen, dass ein Zusammenhang zwischen Teilnahme und Vertrauen bestehen kann, da Nicht-Teilnehmer häufiger als Teilnehmer aussagen, nur ein *geringes Vertrauen* in die Bundeswehr zu haben. Dieses gilt für Befragte beider Geschlechter.

Insofern kann vermutet werden, dass die Teilnahme am *Truppenbesuch* einen positiven Beitrag zur Generierung des Vertrauens der Jugendlichen leistet.

Abb. 33: Reihenfolge der Kontaktarten mit dem größten Anteil an *großem Vertrauen* (gruppiert)

Platzierung	Kontaktart	Anteil in %
1	Veranstaltung des Jugendoffiziers	61,9
2	Truppenbesuch	53,0
3	POL&IS-Seminar	52,6
4	Schulbesuch des Jugendoffiziers	50,7

Weibliche Teilnehmerinnen

Platzierung	Kontaktart	Anteil in %
1	Truppenbesuch	41,4
2	Schulbesuch	38,8
3	Veranstaltung des Jugendoffiziers.	38,8
4	POL&IS-Seminar	34,6

Werden die Kontaktarten mit dem größten Vertrauen in eine Rangreihe gebracht, sehen die Reihenfolgen des Vertrauens bei männlichen und weiblichen Befragten unterschiedlich aus.

Um die Unterschiede der Werte für *großes* und *mittleres* Vertrauen der männlichen und weiblichen Befragten besser darzustellen, werden im Folgenden die Antworten nach Geschlecht des Befragten mit dem jeweiligen Gesamtwert aller Befragten der einzelnen Kontaktart verglichen.

Abb. 34: 1. *Großes Vertrauen* als Antwort der Befragten

Kontaktart	Teilnehmer		Gesamt	Nicht-Teilnehmer		Gesamt
	Männlich	Weiblich		Männlich	Weiblich	
Truppenbesuch	53,0	41,4	47,4	34,9	27,6	31,1
Schulbesuch	50,7	38,8	45,8	41,0	32,5	36,8
Veranstaltung Jugendoffizier	61,9	38,8	53,9	40,8	32,6	36,6
POL&IS-Seminar	52,6	34,6	47,0	42,5	33,4	38,0

Für die Jugendlichen mit Teilnahme als auch ohne Teilnahme an der jeweiligen Kontaktart gilt, dass männliche Befragte bei den Antworten häufiger als weibliche Befragte ihr Vertrauen mit *groß* bezeichnen.

Die Anteile der Antworten der männlichen Befragten mit *großem Vertrauen* liegen bei jeder Kontaktart über dem Gesamtwert, die der weiblichen Befragten unter diesem.

Abb. 35: *2. Mittleres Vertrauen* als Antwort der Befragten

Kontaktart	Teilnehmer		Gesamt	Nicht-Teilnehmer		Gesamt
	Männlich	Weiblich		Männlich	Weiblich	
Truppenbesuch	38,0	49,8	43,7	50,3	62,0	55,7
Schulbesuch	40,3	54,0	46,0	45,8	57,4	51,7
Veranstaltung Jugendoffizier	32,2	53,9	39,0	46,1	57,4	51,9
POL&IS-Seminar	35,0	53,8	40,5	45,2	57,0	51,0

Für die Jugendlichen mit Teilnahme als auch ohne Teilnahme an der jeweiligen Kontaktart gilt, dass weibliche Befragte bei den Antworten häufiger als männliche Befragte ihr Vertrauen als *mittleres Vertrauen* bezeichnen.

Die Anteile der Antworten der weiblichen Befragten mit *mittlerem Vertrauen* liegen bei jeder Kontaktart über dem Gesamtwert, die der männlichen Befragten unter diesem.
Auf den Vergleich der Kategorie *Wenig Vertrauen* soll aufgrund der geringen Anzahl der Antworten verzichtet werden.

Ergebnis:

Männliche Teilnehmer an den untersuchten Kontaktarten haben häufiger ein *großes Vertrauen* in die Bundeswehr als weibliche. Scheinbar werden männliche Probanden stärker durch die Jugendoffiziere angesprochen.
Es kann vermutet werden, dass dieses häufiger genannte *große Vertrauen* aus einer intensiveren Auseinandersetzung mit der Bundeswehr resultiert.

Zur Zeit der Befragung galt noch die Allgemeine Wehrpflicht für männliche Bürger, so dass die Ergebnisse eventuell durch diese direkte, persönliche Betroffenheit beeinflusst wurden.

Das Geschlecht der Befragten scheint sich also auf die Beantwortung der Fragen zum Vertrauen in die Bundeswehr auszuwirken.

Bei sämtlichen Kontaktarten (hier: Methoden der Jugendoffiziere) haben die Jugendlichen, die an ihnen teilnahmen, ein größeres Vertrauen in die Bundeswehr als die Nicht-Teilnehmer; der Kontakt mit der Bundeswehr leistet vermutlich einen Beitrag zur Vertrauensgenerierung.

An dieser Stelle kann nur spekuliert werden, ob der Einsatz weiblicher Jugendoffiziere Auswirkungen auf die Vertrauensgenerierung hat. Zum Zeitpunkt der Befragung gab es noch keine weiblichen Jugendoffiziere.

6.2.3 Eindruck vom Jugendoffiziereinsatz

Zu erwarten ist, dass die Jugendoffiziere gemäß der geltenden Erlasse und Vorschriften handeln und ihre Einsätze in der Öffentlichkeitsarbeit gestalten, um gezielt eine Vertrauensgenerierung bei der Zielgruppe zu erreichen.

Den Jugendlichen, die bereits an einer Einsatzmethode der Jugendoffiziere teilgenommen haben, werden acht verschiedene Aussagen präsentiert. Die Probanden können ihnen zustimmen oder diese verwerfen.

Die Antworten von 519 Befragten auf die Emnid-Frage 13 werden nach dem Geschlecht der Probanden unterschieden und ausgewertet.

Abb. 36: ***Aussage 1: Mit dem Jugendoffizier konnte man sachlich und offen diskutieren (N=519).***

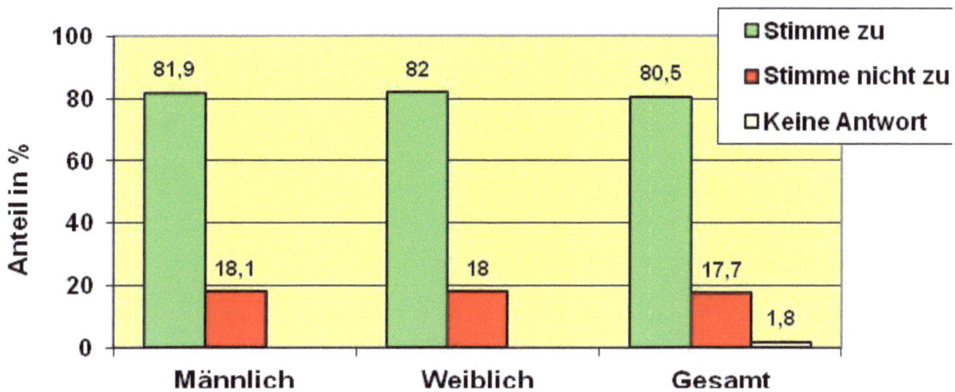

Über 80% aller Teilnehmer stimmen der Aussage zu.

Die Jugendoffiziere scheinen sich bei ihren Veranstaltungen an die Vorgaben der Weisungen und Vorschriften (siehe 1.4.3) zu halten, da die große Mehrheit der Befragten die für die Veranstaltungen ausdrücklich empfohlene offene und sachliche Diskussionsart wahrnimmt.

Abb. 37: *Aussage 2: Man konnte über alle Themen die Bundeswehr betreffend diskutieren (N=519).*

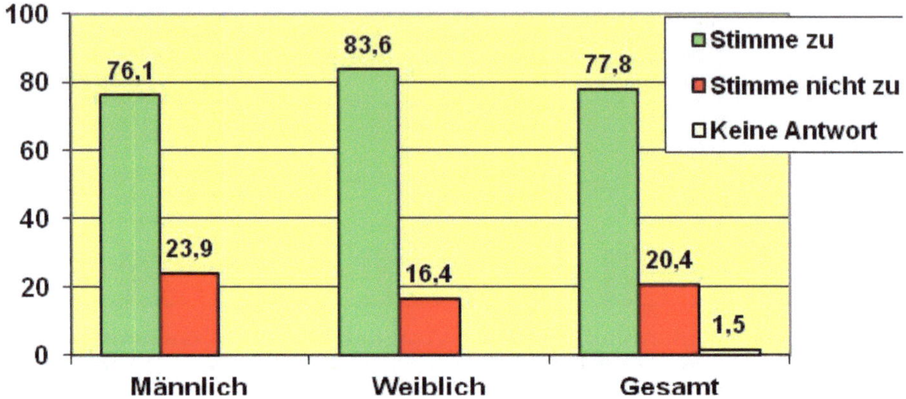

Insgesamt stimmen über drei Viertel der Probanden der Aussage zu. Weibliche Befragte stimmten etwas häufiger zu als männliche.

Die große Zustimmung zur Themenvielfalt und Offenheit in der Diskussion entspricht der in den Erlassen (siehe 1.4) geforderten Vorgaben an die Veranstaltungen der Jugendoffiziere. *Offenheit* wird in diesen ausdrücklich von den Jugendoffizieren gefordert.

Abb. 38: *Aussage 3: Der Jugendoffizier war ein interessanter Gesprächspartner (N=519).*

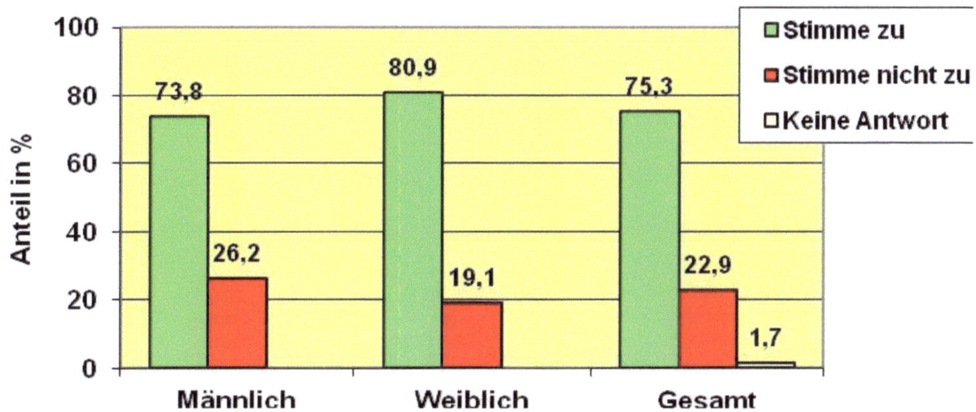

Über drei Viertel aller Befragten stimmen der Aussage zu und nehmen den Jugendoffizier als *interessant* wahr. Teilnehmerinnen stimmen dieser Aussage sogar etwas häufiger zu als männliche Teilnehmer.

Dieser wahrgenommene Eindruck scheint es den Jugendoffizieren zu erleichtern, ihre Kommunikationsziele bei der Zielgruppe, z.B. sicherheitspolitische Inhalte zu transportieren und Kenntnisse darüber zu festigen, zu erreichen.

Das Interesse am Gesprächspartner Jugendoffizier ist gerade deshalb von besonderer Bedeutung, da dadurch seine Themen und Inhalte zur Sicherheits- und Verteidigungspolitik überhaupt wahrgenommen werden können.

Abb. 39: ***Aussage 4: Der Jugendoffizier schilderte auch persönliche Erlebnisse aus der Bundeswehr (N=519).***

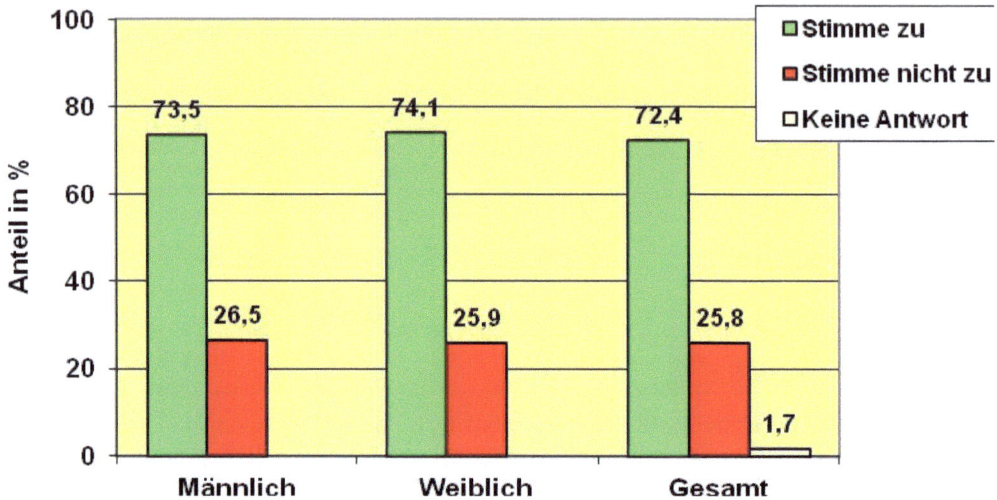

Fast drei Viertel aller Teilnehmer stimmen der Aussage zu. Wieder stimmen weibliche und männliche Befragte fast mit gleich hohem Anteil zu.

Der Erlass zur Tätigkeit der Jugendoffiziere (siehe 1.4.3) erwähnt ausdrücklich, dass der Jugendoffizier nicht nur fachlich Stellung beziehen soll, sondern auch persönliche Eindrücke schildern darf. Möglicherweise erhöht sich dadurch die Erlebbarkeit der ansonsten für die Jugendlichen eher lebensfernen, da oft hinter Zäunen und Mauern versteckten, Bundeswehr. Durch die Schilderung persönlicher Erlebnisse kann auch Sympathie für die vorher *fremde Welt Bundeswehr* entstehen.

Abb. 40: ***Aussage 5: Die Bundeswehr wurde für mich anschaulich und erlebbar (N=519).***

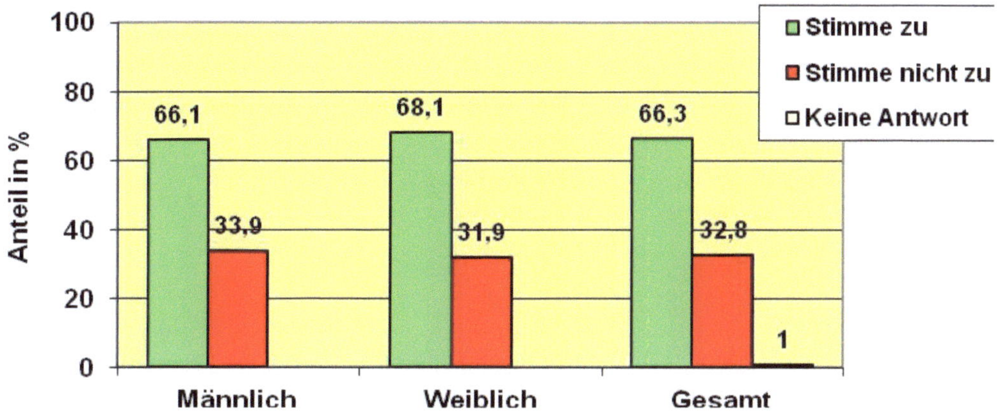

Fast zwei Drittel der Teilnehmer von Veranstaltungen der Jugendoffiziere *erleben* durch diese die Bundeswehr. Dies verstärkt den Eindruck, der schon durch die Zustimmung zur Aussage 4 gewonnen wurde.

Somit scheint es den Jugendoffizieren zu gelingen, auftragsgemäß für mehr Verständnis der Zielgruppe für das Tun und Dasein der Soldaten der sonst eher fremden Bundeswehr zu sorgen (siehe Abschnitt 1.4 dieser Arbeit).

Abb. 41: ***Aussage 6: Der Jugendoffizier wollte uns als Zeit- und Berufssoldaten gewinnen (N=519).***

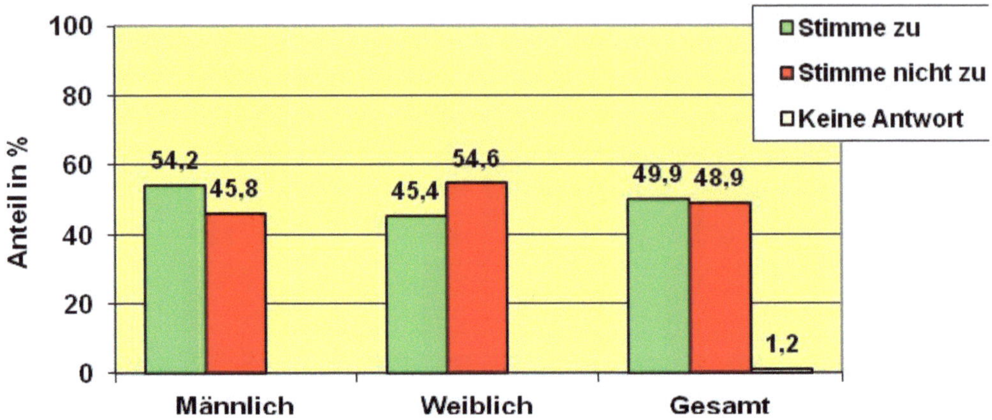

Etwa die Hälfte der Teilnehmer stimmt der Aussage zu, dass hinter dem Einsatz die Nachwuchswerbung als Ziel des Jugendoffiziers steht. Männliche Befragte stimmen der Aussage häufiger zu als weibliche.

Dieser Verdacht und die Skepsis gegenüber ihrer Einsatzabsicht begleitet die Jugendoffiziere bereits seit ihrer Gründung (siehe Abschnitt 4.1).

Abb. 42: *Aussage 7: Mich hat die Begegnung mit dem Jugendoffizier positiv überrascht (N=519).*

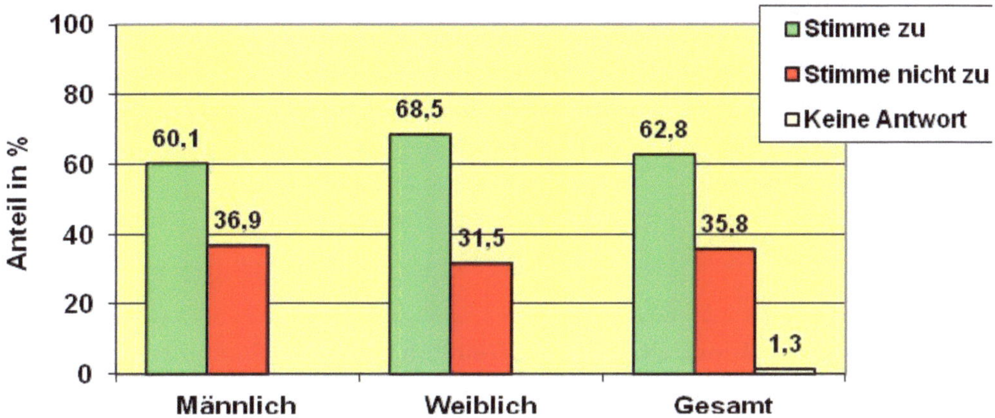

Fast zwei Drittel der Teilnehmer werden durch den Jugendoffizier positiv überrascht.

Teilnehmerinnen werden sogar etwas stärker überrascht als männliche Teilnehmer.

Dieses Ergebnis kann einen imagefördernden Nutzen der Teilnahme im Sinne einer Sympathiewerbung für die Bundeswehr ausdrücken. Der Einsatz des Jugendoffiziers wird als positive Überraschung von der ohnehin schon positiv zur Bundeswehr eingestellten Hauptanspruchsgruppe gesehen.

Jedoch wird bei dieser Aussage nicht auf bisherige Erfahrungen des Befragten oder die vor der Begegnung herrschende Einstellung zur Bundeswehr eingegangen, so dass nicht klar ist, von welchem Niveau aus und nach welchen Kriterien die Überraschung als positiv erlebt wurde.

Abb. 43: ***Aussage 8: Durch den Jugendoffizier habe ich nichts Neues erfahren (N=519).***

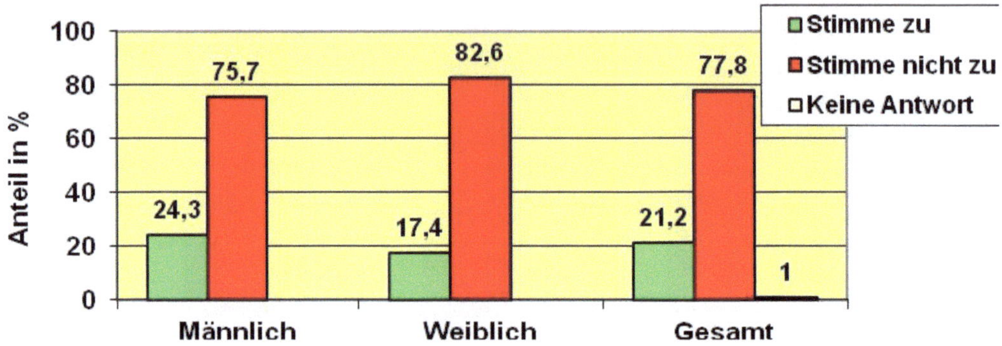

Über drei Viertel aller Befragten stimmen der Aussage, *nichts Neues erfahren* zu haben, nicht zu.

Der Jugendoffizier, der u.a. über Sicherheits- und Verteidigungspolitik und die Bundeswehr informieren und diskutieren soll (siehe 1.4), stößt dabei auf einen Informationsbedarf. Sein Kenntnis- und Informationsvorsprung der Zielgruppe gegenüber und die Möglichkeit, den Jugendoffizier als Vermittler von neuen Inhalten und Kenntnissen wahrzunehmen, wird von den Jugendlichen erkannt. Insofern werden auch die Inhalte seiner Veranstaltung nicht als redundant oder verzichtbar angesehen.
Dadurch wird er ernst genommen und als Gesprächspartner akzeptiert.
Das ist eine Voraussetzung für das Erreichen der Kommunikationsziele.

Ergebnis 6.2.2:

Der Jugendoffizier diskutiert als interessanter Gesprächspartner sachlich und mit großer Offenheit, alle Themen, die die Bundeswehr betreffen. Er schildert zur Vermittlung neuer Inhalte auch persönliche Erlebnisse und lässt die Bundeswehr dadurch anschaulich und erlebbar werden. Sein Einsatz überrascht die Anspruchsgruppe positiv.

Die Wirkung des Jugendoffiziers entspricht den Forderungen und Verhaltensvorgaben der gültigen Erlasse. Er schafft durch sein Verhalten und seine Vorgehensweise die Voraussetzungen, um die genannten Inhalte und Ziele seiner Öffentlichkeitsarbeit in die Zielgruppe zu transportieren und somit einen Beitrag zur Vertrauensgenerierung in die Bundeswehr zu leisten.

Dieses kann als Erfolg seines Einsatzes in der Öffentlichkeitsarbeit aufgefasst werden.

6.2.4 Einfluss der Begegnung mit dem Jugendoffizier

Welchen Einfluss hat die Begegnung mit dem Jugendoffizier auf die Zielgruppe? Gibt es Auswirkungen auf das Verhalten der Jugendlichen?
Im Folgenden werden ehemaligen Teilnehmern an Einsätzen der Jugendoffiziere verschiedene Aussagen, die das anschließende Verhalten der Teilnehmer beschreiben, genannt. Die Jugendlichen werden gebeten zu entscheiden, ob sie der Aussage zustimmen oder diese verneinen.
Den 519 Teilnehmern, die angaben, bereits die Bundeswehr bei Einsatzformen der Jugendoffiziere erlebt zu haben, werden die Aussagen aus TNS Emnid-Frage 14 vorgelesen. Die Probanden sollen der jeweiligen Aussage entweder zustimmen oder diese verwerfen.

Bei den Einsatzformen der Jugendoffiziere wurde bei diesen Antworten nur nach Teilnahme an den drei Methoden *Schuleinsatz, Truppenbesuch und POL&IS-Seminar* unterschieden. Die Methode *Veranstaltung der Jugendoffiziere* entfiel aufgrund eines Übertragungsfehlers an das mit der Frage beauftrage TNS EMNID-Institut.

a) Aussage: Ich habe mir weiteres Informationsmaterial über die Bundeswehr angesehen (N=519).

Abb. 44: **Unterscheidung nach Herkunft:**

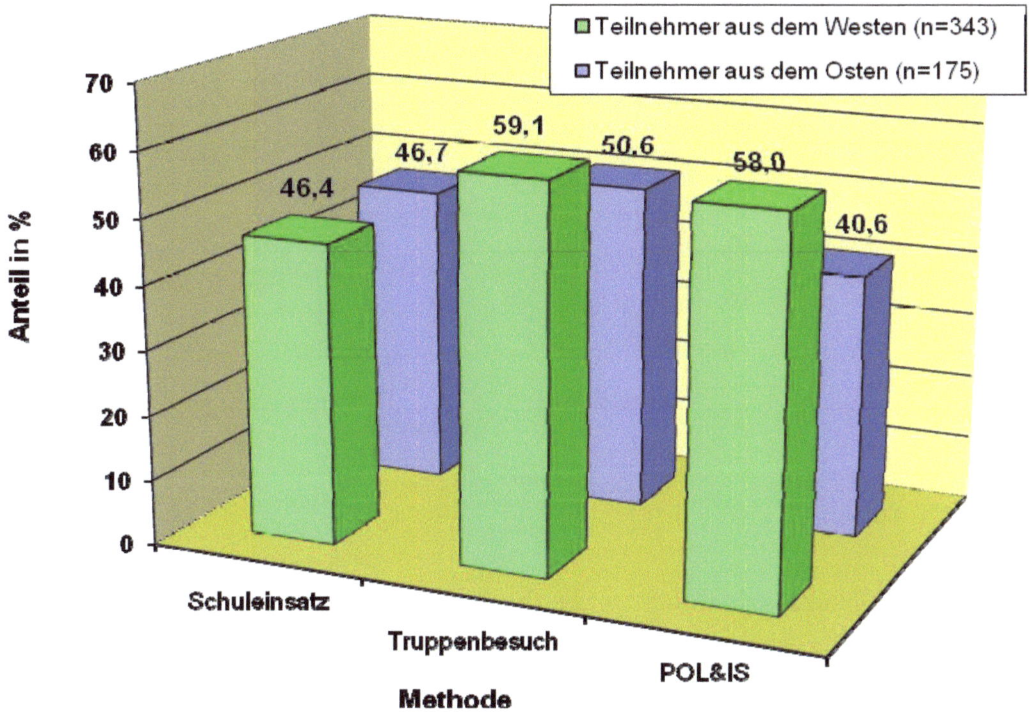

Insgesamt haben sich mehr als 40% der Jugendlichen nach der Teilnahme weiteres Informationsmaterial der Bundeswehr angeschaut.
Teilnehmer an *Truppenbesuchen* stimmen sowohl in West wie auch in Ost am häufigsten der Aussage zu.

Abgesehen von der Einsatzform *Schuleinsatz* haben Probanden aus dem Westen häufiger der Aussage zugestimmt als die Befragten aus dem Osten.

Abb. 45: Unterscheidung nach Geschlecht:

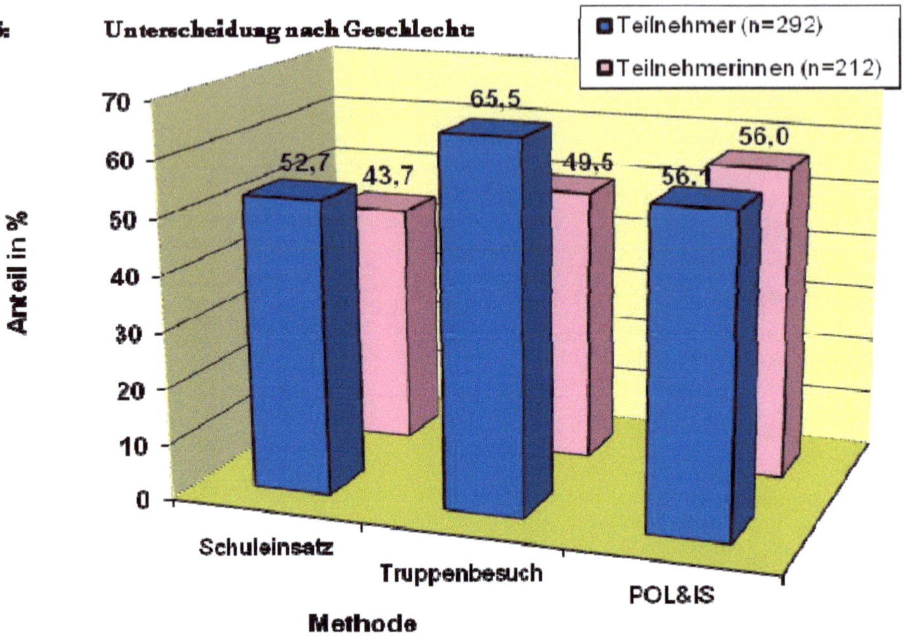

Die männlichen Teilnehmer an den drei Einsatzformen stimmen häufiger der Aussage zu als die weiblichen. Die größte Zustimmung haben dabei die männlichen Teilnehmer an Truppenbesuchen, während es bei den weiblichen Befragten die POL&IS-Teilnehmerinnen waren.

Ergebnis:

Männliche Teilnehmer schauen sich nach der Veranstaltung mit dem Jugendoffizier häufiger Informationsmaterial an als weibliche.
Durch die Teilnahme an *Truppenbesuchen* und *POL&IS-Seminaren* neigen Jugendliche aus dem Westen stärker dazu, sich das Informationsmaterial anzusehen als die Jugendlichen aus dem Osten.

b) *Aussage: Ich habe erneut den persönlichen Kontakt zur Bundeswehr gesucht (N=519)*

Abb. 46: **Unterscheidung nach Herkunft:**

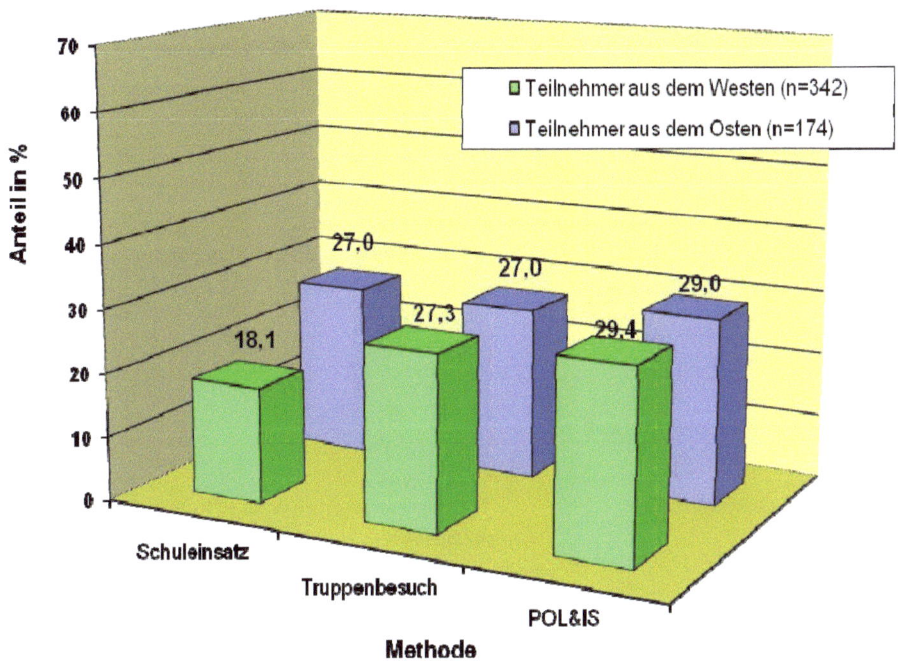

Sowohl von Probanden aus dem Westen als auch aus dem Osten haben weniger als 30% im Anschluss an die Teilnahme an einer Veranstaltung mit dem Jugendoffizier noch einmal den persönlichen Kontakt zur Bundeswehr gesucht.

Die Wirkung ist bei den Befragten sehr ähnlich. Nur bei den Teilnehmern an Schuleinsätzen wird erkennbar, dass Jugendliche aus dem Westen deutlich seltener den erneuten Kontakt zur Bundeswehr suchen.

Abb. 47: Unterscheidung nach Geschlecht

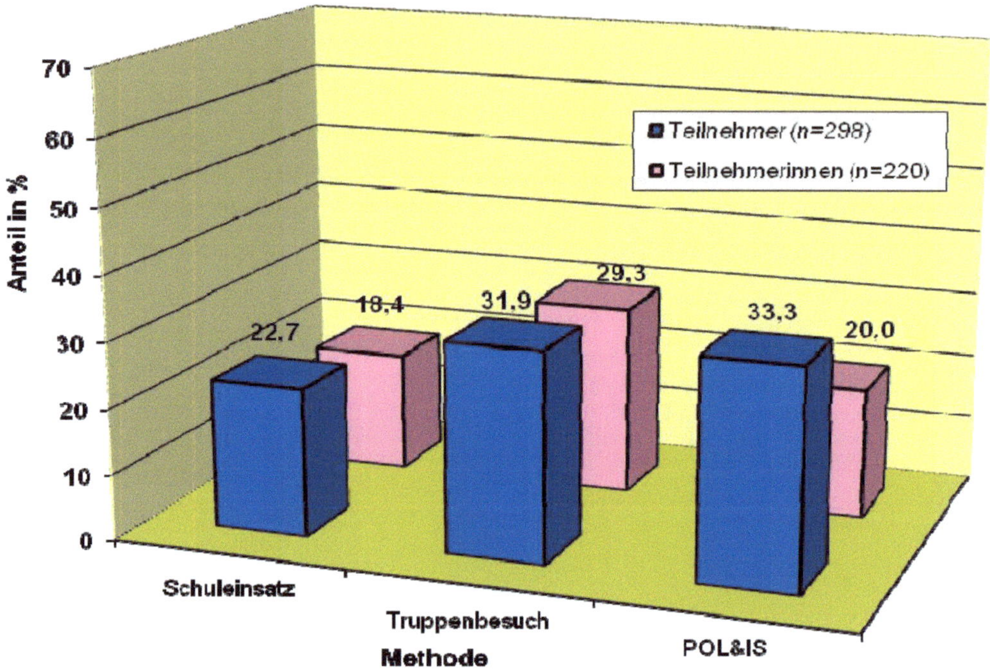

Bei allen untersuchten Einsatzmethoden der Jugendoffiziere sucht mehr als jeder sechste Jugendliche nach der Teilnahme den erneuten Kontakt zur Bundeswehr.

Männliche Teilnehmer suchten häufiger den erneuten Kontakt zur Bundeswehr als die weiblichen.

Am häufigsten suchen männliche Probanden nach der Teilnahme an *POL&IS-Seminaren* den erneuten Kontakt zur Bundeswehr, während es bei den Probandinnen die Teilnehmerinnen an *Truppenbesuchen* sind.

Ergebnis:

Bis zu einem Drittel der Teilnehmer an den verschiedenen Einsatzmethoden der Jugendoffiziere sucht anschließend noch einmal den persönlichen Kontakt zur Bundeswehr.
Männliche Jugendliche suchen diesen Kontakt häufiger als weibliche.

c) Aussage: Ich habe mich im Bekanntenkreis über die Bundeswehr unterhalten (N=519).

Abb. 48: Unterscheidung nach Herkunft:

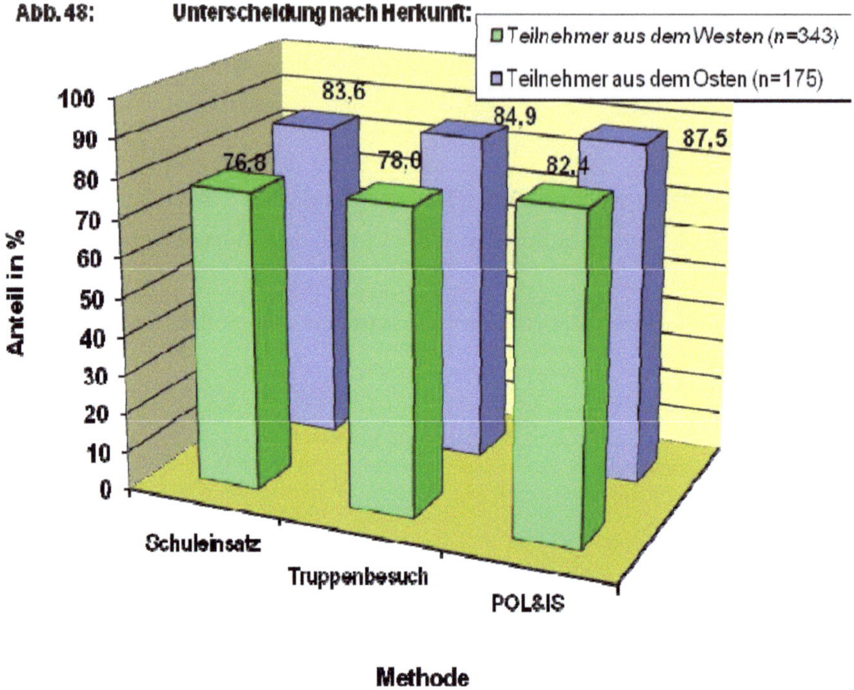

Sowohl unter den Befragten aus west- wie ostdeutscher Herkunft war der größte Anteil, der der Aussage zustimmt, bei den Teilnehmern an POL&IS-Seminaren zu finden.

Abb. 49: Unterscheidung nach Geschlecht

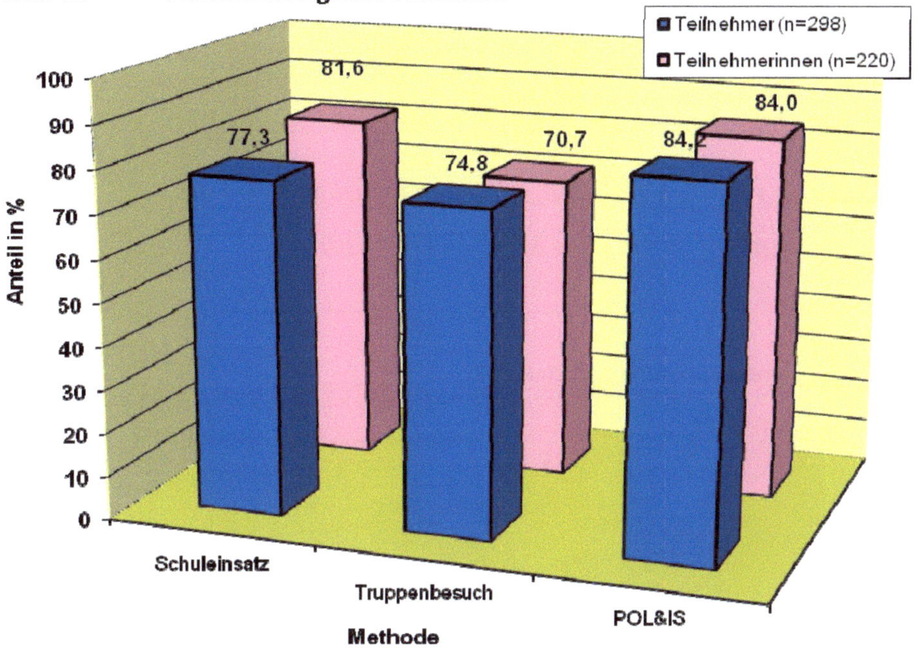

Weit über zwei Drittel der männlichen wie auch weiblichen Befragten haben sich nach der Teilnahme an Einsatzformen der Jugendoffiziere noch im Bekanntenkreis über die Bundeswehr unterhalten.

Am häufigsten unterhalten sich die Teilnehmerinnen und Teilnehmer an *POL&IS-Seminaren.*

Ergebnis:

Nach dem Kontakt zum Jugendoffizier unterhalten sich über 70% der Jugendlichen über die Bundeswehr im Bekanntenkreis.

Die Teilnahme am POL&IS-Seminar sorgt am häufigsten für weitere Gespräche über die Bundeswehr.

d) Aussage: Ich verfolge seitdem gezielter Beiträge über die Bundeswehr in den Medien (N=519)

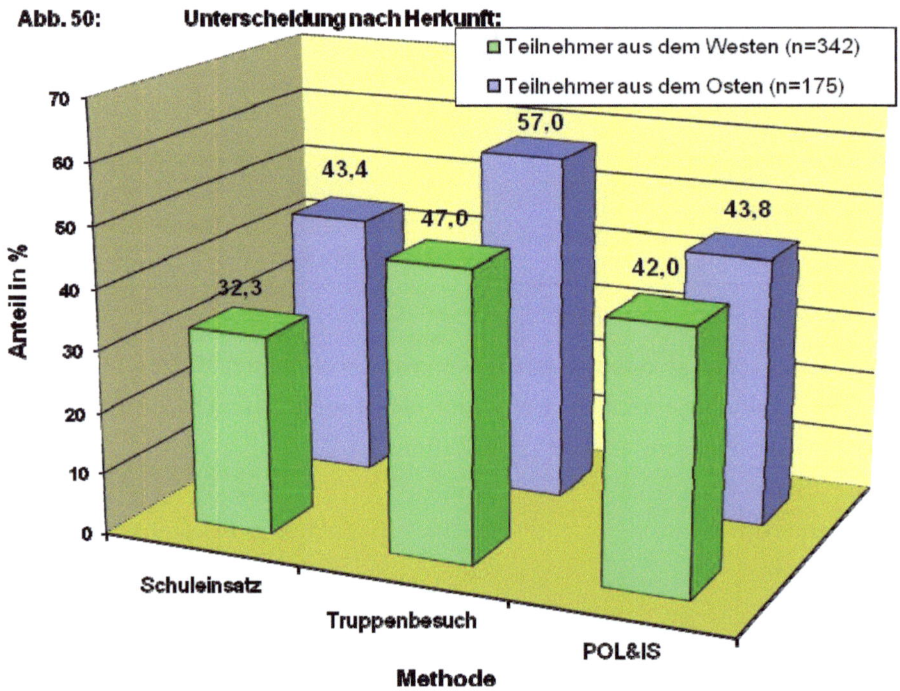

Deutlich mehr als 30% der Teilnehmer an Einsatzmethoden der Jugendoffiziere verfolgt nach dem Kontakt zum Jugendoffizier gezielt Beiträge über die Bundeswehr in den Medien. Einzige Ausnahme bilden die Teilnehmer an *Truppenbesuchen* aus dem Osten. 57,0% von ihnen stimmen der Aussage zu. Teilnehmer aus dem Osten verfolgen häufiger gezielt Beiträge über die Bundeswehr als die Befragten aus dem Westen.

Abb. 51: Unterscheidung nach Geschlecht

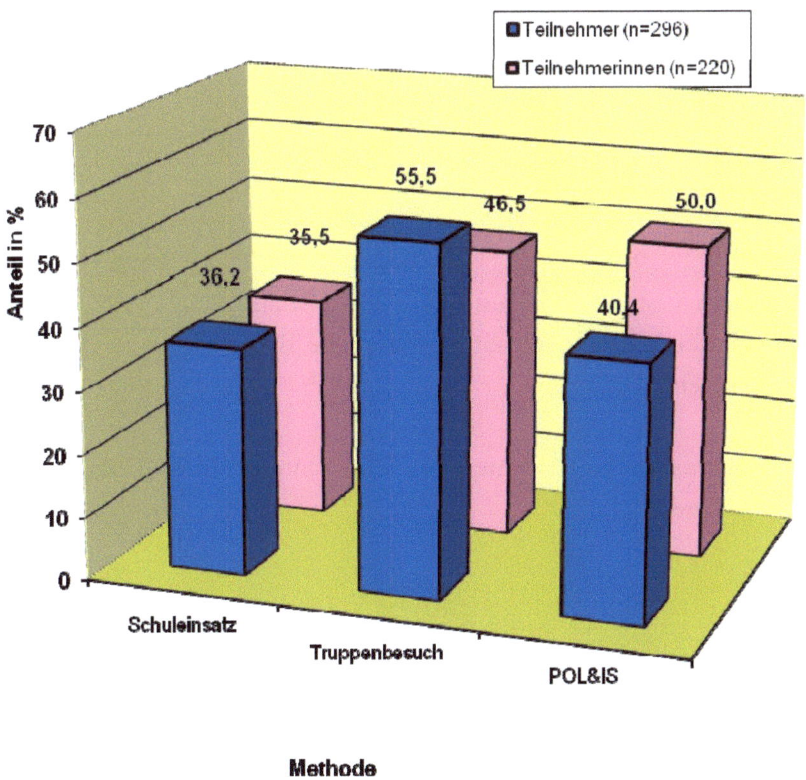

Werden die Antworten nach dem Geschlecht der Befragten unterschieden, wird deutlich, dass die Einsatzmethode bei männlichen und weiblichen Teilnehmern verschiedene Wirkungen haben. Während die männlichen Teilnehmer an *Truppenbesuchen* anschließend am häufigsten gezielt Beiträge über die Bundeswehr in den Medien verfolgen, sind es bei weiblichen Befragten die *POL&IS-Seminar*-Teilnehmerinnen.

Die Teilnahme an einem *Schuleinsatz* der Jugendoffiziere führt bei Befragten beider Geschlechter am seltensten dazu, dass anschließend gezielt Beiträge über die Bundeswehr verfolgt werden.

Ergebnis:

Jugendliche aus dem Osten verfolgen nach der Teilnahme an Veranstaltungen mit den Jugendoffizieren häufiger Beiträge über die Bundeswehr in den Medien als Jugendliche aus dem Westen.

Teilnehmer an *Truppenbesuchen* stimmen bei allen untersuchten Teilgruppen am häufigsten der Aussage zu.

e) Aussage: Ich verfolge seitdem gezielter Beiträge über die Außen- und Sicherheitspolitik (N=519)

Abb. 52: Unterscheidung nach Herkunft:

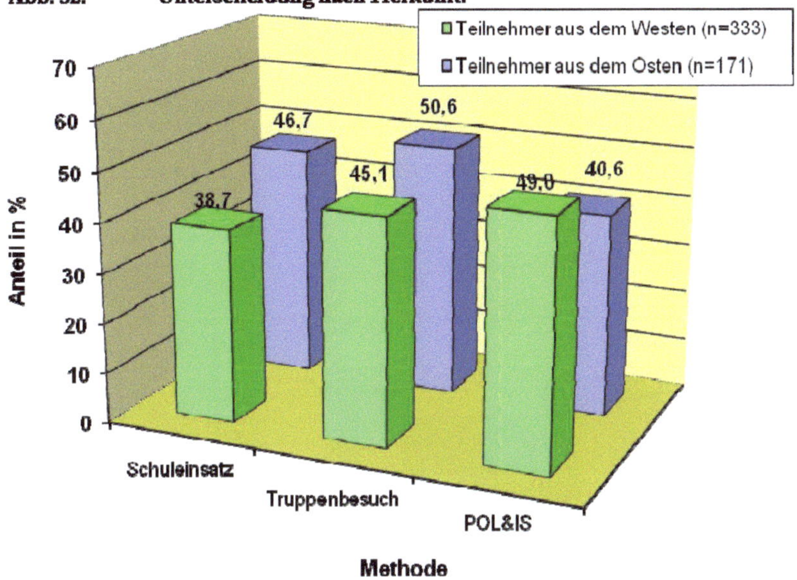

Nach der Teilnahme an *Schuleinsätzen* und *Truppenbesuchen* verfolgen Befragte aus dem Osten häufiger gezielt Beiträge über die Außen- und Sicherheitspolitik als Jugendliche aus dem Westen. Bei den Teilnehmern an *POL&IS-Seminaren* verfolgen Probanden aus dem Westen häufiger die Beiträge als Probanden aus dem Osten.

Bei den Befragten aus dem Westen ist die größte Zustimmung nach der Teilnahme an *POL&IS-Seminaren* zu finden, ostdeutsche Befragte stimmen am häufigsten nach der Teilnahme an *Truppenbesuchen* der Aussage zu (50,6%).

Insgesamt verfolgt deutlich mehr als jeder dritte Teilnehmer an einer Veranstaltung der Jugendoffiziere gezielt Beiträge über die Außen- und Sicherheitspolitik.

Abb. 53: **Unterscheidung nach Geschlecht:**

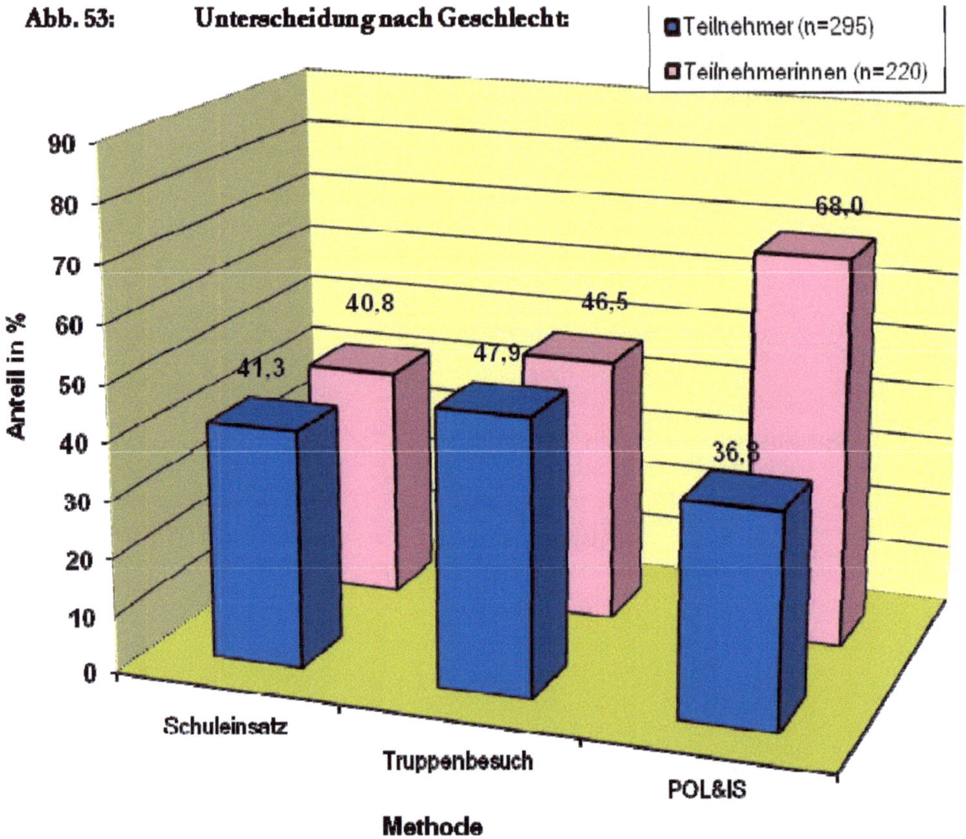

Während männliche und weibliche Teilnehmer an *Schuleinsätzen* und *Truppenbesuchen* der Aussage in ähnlicher Häufigkeit zustimmen, gibt es bei den Teilnehmern an *POL&IS-Seminaren* einen deutlichen Unterschied; fast doppelt so viele Teilnehmerinnen verfolgen anschließend gezielt Beiträge über Außen- und Sicherheitspolitik wie männliche Teilnehmer.

Ergebnis:

Die verschiedenen Einsatzformen haben unterschiedliche Auswirkungen auf das Zustimmungsverhalten der Teilgruppen zur Aussage.

f) Aussage: Ich interessiere mich seitdem für eine Laufbahn in der Bundeswehr bzw. habe mich zeitweilig dafür interessiert (N=519)

Abb. 54: Unterscheidung nach Herkunft:

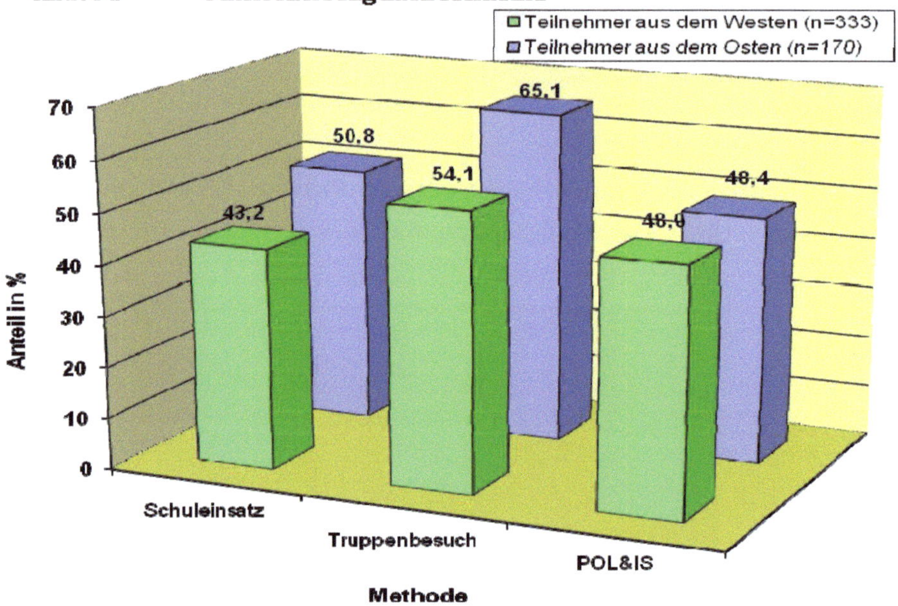

Befragte aus dem Osten interessieren sich nach der Teilnahme an einer Veranstaltung mit dem Jugendoffizier häufiger für eine Laufbahn in der Bundeswehr als Befragte aus dem Westen. Probanden aus West und Ost stimmen der Aussage am Häufigsten nach der Teilnahme an einem *Truppenbesuch* zu. Fast zwei Drittel der ostdeutschen Probanden interessieren sich anschließend für eine Laufbahn.

Abb. 55: Unterscheidung nach Geschlecht:

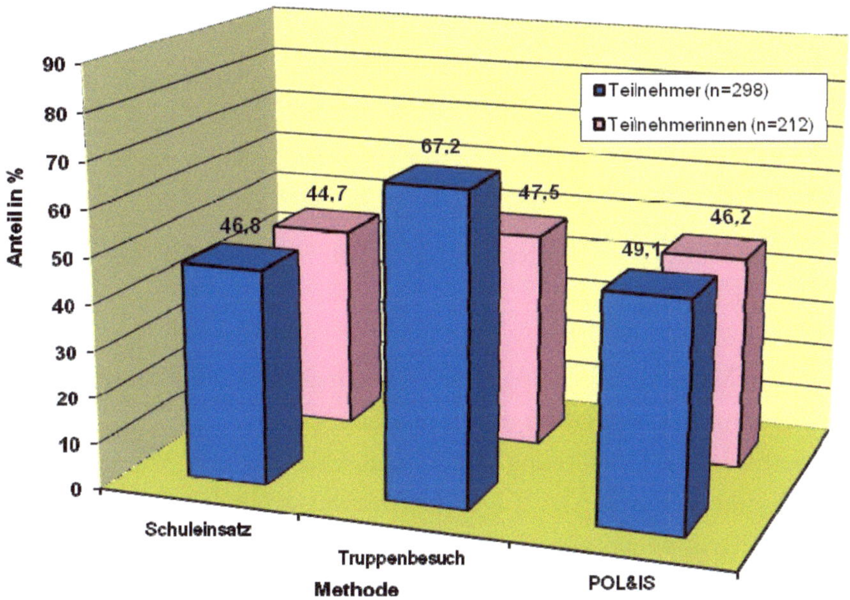

Männliche Befragte interessieren sich nach der Teilnahme an einer Veranstaltung mit dem Jugendoffizier häufiger für eine Laufbahn in der Bundeswehr als weibliche Probanden.

Zwischen männlichen und weiblichen Teilnehmern an einem *Truppenbesuch* kommt es zu einem deutlichen Unterschied der Zustimmung zur Aussage; während über zwei Drittel der männlichen Teilnehmer sich anschließend für eine Laufbahn interessieren, sind es bei den Teilnehmerinnen weniger als die Hälfte.

Ergebnis:

Befragte aus dem Osten interessieren sich nach der Teilnahme an einer Veranstaltung mit dem Jugendoffizier häufiger für eine Laufbahn in der Bundeswehr als Befragte aus dem Westen.
Männliche Befragte interessieren sich nach der Teilnahme an einer Veranstaltung mit dem Jugendoffizier häufiger für eine Laufbahn in der Bundeswehr als Teilnehmerinnen.

Ergebnis 6.2.4:
Die Teilnahme am Einsatz des Jugendoffiziers hat Einfluss auf das anschließende Verhalten der Jugendlichen.

Die verschiedenen Methoden des Jugendoffiziereinsatzes haben unterschiedliche Auswirkungen auf das Verhalten der Jugendlichen.
Mit welcher Methode die Umsetzung der in den Erlassen und Weisungen genannten Kommunikationsziele des Jugendoffiziereinsatzes am erfolgreichsten für die gesamte Zielgruppe gelingt, kann nach dieser Untersuchung nicht gesagt werden, da die nach Herkunft und Geschlecht differenzierten Teilgruppen unterschiedlich reagieren.

6.2.5 Vertrauen der männlichen Befragten in die Bundeswehr und ihre Entscheidung, Wehrdienst oder Zivildienst zu leisten

Zum Zeitpunkt der Befragung gab es noch die allgemeine Wehrpflicht in der Bundesrepublik.

Es wurde ein Zusammenhang zwischen Vertrauen in die Bundeswehr und der eigenen Entscheidung und vermutet:

Sorgt das Vertrauen in die Bundeswehr dafür, dass junge Männer sich für die Ableistung der Wehrpflicht entscheiden oder ist die Entscheidung für oder gegen die Wehrpflicht unabhängig vom Vertrauen in die Bundeswehr?

Zu erwarten ist, dass die Befragten, die ein hohes Vertrauen in die Bundeswehr haben auch eher bereit sind, den Wehrdienst als den Zivildienst abzuleisten. Gleichzeitig wird die Vermutung angenommen, dass Befragte, die nur wenig Vertrauen in die Bundeswehr haben, eher beabsichtigen, Zivildienst zu leisten.

Erkenntnisse darüber sollen durch die Betrachtung der Antworten der 669 männlichen Befragten gewonnen werden, die ihre Absicht bereits kannten, aber zum Zeitpunkt der Befragung noch keinen Dienst leisteten.

Im Folgenden werden Antworten der Emnid-Fragen E und 4 untersucht.

Abb. 56: **Entscheidung der männlichen Befragten: Ich beabsichtige... (N=669)**

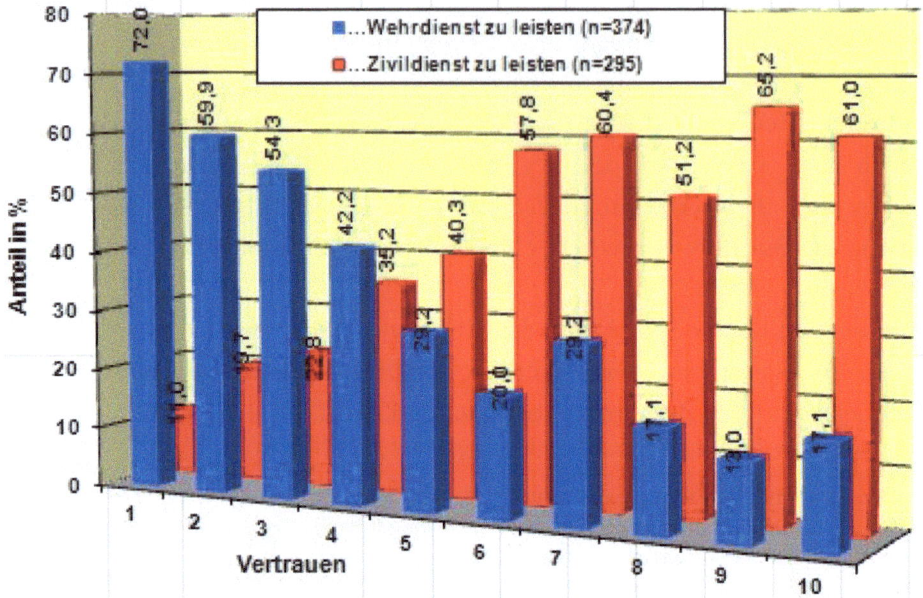

Fast drei Viertel der Probanden, die *volles Vertrauen* (Wert 1) in die Bundeswehr haben, beabsichtigen, Wehrdienst zu leisten. Nur ein Neuntel der Befragten mit *vollem Vertrauen* gab an, sich für den Zivildienst entscheiden zu wollen.

Bei den Befragten, die angaben, nur wenig Vertrauen in die Bundeswehr zu haben, ist der Anteil derjenigen, die sich für den Zivildienst entscheiden, deutlich größer als der Anteil derer, die den Wehrdienst ableisten wollen. Weniger als zwei Drittel der männlichen Probanden, die *kein Vertrauen* in die Bundeswehr hatten, gab an, Zivildienst leisten zu wollen, während nur etwa ein Sechstel von ihnen beabsichtigte, den Wehrdienst abzuleisten.

16,2% der Befragten hatten sich zum Zeitpunkt der Befragung noch nicht entschieden.

Um zu erkennen, ob Befragte aus den westlichen und östlichen Bundesländern unterschiedliche Antworten geben, sollen im Folgenden die Antworten nach der Herkunft der Befragten getrennt untersucht werden.
Die Antworten von 476 männlichen Befragten aus dem Westen wurden ausgewertet, da diese ihre Absicht bereits kannten, aber keinen Dienst aktuell leisteten.

Abb. 57: Entscheidung der Befragten aus dem Westen: Ich beabsichtige... (N=476)

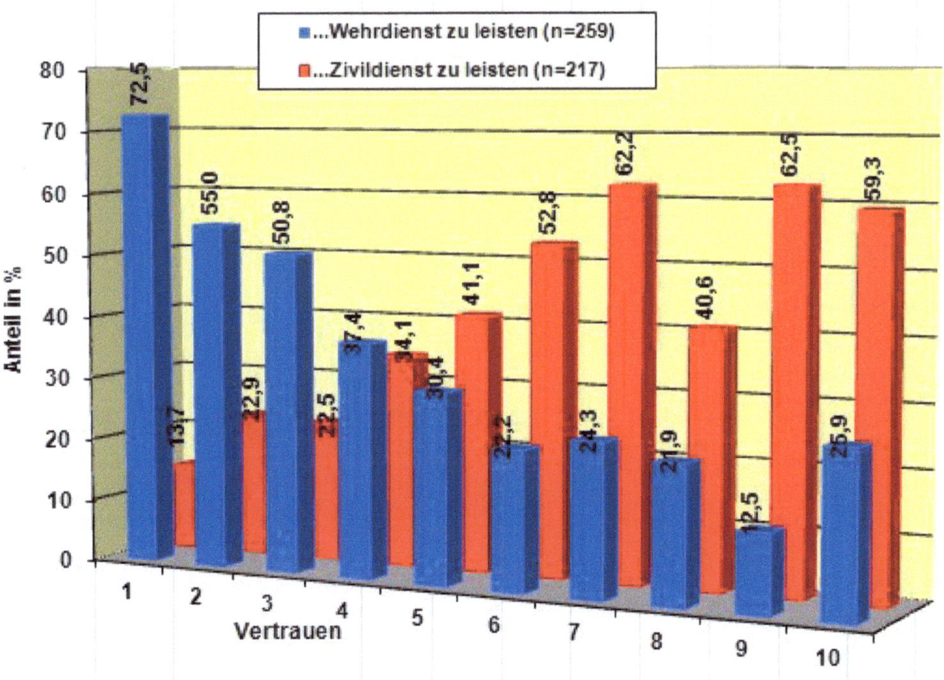

Bis auf einige kleine Abweichungen fällt auf, dass, je höher das Vertrauen der Befragten aus dem Westen ist, desto häufiger sie sich für die Ableistung des Wehrdienstes entscheiden.

Fast drei Viertel der Probanden, die *volles Vertrauen* (Wert 1) in die Bundeswehr haben, beabsichtigen, Wehrdienst zu leisten. Nur etwa jeder siebte Befragte mit *vollem Vertrauen* gibt an, sich für den Zivildienst zu entscheiden.

Bei den Befragten, die angeben, nur wenig Vertrauen in die Bundeswehr zu haben, ist der Anteil derjenigen, die sich für den Zivildienst entscheiden, deutlich größer als der Anteil derer, die den Wehrdienst ableisten wollen.

Über die Hälfte der männlichen Probanden, die *kein Vertrauen* in die Bundeswehr haben, gibt an, Zivildienst leisten zu wollen, während nur etwa ein Viertel von ihnen beabsichtigt, den Wehrdienst abzuleisten.
Stärker ist der Unterschied bei Probanden aus dem Westen, die den Wert 9 angeben; ein Achtel von ihnen beabsichtigt, Wehrdienst abzuleisten, während fast zwei Drittel Zivildienst absolvieren wollen.

Abb. 58: Entscheidung der Befragten aus dem Osten: Ich beabsichtige... (N=192)

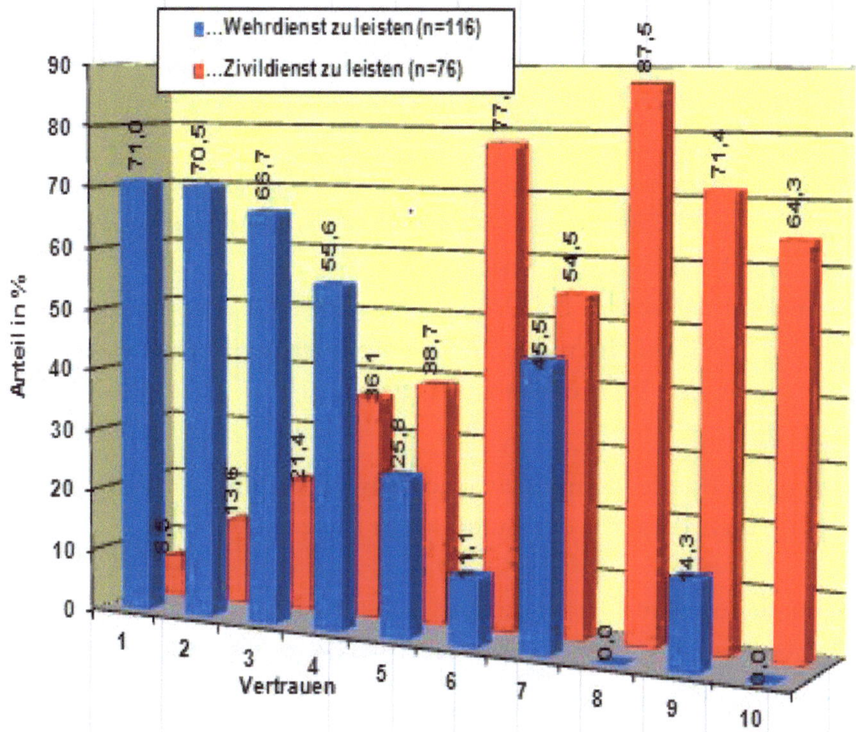

Wird das Vertrauen in die Bundeswehr betrachtet, fällt auf, dass je höher dieses ist, desto häufiger sich die Befragten aus dem Osten für die Ableistung des Wehrdienstes entscheiden.

Dieses gilt für die Werte 1-5. Von den Befragten aus dem Osten, die ihr Vertrauen in die Bundeswehr mit den Werten 8 und 10 angeben; beabsichtigt niemand, Wehrdienst zu leisten.

Fast drei Viertel der Probanden, die volles Vertrauen (Wert 1) in die Bundeswehr haben, beabsichtigen, Wehrdienst zu leisten. Nur etwa jeder fünfzehnte Befragte mit vollem Vertrauen gibt an, sich für den Zivildienst zu entscheiden.
Bei den Befragten aus dem Osten, die angeben, nur wenig Vertrauen in die Bundeswehr zu haben, ist der Anteil derjenigen, die sich für den Zivildienst entscheiden, deutlich größer als der Anteil derer, die den Wehrdienst leisten wollen.
Fast zwei Drittel der männlichen Probanden, die kein Vertrauen in die Bundeswehr haben, geben an, Zivildienst leisten zu wollen, während niemand von ihnen beabsichtigt, den Wehrdienst zu leisten.
Noch stärker ist der Unterschied bei Probanden, die den Wert 8 nannten; fast neun von zehn Befragten möchten den Zivildienst ableisten, während niemand von ihnen beabsichtigt, den Wehrdienst zu leisten.

Ergebnis:

Das Vertrauen in die Bundeswehr spielt eine deutlich erkennbare Rolle bei der Entscheidung, den Wehrdienst in der Bundeswehr leisten zu wollen.

Männliche Befragte aus dem Osten, die *großes Vertrauen* in die Bundeswehr haben, beabsichtigen häufiger, den Wehrdienst abzuleisten als Befragte aus dem Westen.

Gleich welcher Herkunft; Probanden, die der Bundeswehr vertrauen, neigen stärker dazu, den Wehrdienst leisten zu wollen.
Entsprechend gilt; haben die männlichen Befragten nur *wenig Vertrauen* in die Bundeswehr, wollen sie eher den Zivildienst ableisten.

6.2.6 : Wahrnehmung der Bundeswehr nach der Teilnahme an einer Veranstaltung der Jugendoffiziere und der Ratschlag, Wehrdienst oder Zivildienst zu leisten

Einem Freund zur Ableistung des Wehrdienstes zu raten, kann als Hinweis gelten, dass der Ratgebende der Bundeswehr vertraut.

Andernfalls würde er sicherlich eher dazu raten, den Wehrdienst zu verweigern.

Hat die Wahrnehmung der Bundeswehr nach einem Kontakt zum Jugendoffizier, Auswirkungen darauf, ob der Teilnehmer einem Freund rät, Wehr- oder Zivildienst zu leisten oder spielt sie keine Rolle für den Ratschlag?

Oder rät ein Jugendlicher einem Freund zum Wehrdienst, auch wenn er die Bundeswehr bei Veranstaltungen der Jugendoffiziere negativ bewertet?

Daher werden die Antworten auf die Emnid-Fragen 10 und 11 mit den Antworten der Emnid-Frage 19 korreliert.
Die Antworten von 720 Befragten konnten dabei ausgewertet werden.

Abb. 59: Wahrnehmung der Bundeswehr und der Ratschlag, den ... (N=720)

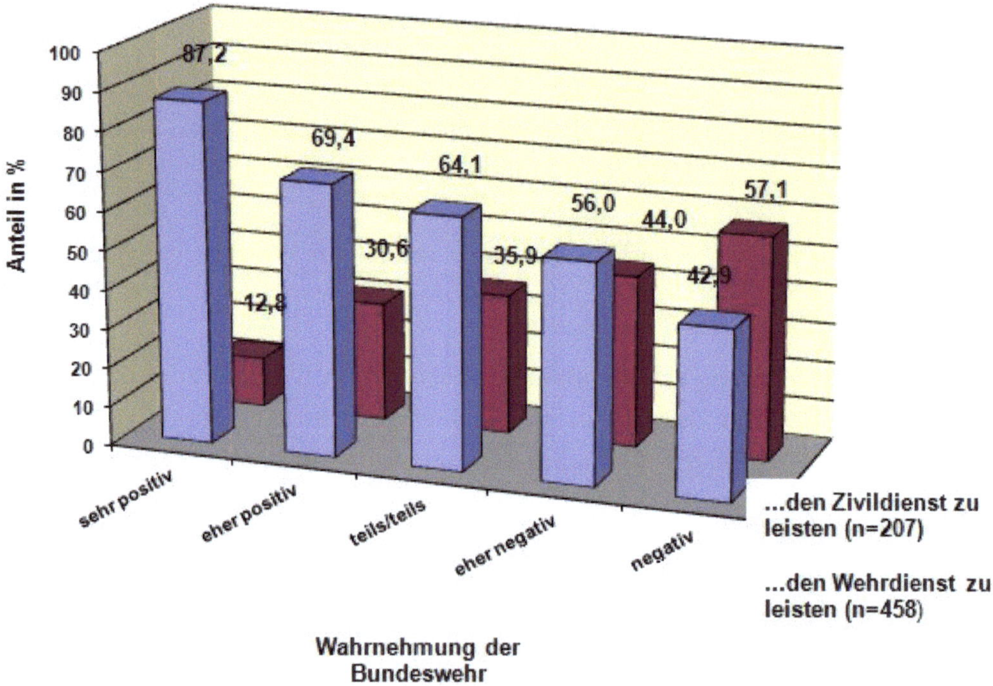

Ergebnis 6.2.6:

Je *positiver* die Bewertung der Bundeswehr beim Teilnehmer *an Veranstaltungen der Jugendoffiziere* ausfällt, desto eher rät der Jugendliche einem Freund, den *Wehrdienst zu leisten.*

Gleichzeitig gilt:
Je *negativer* die Bewertung der Bundeswehr beim Teilnehmer ausfällt, desto häufiger rät der Jugendliche einem Freund, den *Wehrdienst zu verweigern.*

Daher ist anzunehmen, dass Jugendliche durch die Teilnahme an Veranstaltungen der Jugendoffiziere bestärkt werden können, einem Freund zu raten, den Wehrdienst zu leisten.

Voraussetzung ist jedoch, dass die Veranstaltungen der Jugendoffiziere zu einer positiven Wahrnehmung der Bundeswehr beitragen.

6.3 Erkenntnisse aus der Befragung

Die Antworten der befragten Jugendlichen zeigten, dass die Bundeswehr von ihnen insgesamt positiv wahrgenommen wird (siehe Abb.10, Seite 122).

Nach dem direkten Kontakt zu den Jugendoffizieren wird die Bundeswehr sehr positiv wahrgenommen.
Die Kontaktart *Veranstaltung mit dem Jugendoffizier* nimmt unter den betrachteten Kontaktarten zur Bundeswehr den Spitzenplatz ein, d.h. Teilnehmer an Einsätzen der Jugendoffiziere gaben am häufigsten an, ein großes Vertrauen in die Bundeswehr zu haben (siehe Abb. 9, Seite 121).

Kontakt zur Bundeswehr haben die Jugendlichen jedoch am seltensten durch die Jugendoffiziere (siehe Abb. 9, Seite 121).

Es wird deutlich, dass die Bundeswehr bei Gelegenheiten mit direktem persönlichen Kontakt positiv wahrgenommen wird. Gleichzeitig scheinen die Gelegenheiten, die nur einen indirekten Kontakt zur Bundeswehr haben, zu einer etwas weniger positiven Wahrnehmung der Bundeswehr zu führen (siehe Abb. 11, Seite. 124).

Für alle Kontaktarten zur Bundeswehr gilt, dass die Teilnehmer häufiger *volles Vertrauen* in die Bundeswehr haben als die Nicht-Teilnehmer (siehe Abb. 11, Seite 124).
Die Kontaktarten mit den größten Anteilen an Probanden, die angeben, *volles Vertrauen* in die Bundeswehr zu haben, sind *Veranstaltungen von Jugendoffizieren* und *POL&IS-Seminare der Jugendoffiziere* (siehe Abb. 11, Seite 124).

Die Unterschiede bei den Antworten von Befragten aus West und Ost lassen die Vermutung zu, dass die Herkunft der Befragten eine Rolle bei der Beantwortung der Fragen zum persönlichen Vertrauen in die Bundeswehr spielt (siehe Abb. 14 - 24, Seiten 134-144).

Es besteht eine Korrelation zwischen Vertrauen in die Bundeswehr und der Entscheidung, den Wehrdienst leisten zu wollen oder ihn zu verweigern (siehe Abb. 56, Seite 191).
Gleich welcher Herkunft; Probanden, die der Bundeswehr vertrauen, neigen stärker dazu, den Wehrdienst leisten zu wollen (siehe Abb. 57 + 58, Seiten 192 + 194).
Männliche Befragte aus dem Osten, die *großes Vertrauen* in die Bundeswehr haben, beabsichtigen dabei häufiger, den Wehrdienst abzuleisten als die Befragten aus dem Westen (siehe Abb. 57 + 58, Seiten 192 + 194).

Insgesamt gilt, dass je *positiver* die Bewertung der Bundeswehr beim Teilnehmer *an Veranstaltungen der Jugendoffiziere* ausfällt, desto eher dieser einem Freund rät, den *Wehrdienst zu leisten* (siehe Abb. 59, Seite 197).

Gleichzeitig gilt, dass je *negativer* die Bewertung der Bundeswehr beim Teilnehmer ausfällt, er umso eher seinem Freund rät, den *Wehrdienst zu verweigern.*

Daher ist anzunehmen, dass die männlichen Jugendlichen durch die Teilnahme an *Veranstaltungen der Jugendoffiziere* in ihrem Vertrauen bestärkt werden, so dass sie einem Freund eher raten, den Wehrdienst zu leisten.

Voraussetzung ist jedoch, dass die *Veranstaltungen der Jugendoffiziere* zu einer *positiven* Wahrnehmung der Bundeswehr beitragen (siehe Abb. 59, Seite 197).

Der Jugendoffizier lässt bei seinem Einsatz folgende Eindrücke entstehen: Er diskutiert als interessanter Gesprächspartner sachlich und mit großer Offenheit alle Themen, die die Bundeswehr betreffen. Er schildert zur Vermittlung neuer Inhalte auch persönliche Erlebnisse und lässt die Bundeswehr dadurch anschaulich und erlebbar werden.

Sein Einsatz überrascht die Anspruchsgruppe positiv (siehe Abb. 36 - 43, Seiten 164 - 171).

Auch die erkannten Einflüsse auf das Verhalten der Jugendlichen zeigen die Zusammenhänge zwischen Vertrauen und Jugendoffiziereinsätze. Insgesamt scheinen auch diese adäquaten Umsetzungen der Forderungen der Erlasse zu sein. Gerade die sich dem Kontakt zum Jugendoffizier anschließenden Verhaltensänderungen zeigen, dass sich der Einsatz ausgewirkt hat.

So führte die Begegnung mit dem Jugendoffizier bei über drei Vierteln der Befragten zu Gesprächen über die Bundeswehr und Themen zu Sicherheits- und Verteidigungspolitik.

Fast ein Viertel suchte anschließend noch einmal den Kontakt zur Bundeswehr. Das zeigt auch, dass durch den Kontakt mit dem Jugendoffizier auch das Interesse an diesen Themen nachhaltig gesteigert wurde (siehe Abb. 44 - 55, Seiten 174 - 188)

Diese Resonanz kann als Erfolg seines Einsatzes in der Öffentlichkeitsarbeit aufgefasst und seine Rolle bei der Vertrauensgenerierung festgestellt werden.

6.3.1 Zusammenfassung der Befragungsergebnisse

> Es ist (...) nicht anzunehmen, daß die empirische Forschung streng gesetzliche Beziehungen zwischen Vertrauensbasen als Ursachen und Vertrauenserweisen als Wirkungen entdecken wird; aber statistische Korrelationen sind zu vermuten, weil man davon ausgehen kann, daß im Schnitt eher Vertrauen gewährt wird, wenn gewisse Voraussetzungen erfüllt sind (LUHMANN 1973: 34).

Dieser Einschätzung kann nach Betrachtung der Befragungsergebnisse gefolgt werden, da der Vergleich von Teilnehmern an Veranstaltungen der Jugendoffiziere häufiger ein großes Vertrauen in die Bundeswehr haben, als diejenigen, die nicht an diesen Veranstaltungen teilnahmen.

Bei den gegebenen Antworten ist erkennbar, dass die Teilnahme an Veranstaltungen der Jugendoffiziere eine bestärkende Rolle bei der Gewährung von Vertrauen der Zielgruppe in die Bundeswehr hat und diese somit als eine mögliche Voraussetzung für die Generierung von Vertrauen in die Bundeswehr gelten kann.

Bei allen Kontaktarten mit der Bundeswehr gilt, dass die Jugendlichen ohne Kontakt am häufigsten nur ein *mittleres Vertrauen* in die Bundeswehr haben. Ein zige Ausnahme ist die Kontaktart *POL&IS-Seminare.*

Als einen möglichen Grund für das häufiger genannte große Vertrauen könnte gelten, dass die Jugendlichen wegen mangelnden Kontakts zur Bundeswehr unentschieden sind und daher eher mittlere Werte für die Einschätzung ihres Vertrauens wählen.

Gleichzeitig sind die Methoden der Jugendoffiziere unter den fünf Arten des Kontakts mit der Bundeswehr mit den größten Anteilen der Probanden mit *großem Vertrauen* zu finden.
Die Kontaktart Veranstaltungen der Jugendoffiziere nimmt dabei den Spitzenplatz ein; deren Teilnehmer geben am häufigsten an, *großes Vertrauen* in die Bundeswehr zu haben.

6.3.2 Methodenvergleich

Bezogen auf die Effekte bei der Anspruchsgruppe sollen die Antworten geordnet nach den drei Methoden Schuleinsatz, Truppenbesuch und POL&IS-Simulation betrachtet werden.

Schulbesuch des Jugendoffiziers:

Der Schuleinsatz dauert im Regelfall eine doppelte Unterrichtsstunde im gewohnten Schulumfeld, ist somit deutlich kürzer als der Kontakt bei einem mehrstündigen Truppenbesuch oder etwa einem mehrtägigen POL&IS-Seminar, bewirkt aber auch, dass die Teilnehmer im Vergleich zu den Nichtteilnehmern ein deutlich höheres Vertrauen in die Bundeswehr haben. Diese Einsatzform schafft auch ein relativ hohes Vertrauen, erweist sich jedoch als stark abhängig von dem jeweiligen Jugendoffizier, da dieser allein als Repräsentant der Bundeswehr auftritt und die Anspruchsgruppe ganz persönlich und direkt anspricht.

Truppenbesuch:

Das Vertrauen in die Bundeswehr ist nach der Teilnahme am *Truppenbesuch* sehr hoch. Der direkte Kontakt zu Soldaten und ihrer Ausrüstung vor Ort in Kasernen, auf Flugplätzen oder auf Schiffen führt zu einem großen Vertrauen in die Bundeswehr.
Während Teilnehmerinnen am häufigsten nach der Teilnahme an Truppenbesuchen angeben, großes Vertrauen in die Bundeswehr zu haben, geben männliche Teilnehmer am häufigsten an, das größte Vertrauen nach Seminarveranstaltungen zu haben.
Teilnehmer aus West und Ost haben das größte Vertrauen in die Bundeswehr nach Truppenbesuchen, jedoch ist der Anteil bei den Jugendlichen aus dem Osten deutlich größer.

Es ist erkennbar, dass das Vertrauen nach der Teilnahme am Truppenbesuch größer ist. Eine Erhöhung der Anzahl von Truppenbesuchen kann sich somit positiv auf die Zielerreichung der Öffentlichkeitsarbeit der Bundeswehr auswirken.

POL&IS-Seminar:

Das höchste Vertrauen haben Teilnehmer von POL&IS-Simulationen. Dieses Ergebnis liegt möglicherweise an dem hohen zeitlichen Umfang dieser mehrtägigen Veranstaltungsform. Oft findet die Simulation außerhalb des gewohnten Umfeldes, z.B. in einer Weiterbildungsstätte mit Übernachtung, statt, so dass die durch die Simulationsinhalte angeregten Diskussionen nach der eigentlichen Simulation weitergeführt werden können.

Offenbar scheint die Kontaktart *POL&IS-Seminare bei den Jugendlichen* stark zu polarisieren, da bei den Befragten der zweithöchste Anteil an Probanden, die *volles Vertrauen* in die Bundeswehr haben, zu finden ist und gleichzeitig auch der größte Anteil derjenigen, die kein Vertrauen in die Bundeswehr haben.

Während Teilnehmerinnen am häufigsten nach der Teilnahme an Truppenbesuchen angeben, großes Vertrauen in die Bundeswehr zu haben, geben männliche Teilnehmer am häufigsten an, das größte Vertrauen nach Seminarveranstaltungen zu haben.

6.3.3 Die Ergebnisse der Erhebung im Vergleich zu den ministeriellen Vorschriften und den Erwartungen der Mitglieder des Verteidigungsausschusses

Die erkannten Einflüsse auf das Verhalten der Jugendlichen zeigen die beabsichtigten Wirkungen der Jugendoffiziereinsätze. Insgesamt scheinen diese adäquate Umsetzungen der Forderungen der Erlasse zu sein. Gerade die sich dem Kontakt zum Jugendoffizier anschließenden Verhaltensänderungen zeigen, dass sich der Einsatz ausgewirkt hat.
So führte die Begegnung mit dem Jugendoffizier bei über drei Vierteln der Befragten zu Gesprächen über die Bundeswehr und Themen zu Sicherheits- und Verteidigungspolitik. Fast ein Viertel suchte anschließend noch einmal den Kontakt zur Bundeswehr. Das zeigt auch, dass durch den Kontakt mit dem Jugendoffizier auch das Interesse an diesen Themen nachhaltig gesteigert wurde.

Der Jugendoffizier schafft durch sein Verhalten und seine Vorgehensweise die Voraussetzungen, um die genannten Inhalte und Ziele seiner Öffentlichkeitsarbeit in die Zielgruppe zu transportieren und somit einen vom Bundesministerium der Verteidigung beabsichtigten Beitrag zur Vertrauensgenerierung in die Bundeswehr zu leisten.
Werden die Antworten der zuvor befragten Mitglieder des Verteidigungsausschusses des Deutschen Bundestages betrachtet 1.5.3), wird deutlich, dass diese als Kommunikations-ziel Vertrauen der Bürger in die Sicherheitspolitik der Bundesrepublik und in die Bundeswehr deren Instrument verstehen.
Sie sehen in der Öffentlichkeitsarbeit ein Mittel, die Bürger und insbesondere die Jugendlichen zu erreichen. Öffentlichkeitsarbeit und somit ihre Träger sollen überzeugen, vermitteln und anregen. Die Antworten der durchgeführten Befragung zeigen, dass Jugendoffiziere diese Anforderungen erfüllen.

Daher soll die Bundeswehr der Meinung der Politiker nach durch ihre Öffentlichkeitsarbeit bei der Bevölkerung um Akzeptanz für den eigenen Auftrag und Aufbau werben. Dieses scheint den Jugendoffizieren zu gelingen.

6.3.4 Konsequenzen aus der Erhebung für die weitere Arbeit der Jugendoffiziere

Die von SIGNITZER (vgl. SIGNITZER 1989: 338) aufgeführten sechs Typen von Entscheidungen, die für die Evaluation einer durchgeführten PR-Aktion beachtet werden sollten, werden auf den Einsatz der Jugendoffiziere übertragen (vgl. S. 90 dieser Arbeit). Dabei werden gemäß der zu beachtenden Typen Fragen gestellt und diese anhand der gewonnenen Ergebnisse dieser Untersuchung beantwortet.

1. Fortsetzung oder Einstellung des Einsatzes der Jugendoffiziere?

Jugendoffiziere scheinen auch über 50 Jahre nach ihrer Gründung von Nutzen für die Öffentlichkeitsarbeit der Bundeswehr zu sein. Die gewachsenen Veranstaltungs- und Teilnehmerzahlen sprechen dafür.
Dennoch wurde erkannt, dass die unterschiedlichen Einsatzmethoden bei den verschiedenen Anspruchsgruppen, unterschieden nach Geschlecht und Herkunft, zu unterschiedlichen Antworten führen, d.h. es gibt keine, für alle Teilnehmer gleich geltende Beantwortung der gestellten Fragen.

Das Konzept der Jugendoffiziere in der Öffentlichkeitsarbeit scheint sich für die Bundeswehr bewährt zu haben. Die erhaltenen Antworten zur Generierung von Vertrauen in die Bundeswehr scheinen den Einsatz der Jugendoffiziere zu bestätigen. Ist beabsichtigt, dieses Ziel weiter zu verfolgen, sollte ihr Einsatz fortgesetzt werden.

2. Verbesserung von Durchführungspraktiken?

Der Jugendoffizier sollte bei der Entscheidung der Einsatzform das Interesse, das Vorwissen, die Kenntnisse, die Zusammensetzung und die Erwartungen der Teilnehmer kennen, um seine Veranstaltung danach auszurichten. Eine genaue Zielgruppenanalyse sollte jeder Veranstaltung vorausgehen, da ihre Berücksichtigung für den Erfolg einer Veranstaltung entscheidend sein kann, muss die Möglichkeit für eine intensive Vorbereitung auf die aktuellen Veranstaltungsteilnehmer gegeben sein und genutzt werden.
Inwieweit Einsatzmethoden kombiniert werden können, hängt auch von den Rahmenbedingungen wie Zeitrahmen, Budget, Personaleinsatz, Teilnehmerzahl, Ort ab. Dennoch sind auch Mischformen denkbar. Beispielsweise kann eine Veranstaltung als Seminar beginnen und anschließend mit einem Truppenbesuch enden. Oder eine POL&IS-Seminarveranstaltung findet in einer Kaserne statt, so dass es vor Ort direkt zu einem Truppenbesuch kommen kann.
Bezogen auf die eingesetzte Methode der Jugendoffiziere sollte beachtet werden, dass bei Jugendlichen sowohl geschlechtspezifisch als auch herkunftsabhängig unterscheidbare Wirkungen erkennbar sind.

Obwohl sich die Methoden Schulbesuch, Truppenbesuch und POL&IS-Seminar unterschiedlich stark auf das Vertrauen der in verschiedene Anspruchsgruppen unterteilten Teilnehmer auswirken, vergrößern jedoch alle das Vertrauen in die Bundeswehr gegenüber Nicht-Teilnehmern. Wird die Einsatzmethode anspruchsgruppenspezifisch genauer abgestimmt und durchgeführt, lassen sich beabsichtigte Wirkungen eventuell effektiver erreichen.

3. Hinzufügung oder Aufgabe spezifischer Teile bzw. Techniken des Einsatzes der Jugendoffiziere?

Der Tätigkeitsbereich der Jugendoffiziere muss personell und materiell der Aufgaben entsprechend ausgestattet sein. Nicht zuletzt aufgrund immer neuer Veranstaltungsformen und Präsentationstechnologien entstehen Erwartungen und Anspruchshaltungen der Teilnehmer an eine professionelle und zeitgemäße Präsentation an den Jugendoffiziereinsatz. Dieser konkurriert mit den verschiedenen Informationsmöglichkeiten und -medien, die im Alltag der Anspruchgruppen immer größer werden und intensiver genutzt werden.

Daher sollte das zur Verfügung gestellte, personelle und finanzielle Budget sowie die veranstalteten Einsatzformen kontinuierlich auf ihre Zielerreichung und somit ihren Nutzen überprüft werden.

Auch in der heutigen Informationsgesellschaft mit der zunehmenden Ausweitung von sozialen Netzwerken im Internet können Jugendliche noch immer durch direkten Kontakt angesprochen werden. Daher sollten auch künftig Jugendoffiziere dialogorientiert in der Öffentlichkeitsarbeit der Bundeswehr eingesetzt werden.

4. Einsätze ähnlicher PR-Aktionen in ähnlichen Kontexten

An dieser Stelle können die zuständigen Stellen im Bundesministerium der Verteidigung die Befragungsergebnisse betrachten und über weitere Folgen für die Öffentlichkeitsarbeit und der Bundeswehr sowie für den Einsatz der Jugendoffiziere entscheiden.

5. Neuverteilung der Ressourcen unter konkurrierenden Kontaktarten zur Bundeswehr?

Die angewandten, dialogorientierten Einsatzformen des Jugendoffiziers, die einen persönlichen, unmittelbaren Kontakt zur Bundeswehr ermöglichen, sorgen für einen erkennbaren Vertrauensgewinn bei der Zielgruppe. Weder der Kontakt mit der Bundeswehr über Massenmedien wie Internet, Fernsehen, Radio und Zeitungen/Zeitschriften noch andere von der Bundeswehr betriebene Veranstaltungs-formen wie Messeeinsätze und Ausstellungen zeigen einen derart hohen Vertrauensgewinn. Die Vorzüge, die sich aus dem persönlichen Kontakt mit Jugendoffizieren resultieren, geben deren Tätigkeit in der Öffentlichkeitsarbeit besonderes Gewicht.
Gleichzeitig ist erkennbar, dass durch Auftritte und Beiträge in den Medien deutlich mehr Menschen erreicht werden. Diese unpersönliche Begegnung mit der Bundeswehr geschieht häufiger, führt jedoch nicht in gleicher Weise zu den Konsequenzen bei den Probanden. Sinnvoll kann eine enge Verzahnung zwischen den Auftritten der Jugendoffiziere und dem Kontakt zur Bundeswehr in den Medien (z.B. TV, Internet) sein. Hierzu kann auch eine noch stärker betonte Zielgruppenorientierung in den unterschiedlichen Medien gehören.

Wird weiterhin beabsichtigt, das Vertrauen der Anspruchsgruppen zu generieren, sollte der Einsatz der Jugendoffiziere auch zukünftig stattfinden.

6. Akzeptanz oder Zurückweisung der Annahmen, die dem Einsatz der Jugendoffiziere zugrunde liegen

Es obliegt der ministeriellen Leitung des Ressorts Verteidigung Ergebnisse umzusetzen. Nur diese kann den Einsatz der Jugendoffiziere gemäß der o.g. Typen der Entscheidungen bewerten und ihn verändern. Diese Arbeit kann jedoch Erkenntnisse liefern, um Empfehlungen für den weiteren Einsatz der Jugendoffiziere geben zu können.

Das Konzept der Jugendoffiziere in der Öffentlichkeitsarbeit scheint sich für die Bundeswehr bewährt zu haben. Anders wäre es auch nicht nachvollziehbar, warum das Ministerialblatt zur Tätigkeit der Jugendoffiziere aus dem Jahr 1975 (siehe Abschnitt 1.4.3) immer noch gültig ist und nicht wesentlich verändert worden ist.

6.4 Ergänzungen

Diese Arbeit wertet eine im Jahr 2005 im Auftrag des Bundesministeriums der Verteidigung durchgeführte Befragung vom Bielefelder Umfrageunternehmen TNS EMNID Medien- und Sozialforschung GmbH aus.
Das Bundesministerium der Verteidigung beauftragt jährlich das Unternehmen mit der Durchführung der Befragung, um Erkenntnisse über die gesellschaftliche Wahrnehmung der Bundeswehr und spezieller Themen der Sicherheitspolitik zu erhalten. Die eigens für diese Untersuchung formulierten Fragen nach dem Einsatz der Jugendoffiziere wurden erstmalig neben den routinemäßig gestellten Fragen in die Befragung aufgenommen.
Niemals zuvor war die Arbeit der Jugendoffiziere in dieser Befragung thematisiert.
Mittlerweile kam es seit dem 01. Juli 2011 zur Aussetzung der Allgemeinen Wehrpflicht. Die letzten Wehrpflichtigen traten am 03.01.2011 ihren Dienst an. Mit dem inzwischen neu geschaffenen Freiwilligen Wehrdienst (FWD) können männliche und weibliche Bewerber freiwillig bis zu 23 Monaten Dienst als Soldat in der Bundeswehr leisten oder sich gleich für eine freiwillige Verpflichtungszeit entscheiden.
Trotz dieser einschneidenden Veränderung der bundesdeutschen Wehrform und der damit verbundenen Abwendung vom Grundsatz der "Wehrpflicht als feste Verankerung der Bundeswehr in der Gesellschaft" und einer zu erwartenden veränderten Informations- und Rekrutierungspolitik der Bundeswehr blieb es beim Einsatz von 94 hauptamtlichen Jugendoffizieren.

Deren Aufgabe wurde nicht verändert.

Zum Zeitpunkt der Befragung wurden noch keine weiblichen Jugendoffiziere eingesetzt. Es kann daher nur spekuliert werden, in wieweit sich der Einsatz weiblicher Jugendoffiziere auf die Vertrauensgenerierung auswirkt.

Der im ersten Teil dieser Arbeit dargestellte Bereich der Informationsarbeit der Bundeswehr wurde mittlerweile durch die seit Februar 2016 gültige Zentrale Dienstvorschrift A-600/1 zur Informationsarbeit der Bundeswehr überarbeitet und aktualisiert.
Die neue Vorschrift beinhaltet auch die Öffentlichkeitsarbeit und die Tätigkeit der Jugendoffiziere.

Während der in dieser Arbeit durchgeführten Befragung galt die dargestellte Organisationsform und Struktur der Öffentlichkeitsarbeit der Bundeswehr.

7 Literaturverzeichnis

AHRENS, Rupert; HÜTT, Hans: Dialogorientierte Öffentlichkeitsarbeit. In: KALT, Gero (Hg.): Öffentlichkeitsarbeit und Werbung: Instrumente, Strategien, Perspektiven. Institut für Medienentwicklung und Kommunikation GmbH. 4. erweiterte und aktualisierte Auflage. Frankfurt am Main 1993 (Online-Version www.hans-huett.de)

AHRENS, Rupert; BEHRENT, Michael: Operative Ansätze zur kontrollierten Steuerung von Kommunikationsprozessen. In: BAERNS, Barbara (Hg.): PR-Erfolgskontrolle. Messen und Bewerten in der Öffentlichkeitsarbeit. Verfahren, Strategien, Beispiele. (Institut für Medienentwicklung und Kommunikation GmbH in der Verlagsgruppe Frankfurter Allgemeine Zeitung GmbH: Kommunikation heute und morgen Band 15) Frankfurt am Main 2. Aufl. 1997, S. 85-95

AKADEMIE DER BUNDESWEHR FÜR INFORMATION UND KOMMUNIKATION (Hg.): Handbuch: Der Jugendoffizier. Strausberg 1995

AVENARIUS, Horst: Public Relations. Die Grundform der gesellschaftlichen Kommunikation. Darmstadt 2000

BAERNS, Barbara (Hg.): PR-Erfolgskontrolle. Messen und Bewerten in der Öffentlichkeitsarbeit. Verfahren, Strategien, Beispiele. (Institut für Medienentwicklung und Kommunikation GmbH in der Verlagsgruppe Frankfurter Allgemeine Zeitung GmbH: Kommunikation heute und morgen Band 15) Frankfurt am Main 2. Aufl. 1997

BARTH, Annette et. al.: Studienband 5. Planung der Öffentlichkeitsarbeit. In: TREMEL, Holger; OHMANN, Marianne (Hg.): Studienband Öffentlichkeitsarbeit. Frankfurt am Main. 1999

BARTHENHEIER, Günter: Public Relations/Öffentlichkeitsarbeit heute – Funktionen, Tätigkeiten und berufliche Anforderungen. In: SCHULZE-FÜRSTENOW, Günther (Hg.): PR-Perspektiven. Beiträge zum Selbstverständnis gesellschaftsorientierter Öffentlichkeitsarbeit (PR). Neuwied 1988, S. 27-40

BENTELE, Günter; ROLKE, Lothar: Einführung. In: BENTELE, Günter; ROLKE. Lothar (Hg.): Konflikte, Krisen und Kommunikationschancen in der Mediengesellschaft. Casestudies aus der PR-Praxis. (Serie Öffentlichkeitsarbeit, Public Relations und Kommunikationsmanagement Band 7) Berlin 1999, S. 7-13

BERG, Hans-Joachim: Der Verteidigungsausschuss des Deutschen Bundestages. Kontrollorgan zwischen Macht und Ohnmacht. (Reihe „Bernhard & Graefe aktuell" Band 29) München 1982

BERGER, Hartwig: Untersuchungsmethode und soziale Wirklichkeit. Eine Kritik an Interview und Einstellungsmessung in der Sozialforschung. 3. Aufl. 1985

BETHGE, Horst: Bundeswehr raus aus der Schule. In: Zeitschrift der GEW Hamburg. (8-9) 1998, S. 8-10

BIEHL, Heiko: Zum sicherheitspolitischen Meinungsbild Jugendlicher. (Akademie der Bundeswehr für Information und Kommunikation: Datenreport 02/2005) Strausberg 2005

BONGARD, Joachim: Werbewirkungsforschung. Grundlagen – Probleme – Ansätze (Publizistik Band 7) Diss. Münster 2000

BÜTTNER, Christian: Jugendoffiziere im Einsatz. Zur Integrationsfähigkeit gesellschaftlicher Institutionen am Beispiel Bundeswehr. (Hessische Stiftung für Friedens- und Konfliktforschung - Forschungsbericht 1/1987) Frankfurt/Main 1987

BUNDESMINISTER DER VERTEIDIGUNG: Tätigkeit der Jugendoffiziere und Jugendunteroffiziere der Bundeswehr im Rahmen der Öffentlichkeitsarbeit in Verteidigungsfragen. Ministerialblatt Nr. 2.5, Bonn 1975, S. 517-520

BUNDESMINISTER DER VERTEIDIGUNG: Richtlinien für die Presse- und Öffentlichkeitsarbeit der Bundeswehr. Ministerialblatt Nr. 4, Bonn 1993, S. 54-58

BUNDESMINISTERIUM DER VERTEIDIGUNG. Informationsstab-Referat Öffentlichkeitsarbeit: Richtlinien für die Presse- und Öffentlichkeitsarbeit der Bundeswehr. Bonn 1992

BUNDESMINISTERIUM DER VERTEIDIGUNG - Presse- und Informationsstab – Referat Öffentlichkeitsarbeit – Der Jugendoffizier. Köln 2000

BUNDESMINISTERIUM DER VERTEIDIGUNG - Presse- und Informationsstab –Arbeitsbereich 2 Öffentlichkeitsarbeit – (Hg.): Jahresbericht der Jugendoffiziere der Bundeswehr 2001. Berlin 2002

BUNDESMINISTERIUM DER VERTEIDIGUNG - Presse- und Informationsstab – Arbeitsbereich 2 Öffentlichkeitsarbeit – (Hg.): Jahresbericht der Jugendoffiziere der Bundeswehr 2002. Berlin 2003

BUNDESMINISTERIUM DER VERTEIDIGUNG - Presse- und Informationsstab – Arbeitsbereich 2 Öffentlichkeitsarbeit (Hg.): Verteidigungspolitische Richtlinien für den Geschäftsbereich des Bundesministers der Verteidigung. Berlin 2003

BUNDESMINISTERIUM DER VERTEIDIGUNG - Presse- und Informationsstab – Arbeitsbereich 2 Öffentlichkeitsarbeit – (Hg.): Jahresbericht der Jugendoffiziere der Bundeswehr 2003. Berlin 2004

BUNDESMINISTERIUM DER VERTEIDIGUNG - Presse- und Informationsstab – Arbeitsbereich 2 Öffentlichkeitsarbeit – (Hg.): Jahresbericht der Jugendoffiziere der Bundeswehr 2004. Berlin 2005

BUNDESMINISTERIUM DER VERTEIDIGUNG - Presse- und Informationsstab –Arbeitsbereich 2 Öffentlichkeitsarbeit – (Hg.): Jahresbericht der Jugendoffiziere der Bundeswehr 2005. Berlin 2006

BUNDESMINISTERIUM DER VERTEIDIGUNG - Presse- und Informationsstab – Arbeitsbereich 2 Öffentlichkeitsarbeit – (Hg.): Die Jugendoffiziere der Bundeswehr. Ihre Referenten für Sicherheitspolitik. Berlin 2009

BUNDESMINISTERIUM DER VERTEIDIGUNG – Staatssekretär: Rahmenrichtlinie für die Informationsarbeit der Bundeswehr. Bonn 1997

BURGEMEISTER, Jochen: 40 Jahre Jugendoffiziere der Bundeswehr. In: Informationen für die Truppe (1998a) 4, S. 4-13

BURGEMEISTER, Jochen: Kritischer Dialog kommt an. Jugendoffiziere ziehen Bilanz. In: Informationen für die Truppe (1998b) 7, S. 4-11

BURKART, Roland: Erfolg und Erfolgskontrolle in der Öffentlichkeitsarbeit: eine Antwort auf kommunikationstheoretischen Grundlagen. In: BAERNS, Barbara (Hg.): PR-Erfolgskontrolle, Messen und Bewerten in der Öffentlichkeitsarbeit. Verfahren, Strategien, Beispiele. (Institut für Medienentwicklung und Kommunikation GmbH in der Verlagsgruppe Frankfurter Allgemeine Zeitung GmbH: Kommunikation heute und morgen Band 15) Frankfurt am Main 2. Aufl. 1997, S. 71-84

D`ALQUEN, Wolf-Dietrich: Reisende in Sachen Sicherheitspolitik. 30 Jahre Jugendoffiziere in der Bundeswehr. In: STREITKRÄFTEAMT (Hg.): 30 Jahre Jugendoffiziere in der Bundeswehr. Eine Standortbestimmung der Öffentlichkeitsarbeit in Verteidigungsfragen. Meckenheim 1988, S. 3-13

DANNEL, Carsten: Strammstehen am Schulausgang – Über die Arbeit der Jugendoffiziere. In: Illoyal – Journal für Antimilitarismus. (3) 1998, S. 1-3

DAWES, Robyn M.: Grundlagen der Einstellungsmessung. Übersetzt und bearbeitet von Bernd Six und H.J. Henning. Basel, Weinheim 1977

DETJEN, Stephan: Werbung oder Öffentlichkeitsarbeit? In: Berliner Zeitung vom 04.02.1999, S.4

DEUTSCHE FRIEDENSGESELLSCHAFT – VEREINIGTE KRIEGSDIENSTGEGNER (Hg.): Schlachtfeld Schule. Jugendoffiziere-Militarisierung. Velbert (ca.) 1984

DEUTSCHE SHELL (Hg.): Jugend 2002. Zwischen pragmatischem Idealismus und robustem Materialismus. Frankfurt/Main 2002

DER SPIEGEL: Jugendoffiziere-Klinken putzen. 11/1971: 73

DONSBACH, Wolfgang / STEVENSON, Robert L. (1986): Herausforderungen, Probleme und empirische Evidenzen der Theorie der Schweigespirale. In: Publizistik 31 (1986) S. 7-34.

ECKL, Stefan: Das politische Vertrauen in das Parlament am Beispiel des Deutschen Bundestages. Stuttgart 2000

FEMERS, Susanne; KLEWES, Joachim: Medienresonanzanalysen als Evaluationsinstrument der Öffentlichkeitsarbeit. In: BAERNS, Barbara (Hg.): PR-Erfolgskontrolle. Messen und Bewerten in der Öffentlichkeitsarbeit. Verfahren, Strategien, Beispiele. (Institut für Medienentwicklung und Kommunikation GmbH in der Verlagsgruppe Frankfurter Allgemeine Zeitung GmbH: Kommunikation heute und morgen Band 15) Frankfurt am Main 2. Aufl. 1997, S. 115-134

FRIEDRICH-EBERT-STIFTUNG (Hg.): Wehrpropaganda und Wehrerziehung in der DDR. (Die DDR – Realitäten - Argumente) Bonn 1978

FROEHLICH, PIA MARIA: Das Problem der Politikvermittlung in der Demokratie. Die Öffentlichkeitsarbeit der Bundesregierung bei der Einführung des Euro. (Spektrum Politik Wissenschaft Band 19) Würzburg 2001

FUCHS, Reimar; KLEINDIEK: Öffentlichkeitsarbeit heute. Bochum 1984

FUHRBERG, Reinhold: Teuer oder billig, Kopf oder Bauch – Versuch einer systematischen Darstellung von Evaluationsverfahren. In: BAERNS, Barbara (Hg.): PR-Erfolgskontrolle. Messen und Bewerten in der Öffentlichkeitsarbeit. Verfahren, Strategien, Beispiele. (Institut für Medienentwicklung und Kommunikation GmbH in der Verlagsgruppe Frankfurter Allgemeine Zeitung GmbH: Kommunikation heute und morgen Band 15) Frankfurt am Main 2. Aufl. 1997, S. 47-69

GAMBETTA, Diego: Können wir dem Vertrauen vertrauen? In: HARTMANN, Martin; OFFE, Claus (Hg.): Vertrauen. Die Grundlage des sozialen Zusammenhalts. (Theorie und Gesellschaft. Band 50) Frankfurt/Main, New York 2001, S. 204-240

GIDDENS, Anthony: Konsequenzen der Moderne. Frankfurt/Main 1999

GÖHRING, Andreas: Die Ausbildung zum Jugendoffizier. Ein Beitrag zur Curriculumsforschung. Diss. Hamburg 1987

GOTTBERG, Hans von: Männer, Waffen, Strategien. Das große Buch der Soldaten. Reutlingen 1981

HABERMAS Jürgen: Strukturwandel in der Öffentlichkeit. Untersuchungen zu einer Kategorie der bürgerlichen Gesellschaft. Unveränderter Nachdruck der zuerst 1962 im Hermann Luchterhand Verlag, Neuwied, erschienenen Ausgabe, ergänzt um ein Vorwort zur Neuauflage- 1990. Frankfurt/Main 1990

HAFTENDORN, Helga: Abrüstungs- und Entspannungspolitik zwischen Sicherheitsbefriedigung und Friedenssicherung. Zur Außenpolitik der BRD 1955-1973. (Krieg und Frieden. Beiträge zu Grundproblemen der internationalen Politik) Gütersloh 1974

HARTMANN, Martin: Einleitung. In: HARTMANN, Martin; OFFE, Claus (Hg.): Vertrauen. Die Grundlage des sozialen Zusammenhalts. (Theorie und Gesellschaft. Band 50) Frankfurt/Main, New York 2001, S. 7-36

HENRICH, Wolfgang; LINN, Gottfried (Hg.): Die sozialistische Wehrerziehung in der DDR. Dokumentation und Analyse. Bonn 1984

HERINGER, Hans Jürgen: Über die Mannigfaltigkeit der Lügenbeine (Duden-Beiträge zu Fragen der Rechtschreibung, der Grammatik und des Stils. Heft 50) Mannheim 1990

HESSISCHE STIFTUNG FRIEDENS- UND KONFLIKT-FORSCHUNG (Hg.): Jugendoffiziere im Einsatz. Zur Integrationsfähigkeit gesellschaftlicher Institutionen am Beispiel Bundeswehr. (HSFK-Forschungsbericht 1/1987) Frankfurt/Main 1987a

HESSISCHE STIFTUNG FRIEDENS- UND KONFLIKTFORSCHUNG (Hg.): Jugendoffiziere im Konflikt mit der Friedensbewegung. (HSFK-Report 3/1987) Frankfurt/Main 1987b

HUNDHAUSEN, Carl: Werbung um öffentliches Vertrauen. Public Relations. 1. Band: Grundlegung. Essen 1951

JÄCKEL, Hartmut: Über das Vertrauen in die Politik. Nicht an Personen, sondern an Institutionen entscheidet sich das Wohl der Bürger. In: HAUNGS, Peter (Hg.): Politik ohne Vertrauen? (Veröffentlichungen der Deutschen Gesellschaft für Politikwissenschaft (DGfP) Band 8) Baden-Baden 1990, S. 31-42

JUNG, Hugo: Unternehmensexterne Öffentlichkeitsarbeit. In: HAEDRICH, Günther et al. (Hg.): Öffentlichkeitsarbeit. Dialog zwischen Institutionen und Gesellschaft. Ein Handbuch. Berlin, New York 1982, S. 105-130

JUNGDEMOKRATINNEN, JUNGE LINKE; Junge Linke (Hg.): Zeitung gegen Totschlagargumente – Für die Entmilitarisierung der Schule. Sonderausgabe des Blattes Radikaldemokratische Zeitung der JungdemokratInnen / Junge Linke Berlin & Brandenburg. Berlin 2002

KEMPE, Frederick: Father/Land. A personal Search for the New Germany. Bloomington (USA) 2002

KERBST, Renate: Bundeswehr und Schule. In: KERBST, Renate; WITT, Gregor (Hg.): Bundeswehr und Schule. Militarisierung - Jugendoffiziere – Friedenserziehung. Köln 1984, S. 48-71

KERBST, Renate: Schlachtfeld Schule. Jugendoffiziere - Militarisierung. (Deutsche Friedensgesellschaft- Vereinigte Kriegsgegner DFG-VK) Velbert ca. 1985

KIESCHOWEIT, Jürgen: Die Informationsarbeit der Bundeswehr – Analyse und Entwicklungsmöglichkeiten – Eine kritische Analyse der Informationsarbeit und Empfehlungen zur Entwicklung eines neuen Kommunikationssystems der Bundeswehr auf der Basis von Kernelementen eines idealtypischen Modells moderner Unternehmenskommunikation. Diss. Erlangen 1996

KUNCZIK, Michael: Geschichte der Öffentlichkeitsarbeit in Deutschland (Public Relations - Band 4) Köln, Weimar, Wien 1997

LANGE, Mirko: Das Communications Value System der GPRA. In: PFANNENBERG, Jörg; ZERFAß, Ansgar (Hg.): Wertschöpfung durch Kommunikation. Wie Unternehmen den Erfolg ihrer Kommunikation steuern und bilanzieren. (FAZ-Institut für Management-, Markt- und Medienkommunikation) Frankfurt am Main 2005, S. 199-211

LAUX, Lothar; SCHÜTZ, Astrid: „Wir, die wir gut sind". Die Selbstdarstellung von Politikern zwischen Glorifizierung und Glaubwürdigkeit. München 1996

LEBER, Georg: Vierzig Jahre deutsche Bundeswehr. In: DEUTSCHER BUNDESTAG –Referat Öffentlichkeitsarbeit (Hg.): 40 Jahre Bundeswehr. Bonn 1995, S. 11-25

LUHMANN, Niklas: Vertrauen: Ein Mechanismus der Reduktion sozialer Komplexität. Stuttgart (1) 1968

LUHMANN, Niklas: Vertrauen. Ein Mechanismus der Reduktion sozialer Komplexität. Stuttgart (2) 1973

LUHMANN, Niklas: Soziologische Aufklärung. (Weltzeit und Systemgeschichte Band 2) Opladen 1975

LUHMANN, Niklas: Soziale Systeme. Grundriss einer allgemeinen Theorie. Frankfurt am Main 1984

LUHMANN, Niklas: Die Beobachtung der Beobachter im politischen System. Zur Theorie der öffentlichen Meinung. In: WILKE, Jürgen (Hg.): Öffentliche Meinung. Theorie, Methoden, Befunde. Beiträge zu Ehren von Elisabeth Noelle-Neumann. (Albert Broschur Kommunikation Band 19) Freiburg, München 1992, S. 77-86

LUHMANN, Niklas: Die Realität der Massenmedien. Opladen 1995

MARGEDANT, Udo: Politische Bildung im vereinten Deutschland. In: MICKEL, Wolfgang W. (Hg.): Handbuch zur politischen Bildung. (Bundeszentrale für politische Bildung. Band 358) Bonn 1999, S. 22-25

MAST, Claudia; HUCK, Simone; GÜLLER, Karoline: Kundenkommunikation: Ein Leitfaden. Stuttgart 2005

MATHES, Rainer: Integriertes Reputation Tracking. In: PFANNENBERG, Jörg; ZERFAß, Ansgar (Hg.): Wertschöpfung durch Kommunikation. Wie Unternehmen den Erfolg ihrer Kommunikation steuern und bilanzieren. (FAZ-Institut für Management-, Markt- und Medienkommunikation) Frankfurt am Main 2005, S. 76-84

MERTEN, Klaus; SCHMIDT, Siegfried J.: (Hg.): Die Wirklichkeit der Medien, Eine Einführung in die Kommunikationswissenschaft. Bonn 1994.

MERTEN, Klaus: Strategie, Management und strategisches Kommunikationsmanagement. In: ROETTGER, Ulrike; GEHRAU, Volker; PREUSSE, Joachim (Hg.): Strategische Kommunikation. Umrisse und Perspektiven eines Forschungsfeldes. Wiesbaden 2013, S. 103-126

MEYER, Berthold: Konzeption der Erziehung zur Wehrbereitschaft und die Aufgaben der Friedenserziehung. In: INSTITUT FÜR POLITIKWISSENSCHAFT AN DER UNIVERSITÄT TÜBINGEN ARBEITSGRUPPE FRIEDENSFORSCHUNG (Hg.): Funktion von Unterrichtsmodellen für die Friedenserziehung. Tübingen 1973, S. 173-212

MINISTERIUM FÜR BILDUNG, WISSENSCHAFT, FORSCHUNG UND KULTUR DES LANDES SCHLESWIG-HOLSTEIN (Hg.): Nachrichtenblatt vom 13.02.2001. Kiel 2001, S. 104

NOELLE-NEUMANN, Elisabeth: Öffentliche Meinung. Die Entdeckung der Schweigespirale. Frankfurt/M., Berlin 1989

OECKL, Albert: PR-Praxis. Der Schlüssel zur Öffentlichkeitsarbeit. Düsseldorf 1976

OECKL, Albert: Glaubwürdigkeit contra Angst - Kursbestimmung in der Öffentlichkeitsarbeit. In: SCHULZE-FÜRSTENOW, Günther (Hg.): PR-Perspektiven. Beiträge zum Selbstverständnis gesellschaftsorientierter Öffentlichkeitsarbeit (PR).Neuwied 1988, S. 13- 26

OFFE, Claus: Offene Fragen und Anwendungen in der Forschung. In: HARTMANN, Martin; OFFE, Claus (Hg.): Vertrauen. Die Grundlage des sozialen Zusammenhalts. (Theorie und Gesellschaft. Band 50) Frankfurt/Main, New York 2001, S. 364-369

OSEL, Johann: Bundeswehr wird in Schulen aktiv. Alleinunterhalter in Schulen. In: http://sueddeutsche.de/karriere/2.200/bundeswehr-draengt-in-schulen-alleinunterhalter-in-uniform

OSWALD, Margit E.: Vertrauen – eine Analyse aus psychologischer Sicht. In: HOF, Hagen et al. (Hg): Recht und Verhalten. Verhaltensgrundlagen des Rechts- zum Beispiel Vertrauen (Interdisziplinäre Studien zu Recht und Staat. Band 1) Baden-Baden 1994, S. 111-128

PÄDAGOGISCHES ZENTRUM RHEINLAND-PFALZ (Hg.): Lehrer und Jugendoffiziere. Die Einbindung des Jugendoffiziers in den Unterricht zum Thema: „Bundeswehr und Friedenssicherung".(Kleine Schriften Band 131, 02/1986) Bad Kreuznach 1986

PRESSE- UND INFORMATIONSAMT DER BUNDESREGIERUNG (Hg.): Das Urteil des Bundesverfassungsgerichts vom 2. März 1977 zur Öffentlichkeitsarbeit von Staatsorganen in Bund und Ländern. Dokumentation des Verfahrens und Materialien. Karlsruhe 1977

REEB, Hans-Joachim: Gefragte Meinung. Demoskopie als Thema und Methode in der politischen Bildung.(Politik unterrichten) Schwalbach/Taunus 2009

REEB, Hans-Joachim: Sicherheitskultur als kommunikative und pädagogische Herausforderung. Der Umgang in Politik, Medien und Gesellschaft. Berlin 2011

REINECKE, Wolfgang; EISELE, Hans: Taschenbuch der Öffentlichkeitsarbeit. Public Relations in der Gesamtkommunikation. 2. Aufl. Heidelberg 1994

ROETTGER, Ulrike; GEHRAU, Volker; PREUSSE, Joachim (Hg.): Strategische Kommunikation. Umrisse und Perspektiven eines Forschungsfeldes. Wiesbaden 2013

ROGGE, Dieter: Die Aufgabe des hauptamtlichen Jugendoffiziers als Beispiel für die Öffentlichkeitsarbeit der Bundeswehr. Diss. München 1979

ROLKE, Lothar: Kennziffern für erfolgreiche Medienarbeit – Zum Messen und Bewerten von PR-Wirkungen. In: BAERNS, Barbara (Hg.): PR-Erfolgskontrolle. Messen und Bewerten in der Öffentlichkeitsarbeit. Verfahren, Strategien, Beispiele. (Institut für Medienentwicklung und Kommunikation GmbH in der Verlagsgruppe Frankfurter Allgemeine Zeitung GmbH: Kommunikation heute und morgen Band 15) Frankfurt am Main 2. Aufl. 1997, S. 173-197

ROLKE, Lothar: Kennziffernsystem für die wertorientierte Unternehmenskommunikation: Das CommunicationControlCockpit (CCC). In: PFANNENBERG, Jörg; ZERFAß, Ansgar (Hg.): Wertschöpfung durch Kommunikation. Wie Unternehmen den Erfolg ihrer Kommunikation steuern und bilanzieren. (FAZ-Institut für Management-, Markt- und Medienkommunikation) Frankfurt am Main 2005, S. 123-131

RONNEBERGER, Franz; RÜHL, Manfred: Theorie der Public Relations. Ein Entwurf. Opladen 1992

RÜCKERT, Horst-Dieter: 40 Jahre Dialog mit der Jugend – eine Geschichte der Jugendoffiziere. (Der Mittler-Brief. Informationsdienst zur Sicherheitspolitik) 13 (1998) 2

RUDOLF, Karsten: Politische Bildung: (k)ein Thema für die Bevölkerung? Was wollen die Bürger? Ergebnisse und Schlussfolgerungen einer repräsentativen Bevölkerungsbefragung. In: Aus Politik und Zeitgeschichte. Beilage zur Wochenzeitung Das Parlament. B 45/2002, S. 45-53

RÜHE, Volker: Rede beim Festakt „40 Jahre Jugendoffizier“ am 04.Mai 1998 in Strausberg. Berlin 1998

SARCINELLI, Ulrich: Politische Kommunikation in Deutschland. Zur Politikvermittlung im demokratischen System. Wiesbaden 3. überarb. und erw. Aufl. 2011

SCHARPING, Rudolf: Rede anlässlich des Neujahrsempfangs des Standortkommandanten in Berlin am 18. Januar 2000, Berlin 2000

SCHMIDT, Friedrich: Der Jugendoffizier der Bundeswehr. In: Deutsche Jugend. Sonderdruck Maiheft 1964. München 1964, S. 219-223

SCHÖNHERR-MANN, Hans-Martin: Wieviel Vertrauen verdienen Politiker? In: Aus Politik und Zeitgeschichte. Wochenbeilage zur Wochenzeitung Das Parlament. 12.04.2002, S. 3-5

SCHULZE-FÜRSTENOW, Günther: Plädoyer für eine neue PR-Qualität. In: SCHULZE-FÜRSTENOW, Günther (Hg.): PR-Perspektiven. Beiträge zum Selbstverständnis gesellschaftsorientierter Öffentlichkeitsarbeit (PR). Neuwied 1988, S. 7-12

SCHNEEKLOTH, Ulrich: Demokratie, ja – Politik, nein? Einstellungen Jugendlicher zur Politik. In: DEUTSCHE SHELL (Hg.): Jugend 2002. Zwischen pragmatischem Idealismus und robustem Materialismus. Frankfurt/Main 2002, S. 91-137

SCHWAN, Gesine: Politik ohne Vertrauen? Ideengeschichtliche Überlegungen zum Verhältnis von Politik und Vertrauen. In: HAUNGS, Peter (Hg.): Politik ohne Vertrauen? (Veröffentlichungen der Deutschen Gesellschaft für Politikwissenschaft (DGfP) Band 8) Baden-Baden 1990, S. 9-30

SCHWAMBORN, Winfried: Handbuch für Kriegsdienstverweigerer. (Kleine Bibliothek Politik-Wissenschaft-Zukunft Band 18). 10. überarb. Auflage Köln 1996

SEVERIN, Andreas: Geleitwort II. In: PFANNENBERG, Jörg; ZERFAß, Ansgar (Hg.): Wertschöpfung durch Kommunikation. Wie Unternehmen den Erfolg ihrer Kommunikation steuern und bilanzieren. (FAZ-Institut für Management-, Markt- und Medienkommunikation) Frankfurt am Main 2005, S. 9-11

SIGNITZER, Benno: Public-Relations-Evaluation. In: PFLAUM, Dieter; PIEPER, Dieter (Hg.): Lexikon der Public Relations. Landsberg/Lech 1989, S. 338-340

STREITKRÄFTEAMT (Hg.): 40 Jahre Jugendoffiziere der Bundeswehr. St. Augustin 1998

TEERLING, Dietrich: Der Dialog zwischen den Jugendverbänden und der Bundeswehr. In: Deutsche Jugend. Sonderdruck Maiheft 1964. München 1964, S. 224-228

TÖPPICH, Jürgen: Evaluationskriterien eines öffentlichen Auftraggebers bei der Beurteilung von Informations- und Aufklärungskampagnen. In: BAERNS, Barbara (Hg.): PR-Erfolgskontrolle. Messen und Bewerten in der Öffentlichkeitsarbeit. Verfahren, Strategien, Beispiele. (Institut für Medienentwicklung und Kommunikation GmbH in der Verlagsgruppe Frankfurter Allgemeine Zeitung GmbH: Kommunikation heute und morgen Band 15) Frankfurt am Main 2. Aufl. 1997, S. 97-110

TREMEL, Holger; OHMANN, Marianne (Hg.): Studiengang Öffentlichkeitsarbeit. Gemeinschaftswerk der Evangelischen Publizistik e.V. Frankfurt am Main 1999

VEDUNG, Evert: Evaluation im öffentlichen Sektor. (Studien zu Politik und Verwaltung. Band 64) Wien, Köln, Graz 1999

VOLMERG, Ute: Jugendoffiziere im Konflikt mit der Friedensbewegung (Hessische Stiftung Friedens- und Konfliktforschung - Report 3/1987) Frankfurt am Main 1987

WESTERBARKEY, Joachim: Öffentlichkeitskonzepte und ihre Bedeutung für strategische Kommunikation. In: ROETTGER, Ulrike; GEHRAU, Volker; PREUSSE, Joachim (Hg.): Strategische Kommunikation. Umrisse und Perspektiven eines Forschungsfeldes. Wiesbaden 2013, S. 21-36

WICKENBURG, Andreas: Mittler zwischen Gesellschaft und Bundeswehr. 40 Jahre Öffentlichkeitsarbeit in Uniform – aus Sicht eines ehemaligen Jugendoffiziers. In: STREITKRÄFTEAMT (Hg.): 40 Jahre Jugendoffiziere der Bundeswehr. St. Augustin 1998, S. 14-23

WITT, Gregor: Jugendoffiziere im Unterricht. In: KERBST, Renate; WITT, Gregor (Hg.): Bundeswehr und Schule. Militarisierung - Jugendoffiziere – Friedenserziehung. Köln 1984a, S. 94-121

WITT, Gregor: Öffentlichkeitsarbeit der Bundeswehr durch die Jugendoffiziere. In: KERBST, Renate; WITT, Gregor (Hg.): Bundeswehr und Schule. Militarisierung –Jugendoffiziere – Friedenserziehung. Köln 1984b, S. 16-47

WOTTAWA, Heinrich; THIERAU, Heike: Lehrbuch Evaluation. Bern, Stuttgart, Toronto 1990

ZERFAß, Ansgar; PFANNENBERG, Jörg: Kommunikations-Controlling: Neue Herausforderungen für das Management. In: PFANNENBERG, Jörg; ZERFAß, Ansgar (Hg.): Wertschöpfung durch Kommunikation. Wie Unternehmen den Erfolg ihrer Kommunikation steuern und bilanzieren. (FAZ-Institut für Management-, Markt- und Medienkommunikation) Frankfurt am Main 2005, S. 14-26

Grunddaten der TNS EMNID-Befragung (N=2000)

A Geschlecht (N=2000)

Geschlecht	Anzahl	Prozent
Männlich	1028	51,4
Weiblich	972	48,6
Gesamt	**2000**	**100**

B Alter (N=2000)

Alter	Anzahl	Prozent
16 Jahre	431	21.6
17 Jahre	420	21,0
18 Jahre	411	20,6
19 Jahre	367	18,4
20 Jahre	341	17,1
keine Angabe	30	1,5
Gesamt	**2000**	**100**

C Sind Sie gegenwärtig Schülerin/Schüler bis Klasse 10 oder in der Oberstufe oder was machen Sie zur Zeit (N = 2000)?

Schultyp/Tätigkeit	Anzahl	Prozent
bis Kl.10, Hauptschule	33	1,7
bis Kl.10, Gesamtschule	17	,8
bis Kl.10, Realschule	97	4,8
bis Kl.10, Gymnasium	110	5,5
bis Kl.10, sonst. allg.bild. Schule	21	1,1
Oberstufe, Gymnasium	522	26,1
Oberstufe, Gesamtschule	38	1,9
Oberstufe, sonstige Schule	164	8,2
Berufsschule, Azubi	430	21,5

Schultyp/Tätigkeit	Anzahl	Prozent
Berufsschule, Berufsfachschule	89	4,5
Berufsschule, sonstiges	37	1,9
Student, Fachhochschule	36	1,8
Student, Hochschule, Univ, Fernuniversität, etc.	106	5,3
Nicht-Schüler, berufstätig	91	4,6
Nicht-Schüler, arbeitslos, Umschulung, Hausfrau	102	5,1
Nicht-Schüler, Grundwehrdienst	7	0,3
Nicht-Schüler, Zivildienst	40	2,0
Nicht-Schüler, sonstiges	60	3,0
Gesamt	**2000**	**100**

Was ist Ihr höchster allgemeiner Schulabschluss?
Befragt wurden Nichtschüler und Nichtstudenten, dabei zählen Berufsschüler ebenfalls als Nichtschüler [siehe Frage C] (N=856).

Schulabschluss	Anzahl	Prozent
kein allgemeiner Schulabschluss	12	1,4
Hauptschulabschluss	179	20,9
Abschluss der allgemeinen polytechnischen Oberstufe	2	0,2
Realschule, also mittlere Reife oder gleichwertig	467	54,6
Fachhochschulreife	73	8,5
Allgemeine Hochschulreife, also Abitur	122	14,3
Keine Angabe	1	0,1
Gesamt	**856**	**100**

D Sagen Sie mir bitte, ob und wie Sie gemustert wurden?

Befragt werden nur männliche Probanden, die keine aktiven Wehrpflichtigen oder aktiven Zivildienstleistenden [siehe C] sind (N=981).

Status	**Anzahl**	**Prozent**
noch nicht gemustert	738	75,2
wehrdiensttauglich gemustert	158	16,1
wehrdienstuntauglich gemustert	81	8,3
keine Angabe	4	0,4
Gesamt	**981**	**100**

E Sagen Sie mir bitte, ob Sie beabsichtigen, Wehr- oder Zivildienst zu leisten oder ob Sie bereits einen dieser Dienste geleistet haben.

Befragt werden männliche Probanden, die bei Frage D antworteten, dass sie *noch nicht gemustert* oder *wehrdiensttauglich gemustert* wurden [siehe Frage D] (N = 896).

Absicht	**Anzahl**	**Prozent**
ich beabsichtige, Wehrdienst zu leisten	376	42,0
ich habe bereits Wehrdienst geleistet	8	0,9
ich beabsichtige, Zivildienst zu leisten	297	33,1
ich habe bereits Zivildienst geleistet	23	2,6
weiß nicht, noch nicht entschieden	167	18,6
Keine Antwort	25	2,8
Gesamt	**896**	**100**

F Sagen Sie mir bitte, ob Sie die Absicht haben, sich als Zeit- oder Berufssoldat bei der Bundeswehr zu verpflichten

Befragt werden nur männliche Probanden; die bei Frage E antworteten, dass sie die Absicht haben, Wehrdienst zu leisten, diesen bereits geleistet haben oder diesen gerade [siehe Antwort der Frage C] leisten (N = 391).

Absicht	**Anzahl**	**Prozent**
Ja, ich möchte mich als Zeit- oder Berufssoldat verpflichten	146	37,3
nein ich möchte mich nicht länger verpflichten	196	50,1
noch nicht entschieden	47	12,0
ich bin bereits Zeit- oder Berufssoldat	1	0,3
Keine Angabe	1	0,3
Gesamt	**391**	**100**

Frage 1:

Wie sind Sie an der Sicherheits- und Verteidigungspolitik interessiert (N=2000)?

Antworten: sehr stark, stark, weniger stark, überhaupt nicht

Interesse	**Anzahl**	**Prozent**
sehr stark	124	6,2
Stark	598	29,9
weniger stark	1055	52,8
überhaupt nicht	212	10,6
Keine Antwort	10	0,5
Gesamt	**2000**	**100**

Frage 2:

Sicherheits- und Verteidigungspolitik umfasst verschiedene Aspekte und Bereiche. Bitte sagen Sie mir zu jedem der folgenden Gebiete, ob Sie sich für dieses sehr stark, stark, weniger stark oder überhaupt nicht interessieren (N=2000).

Gebiete	**Interesse**	**Anzahl**	**Prozent**
Bundeswehr allgemein	sehr stark interessiert	167	8,4
	stark interessiert	744	37,2
	weniger interessiert	872	43,6
	überhaupt nicht interessiert	213	10,7
	keine Antwort	4	0,2
	Gesamt	**2000**	**100**

Gebiete	**Interesse**	**Anzahl**	**Prozent**
Wehrpflicht und Zivildienst	sehr stark interessiert	196	9,8
	stark interessiert	748	37,4
	weniger interessiert	826	41,3
	überhaupt nicht interessiert	228	11,4
	keine Antwort	2	0,1
	Gesamt	**1998**	**100**
Auslandseinsätze	sehr stark interessiert	268	13,4
	stark interessiert	726	36,3
	weniger interessiert	762	38,1
	überhaupt nicht interessiert	242	12,1
	keine Antwort	2	0,1
	Gesamt	**2000**	**100**
Bundeswehr als Arbeitgeber	sehr stark interessiert	230	11,5
	stark interessiert	533	26,7
	weniger interessiert	825	41,3
	überhaupt nicht interessiert	411	20,6
	keine Antwort	1	0,1
	Gesamt	**2000**	**100**
Sicherheitspolitische Bedrohungen	sehr stark interessiert	280	14,0
	stark interessiert	882	44,1
	weniger interessiert	710	35,5
	überhaupt nicht interessiert	122	6,1
	keine Antwort	5	0,3
	Gesamt	**2000**	**100**

Gebiete	Interesse	Anzahl	Prozent
Militärische Technik Waffentechnik	sehr stark interessiert	231	11,6
	stark interessiert	401	20,1
	weniger interessiert	767	38,4
	überhaupt nicht interessiert	601	30,1
	keine Antwort	0	0
	Gesamt	**2000**	**100**
Aufgaben der Bundeswehr	sehr stark interessiert	137	6,9
	stark interessiert	765	38,3
	weniger interessiert	886	44,3
	überhaupt nicht interessiert	209	10,5
	keine Antwort	3	0,2
	Gesamt	**2000**	**100**
Sicherheitspolitische Organisationen	sehr stark interessiert	211	10,6
	stark interessiert	754	37,7
	weniger interessiert	813	40.7
	überhaupt nicht interessiert	220	11,0
	keine Antwort	2	0,1
	Gesamt	**2000**	**100**
Frauen in der Bundeswehr	sehr stark interessiert	149	7,5
	stark interessiert	562	28,1
	weniger interessiert	928	46,4
	überhaupt nicht interessiert	359	18,0
	keine Antwort	2	0,1
	Gesamt	**2000**	**100**

Frage 3:

Es wird viel von der größeren Verantwortung gesprochen, die dem vereinten Deutschland zugewachsen ist.

Ich lese Ihnen hierzu zwei Aussagen vor. Was meinen Sie? Wie sollte sich Deutschland in der Internationalen Politik am ehesten verhalten (N=2000)?

Aussagen:

- Eher eine aktive Politik verfolgen und der Bewältigung von Problemen, Krisen und konflikten mithelfen.
- Sich eher auf die Bewältigung der eigenen Probleme konzentrieren und sich aus Problemen, Krisen und Konflikten anderer möglichst heraushalten.

Aussagen	**Anzahl**	**Prozent**
Eher eine aktive Politik verfolgen und der Bewältigung von Problemen, Krisen und Konflikten mithelfen.	1135	56,8
Sich eher auf die Bewältigung der eigenen Probleme konzentrieren und sich aus Problemen, Krisen und Konflikten anderer möglichst heraushalten.	845	42,3
Keine Antwort	20	1,0
Gesamt	**2000**	**100**

Frage 4:

Ich nenne Ihnen nun einige Einrichtungen des öffentlichen Lebens und möchte gerne wissen, ob diese Einrichtungen Ihr Vertrauen genießen oder nicht. Sagen Sie mir bitte Ihre Meinung anhand einer Skala von 1 bis 10.
Eine 1 heißt, dass diese Einrichtung Ihr volles Vertrauen genießt. 10 heißt, dass diese Einrichtung bei Ihnen überhaupt kein Vertrauen genießt. Mit den Werten dazwischen können Sie Ihre Meinung abstufen (N = 2000).

Einrichtungen: Polizei, Bundesverfassungsgericht, Sonstige Gerichte, Bundeswehr, Universitäten, Bundesrat, Landesregierung, Schulwesen, Bundestag, Kirchen, Gewerkschaften, Presse, Fernsehen, Bundesregierung, Politische Parteien

Ein-rich-tun-gen	**Häu fig-keit**	**Vertrauen (Likert-Skala; 1=hohes, 10=kein Vertrauen)**											**Ge-samt**
		1	**2**	**3**	**4**	**5**	**6**	**7**	**8**	**9**	**10**	**k A**	
Polizei	An-zahl	226	424	456	237	232	121	103	95	42	63	1	**2000**
	Pro-zent	11,3	21,2	22,8	11,9	11, 6	6,1	5,2	4,8	2,1	3,2	0,1	**100**
BVerfG	An-zahl	258	373	389	282	317	110	86	96	32	47	11	**2000**
	Pro-zent	12,9	18,7	19,5	14,1	15, 9	5,5	4,3	4,8	1,6	2,4	0,6	**100**
Sonsti-ge Gerich-te	An-zahl	129	348	429	332	403	133	74	72	29	50	0	**2000**
	Pro-zent	6,4	17.4	21.5	16,6	20. 2	6,7	3,7	3,6	1,5	2,5	0	**100**

Ein-	**Häu**	**Vertrauen (Likert-Skala; 1=hohes, 10=kein Vertrauen)**	

		1	**2**	**3**	**4**	**5**	**6**	**7**	**8**	**9**	**10**	**k A**	
Bundeswehr	Anzahl	149	286	332	317	414	142	135	95	43	80	7	**2000**
	Prozent	7,5	14,3	16,6	15,9	20,7	7,1	6,8	4,8	2,2	4,0	0,4	**100**
Universitäten	Anzahl	202	442	461	330	163	81	57	85	24	39	14	**2000**
	Prozent	10,1	22,1	23,1	16,5	8,2	4,1	2,9	4,3	1,2	2,0	0,7	**100**
Bundesrat	Anzahl	48	134	269	367	528	222	184	120	42	69	16	**2000**
	Prozent	2,4	6,7	13,5	18,4	26,4	11,1	9,2	6,0	2,1	3,5	0,8	**100**
Landesregierung	Anzahl	62	151	271	324	511	239	172	135	49	79	7	**2000**
	Prozent	3,1	7,6	13,6	16,2	25,6	12,0	8,6	6,8	2,5	4,0	0,4	**100**
Schulwesen	Anzahl	142	270	401	347	305	148	145	134	42	65	3	**2000**
	Prozent	7,1	13,5	20,1	17,4	15,3	7,4	7,3	6,7	2,1	3,3	0,2	**100**
Bundestag	Anzahl	57	133	239	328	480	222	216	147	72	102	5	**2000**
	Prozent	2,9	6,7	12,0	16,4	24,0	11,1	10,8	7,4	3,6	5,1	0,3	**100**

Ein-	**Häu**	**Vertrauen (Likert-Skala; 1=hohes, 10=kein Vertrauen)**	

		1	2	3	4	5	6	7	8	9	10	k A	
Kirchen	Anzahl	124	166	237	203	271	144	169	193	112	373	5	**2000**
	Prozent	6,2	8,3	11,9	10,2	13,6	7,2	8,5	9,7	5,6	18,7	0,3	**100**
Gewerkschaften	Anzahl	62	165	293	361	504	211	144	101	49	83	28	**2000**
	Prozent	3,1	8,3	14,7	18,1	25,2	10,6	7,2	5,1	2,5	4,2	1,4	**100**
Bundesregierung	Anzahl	64	155	217	282	429	215	238	168	89	140	4	**2000**
	Prozent	3,2	7,8	10,9	14,1	21,5	10,8	11,9	8,4	4,5	7,0	0,2	**100**
Politische Parteien	Anzahl	35	75	168	237	432	273	432	292	207	112	3	**2000**
	Prozent	1,8	3,8	8,4	11,9	21,6	13,7	21,6	14,7	10,4	5,6	0,2	**100**

Frage 5:

Wie ist Ihre persönliche generelle Einstellung zur Bundeswehr (N=2000)?

Antworten: positiv, eher positiv, eher negativ, negativ

Generelle Einstellung	**Anzahl**	**Prozent**
Positiv	573	28,7
eher positiv	862	43,1
eher negativ	418	20,9

Negativ	139	7,0
keine Antwort	8	0,4
Gesamt	**2000**	**100**

Frage 6:

Bitte sagen Sie mir, ob die Bundeswehr auch zukünftig folgende Aufgaben wahrnehmen soll. S
Sagen Sie, ob Sie dafür oder dagegen sind (N=2000).

Aufgaben:

- Verteidigung innerhalb der Landesgrenzen der Bundesrepublik Deutschland
- Verteidigung des Gebietes der NATO-Mitgliedsländer
- Beteiligung an friedensichernden oder friedenerhaltenen Maßnahmen der Vereinten Nationen
- Beteiligung an internationalen Kampfeinsätzen der Vereinten Nationen zur Friedensschaffung
- Beteiligung an Schutzmaßnamen und dem Kampf gegen den internationalen Terrorismus außerhalb der Bundesrepublik

- Beteiligung an Schutzmaßnehmen und dem Kampf gegen den internationalen Terrorismus innerhalb der Bundesrepublik
- Beteiligung an Hilfsmaßnehmen bei Naturkatastrophen in Deutschland
- Beteiligung an Hilfsmaßnehmen bei Naturkatastrophen im Ausland

Antworten: Dafür, dagegen

Aufgaben der Bundeswehr	**Meinung**	**Anzahl**	**Prozent**
Verteidigung innerhalb der Landes-	dafür	1794	89,9

	dagegen	201	10,1
	keine Antwort	5	0,3
	Gesamt	**2000**	**100**
Verteidigung innerhalb der NATO	dafür	1597	79,9
	dagegen	394	19,7
	keine Antwort	9	0,5
	Gesamt	**2000**	**100**
Beteiligung an friedenssichernden und friedenserhaltenen Maßnahmen der UNO	dafür	1745	87,3
	dagegen	253	12,7
	keine Antwort	2	0,1
	Gesamt	**2000**	**100**
Beteiligung an Kampfeinsätzen der UNO zur Friedenssicherung	dafür	923	46,2
	dagegen	1061	53,1
	keine Antwort	15	0,8
	Gesamt	**2000**	**100**
Beteiligung an Schutzmaßnahmen gegen internationalen Terrorismus außerhalb der Bundesrepublik	dafür	1080	54,0
	dagegen	912	45,6
	keine Antwort	8	0,4
	Gesamt	**2000**	**100**
Beteiligung an Schutzmaßnahmen gegen internationalen Terrorismus innerhalb der Bundesrepublik	dafür	1779	89,0
	dagegen	218	10,9
	keine Antwort	3	0,2
	Gesamt	**2000**	**100**

Aufgaben der Bundeswehr	**Meinung**	**Anzahl**	**Prozent**

Beteiligung an Hilfseinsätzen bei Naturkatastrophen in der Bundesrepublik	dafür	1974	98,7
	dagegen	26	1,3
	keine Antwort	0	0
	Gesamt	**2000**	**100**
Beteiligung an Hilfseinsätzen bei Naturkatastrophen im Ausland	dafür	1769	88,5
	dagegen	227	11,4
	keine Antwort	4	0,2
	Gesamt	**2000**	**100**
Bewachung von Gebäuden und Objekten zum Schutz vor Terroranschlägen	dafür	1386	69,3
	dagegen	612	30,6
	keine Antwort	2	0,1
	Gesamt	**2000**	**100**

Frage 7:

In der Politik und der Öffentlichkeit wird zuweilen darüber diskutiert, ob die Bundeswehr auch Aufgaben im Innern, also innerhalb der Bundesrepublik Deutschland übernehmen sollte. Ich lese Ihnen nun einige der möglichen Aufgaben vor. Sagen Sie mir bitte jeweils, ob Sie dafür oder dagegen sind (N=2000).

Aufgaben:
- Bewachung von Gebäuden und Objekten (etwa Elektrizitätswerke oder wichtige Straßen) zum Schutz vor Terroranschlägen
- Überwachung des Luftraums gegen Anschläge mit Flugzgn.
- Überwachung der Küsten, von Häfen und Binnengewässern gegen Anschläge
- Übernahme von polizeilichen Überwachungs- und Kontrollaufgaben (etwa Hausdurchsuchungen und Personenkontrollen)
- Einsatz gegen gewalttätige Demonstranten

Antworten: dafür, dagegen

Einsatz der Bundeswehr im Innern	**Meinung**	**Anzahl**	**Prozent**
Bewachung von Gebäuden und Objekten zum Schutz vor Terroranschlägen	dafür	1386	69,3
	dagegen	612	30,6
	keine Antwort	2	0,1
	Gesamt	**2000**	**100**
Überwachung des Luftraums gegen Anschläge mit Flugzeugen	dafür	1740	87,0
	dagegen	256	12,8
	keine Antwort	3	0,2
	Gesamt	**2000**	**100**
Überwachung der Küste, von Häfen und Binnengewässern gegen Anschläge	dafür	1523	76,2
	dagegen	473	23,7
	keine Antwort	4	0,2
	Gesamt	**2000**	**100**
Übernahme von polizeilichen Überwachungs- und Kontrollaufgaben	dafür	453	22,7
	dagegen	1544	77,2
	keine Antwort	3	0,2
	Gesamt	**2000**	**100**

Einsatz der Bundeswehr im Innern	Meinung	Anzahl	Prozent
Einsatz gegen gewalttätige Demonstranten	dafür	1167	58,4
	dagegen	832	41,6
	keine Antwort	1	0,1
	Gesamt	**2000**	**100**

Frage 8:

Wie ist Ihre persönliche generelle Einstellung zu den Auslandseinsätzen der Bundeswehr (N=2000)?

Einsätze: - ISAF-Einsatz in Afghanistan

- SFOR-Einsatz in Bosnien-Herzegowina
- KFOR-Einsatz im Kosovo
- Marine-Einsatz im Rahmen von Enduring Freedom

Antworten: positiv, eher positiv, eher negativ, negativ

Auslandseinsätze	Einstellung	Anzahl	Prozent
ISAF	positiv	366	18,3
	eher positiv	691	34,6
	eher negativ	642	32,1
	negativ	271	13,6
	keine Angabe	30	1,5
	Gesamt	**2000**	**100**

Auslandseinsätze	Einstellung	Anzahl	Prozent

SFOR	positiv	401	20.1
	eher positiv	730	36,5
	eher negativ	586	29,3
	negativ	209	10,5
	keine Angabe	74	3,7
	Gesamt	**2000**	**100**
KFOR	positiv	351	17,6
	eher positiv	713	35,7
	eher negativ	612	30,6
	negativ	211	10,6
	keine Angabe	113	5,7
	Gesamt	**2000**	**100**
Enduring Freedom	positiv	464	23,2
	eher positiv	788	39,4
	eher negativ	428	21,4
	negativ	136	6,8
	keine Angabe	184	9,2
	Gesamt	**2000**	**100**

Frage 9:

Und wären Sie dafür oder dagegen, wenn die Bundeswehr sich an friedenssichernden Maßnahmen im Irak beteiligen würde (N=2000)?

Antworten: - Für Beteiligung an Friedenssicherung im Irak

- Gegen Beteiligung an Friedenssicherung im Irak

Irak-Einsatz	**Anzahl**	**Prozent**
Für deutsche Beteiligung	892	44,6
Gegen deutsche Beteiligung	1099	55,0
Keine Antwort	9	0,5
Gesamt	**2000**	**100**

Frage 10:

Ich nenne Ihnen jetzt einige Gelegenheiten, bei denen man die Bundeswehr im Alltag sieht, etwas von ihr hört oder über sie liest. Bitte sagen Sie mir, wie häufig Sie persönlich die Bundeswehr bei diesen Gelegenheiten wahrnehmen: täglich, fast täglich, etwa ein- bis dreimal in der Woche, etwa ein- bis dreimal im Monat, seltener als einmal im Monat (N=2000).

Die Gelegenheiten sind:

- Im Alltag, da wo ich wohne
- bei öffentlichen Veranstaltungen
- bei Gesprächen mit Freunden, Verwandten, Kollegen
- bei Sendungen im Fernsehen
- bei Sendungen im Radio
- bei Beiträgen im Internet
- bei Berichten in Zeitungen und Zeitschriften
- bei Veranstaltungen der Jugendoffiziere der Bundeswehr.

Antworten:
- Täglich, fast täglich
- Etwa ein- bis dreimal die Woche
- Etwa ein- bis dreimal im Monat
- seltener als einmal im Monat
- nie

Gelegenheiten	Häufigkeit	Anzahl	Prozent
im Alltag, da wo ich ohne	täglich, fast täglich	157	7,9
	etwa ein- bis dreimal wöchentlich	230	11,5
	etwa 1- bis dreimal monatlich	352	17,6
	seltener als einmal im Monat	468	23,4
	Nie	787	39,4
	keine Antwort	5	0,3
	Gesamt	**2000**	**100**
bei öffentlichen Veranstaltungen	täglich, fast täglich	41	2,1
	etwa ein- bis dreimal wöchentlich	88	4,4
	etwa 1 bis dreimal im Monat	336	16,8
	seltener als einmal im Monat	861	43,1
	Nie	670	33,5
	keine Antwort	4	0,2
	Gesamt	**2000**	**100**
bei Gesprächen mit Freunden, Verwandten, Kollegen	täglich, fast täglich	159	8,0
	etwa ein- bis dreimal wöchentlich	308	15,4
	etwa 1 bis dreimal monatlich	470	23,5
	seltener als einmal im Monat	454	22,7
	Nie	606	30,3
	keine Antwort	3	0,2
	Gesamt	**2000**	**100**

Gelegenheiten	Häufigkeit	Anzahl	Prozent
bei Sendungen im Fernsehen	täglich, fast täglich	284	14,2
	etwa ein bis dreimal wöchentlich	651	32,6
	etwa 1 bis dreimal monatlich	648	32,4
	seltener als einmal im Monat	297	14,9
	Nie	118	5,9
	keine Antwort	2	0,1
	Gesamt	**2000**	**100**
bei Sendungen im Radio	täglich, fast täglich	111	5,6
	etwa ein- bis dreimal wöchentlich	292	14,6
	etwa ein- bis dreimal monatlich	435	21,8
	seltener als einmal im Monat	520	26,0
	Nie	634	31,7
	keine Antwort	7	0,4
	Gesamt	**2000**	**100**
bei Beiträgen im Internet	täglich, fast täglich	145	7,3
	etwa 1- bis dreimal wöchentlich	285	14,3
	etwa 1 bis dreimal monatlich	396	19,8
	seltener als einmal im Monat	513	25,7
	Nie	653	32,7
	keine Antwort	8	0,4
	Gesamt	**2000**	**100**

	Häufigkeit	Anzahl	Prozent
bei Berichten in Zeitungen und Zeitschriften	täglich, fast täglich	294	14,7
	etwa 1- bis dreimal wöchentlich	510	25,5
	etwa 1 bis dreimal monatlich	642	32,1
	seltener als einmal im Monat	352	17,6
	Nie	197	9,9
	keine Antwort	4	0,2
	Gesamt	**2000**	**100**
bei Veranstaltungen der Jugendoffiziere	täglich, fast täglich	66	3,3
	etwa 1- bis dreimal wöchentlich	62	3,1
	etwa ein- bis dreimal monatlich	182	9,1
	seltener als einmal im Monat	410	21,0
	Nie	1248	62,4
	keine Antwort	32	1,6
	Gesamt	**2000**	**100**

Frage 11:

Und wie nehmen Sie die Bundeswehr bei diesen Gelegenheiten wahr? Ist dies sehr positiv – eher positiv – teils positiv / teils negativ – eher negativ – oder sehr negativ (N = Antworten aus Frage 10)?

Gelegenheiten	Wahrnehmung	Anzahl	Prozent
im Alltag, da wo ich wohne	Positiv	108	8,9
	eher positiv	509	42,2
	teils positiv/teils negativ	466	38,6
	eher negativ	101	8,4
	Negativ	13	1,1
	keine Antwort	11	0,9
	Gesamt	**1207**	**100**
bei öffentlichen Veranstaltungen	Positiv	125	9,4
	eher positiv	661	49,8
	teils positiv/teils negativ	427	32,2
	eher negativ	85	6,4
	Negativ	15	1,1
	keine Antwort	13	1,0
	Gesamt	**1326**	**100**

Gelegenheiten	Wahrnehmung	Anzahl	Prozent
bei Gesprächen mit Freunden, Verwandten, Kollegen	Positiv	151	10,8
	eher positiv	484	34,6
	teils positiv/teils negativ	481	34,4
	eher negativ	240	17,2
	Negativ	29	2,1
	keine Antwort	14	1,0
	Gesamt	**1399**	**100**
bei Sendungen im Fernsehen	Positiv	105	5,6
	eher positiv	831	44,2
	teils positiv/teils negativ	748	39,8
	eher negativ	177	9,4
	Negativ	9	0,5
	keine Antwort	12	0,6
	Gesamt	**1880**	**100**
bei Sendungen im Radio	Positiv	45	3,3
	eher positiv	507	37,3
	teils positiv/teils negativ	624	45,9
	eher negativ	148	10,9
	Negativ	9	0,7
	keine Antwort	26	2,0
	Gesamt	**1359**	**100**

Gelegenheiten	**Wahrnehmung**	**Anzahl**	**Prozent**
bei Beiträgen im Internet	Positiv	70	5,2
	eher positiv	500	37,3
	teils positiv/teils negativ	577	43,1
	eher negativ	152	11,4
	Negativ	13	1,0
	keine Antwort	27	2,0
	Gesamt	**1339**	**100**
bei Berichten in Zeitungen und Zeitschriften	Positiv	83	4,6
	eher positiv	700	38,9
	teils positiv/teils negativ	805	44,7
	eher negativ	186	10,3
	Negativ	16	0,9
	keine Antwort	9	0,5
	Gesamt	**1799**	**100**
bei Veranstaltungen der Jugendoffiziere	Positiv	91	12,6
	eher positiv	355	49,3
	teils positiv/teils negativ	204	28,3
	eher negativ	51	7,1
	Negativ	7	1,0
	keine Angabe	13	1,8
	Gesamt	**720**	**100**

Frage 12:

Über die Bundeswehr kann man sich ja in ganz verschiedener Weise informieren. Ich lese Ihnen einige Beispiele vor. Sagen Sie mir bitte, ob das für Sie persönlich zutrifft oder nicht zutrifft, ob Sie das schon einmal getan haben oder nicht (N=2000).

Die Möglichkeiten sind:

- Fernsehserien/Reportagen über den Alltag in der Bundeswehr ansehen
- Informationsmaterial der Bundeswehr ansehen (Broschüren, Poster, CD-Rom)
- Anzeigen der Bundeswehr in Zeitungen/Zeitschriften ansehen
- Besuch Kaserne/Schiff/Flugplatz
- Internetseiten der Bundeswehr ansehen
- Besuch einer Ausstellung der Bundeswehr
- Kontakt mit der Bundeswehr auf einer Messe
- Besuch von Jugendoffizieren der Bundeswehr in der Schule
- Teilnahme an Veranstaltung von Jugendoffizieren der Bundeswehr
- Teilnahme an einer POL&IS-Simulation

Antworten: Trifft zu / trifft für mich nicht zu

Kontaktart		**Anzahl**	**Prozent**
Fernsehserien/Reportagen über den Alltag in der Bundeswehr ansehen	Trifft zu	1532	76,6
	Trifft nicht zu	465	23,3
	Keine Angabe	3	0,2
	Gesamt	**2000**	**100**
Informationsmaterial der Bundeswehr ansehen (Broschüren, Poster, CD-Rom)	Trifft zu	1234	61,7
	Trifft nicht zu	763	38,2
	Keine Angabe	3	0,2
	Gesamt	**2000**	**100**
Anzeigen der Bundeswehr in Zeitungen/Zeitschriften ansehen	Trifft zu	1028	51,4
	Trifft nicht zu	970	48,5
	Keine Angabe	2	0,1
	Gesamt	**2000**	**100**

Kontaktart		Anzahl	Prozent
Besuch Kaserne/Schiff/Flugplatz	Trifft zu	846	42,3
	Trifft nicht zu	1153	57,7
	Keine Angabe	2	0,1
	Gesamt	**2000**	**100**
Internetseiten der Bundeswehr ansehen	Trifft zu	740	37,0
	Trifft nicht zu	1258	62,9
	Keine Angabe	2	0,1
	Gesamt	**2000**	**100**
Besuch einer Ausstellung der Bundeswehr	Trifft zu	686	34,3
	Trifft nicht zu	1309	65,5
	Keine Angabe	5	0,3
	Gesamt	**2000**	**100**
Kontakt mit der Bundeswehr auf einer Messe	Trifft zu	631	31,6
	Trifft nicht zu	1364	68,2
	Keine Angabe	5	0,3
	Gesamt	**2000**	**100**

Kontaktart		Anzahl	Prozent
Besuch von Jugendoffizieren der Bundeswehr in der Schule	Trifft zu	373	18,7
	Trifft nicht zu	1625	81,3
	Keine Angabe	2	0,1
	Gesamt	**2000**	**100**
Teilnahme an Veranstaltung von Jugendoffizieren der Bundeswehr	Trifft zu	218	10,9
	Trifft nicht zu	1780	89,0
	Keine Angabe	2	0,1
	Gesamt	**2000**	**100**
Teilnahme an einer POL&IS-Simulation	Trifft zu	83	4,2
	Trifft nicht zu	1889	94,5
	Keine Angabe	28	1,4
	Gesamt	**2000**	**100**

Frage 13:

Welche Eindrücke haben Sie von Ihrer Begegnung mit dem Jugendoffizier (N=519)?

Stimmen Sie den folgenden Aussagen zu oder stimmen Sie nicht zu?

Die Eindrücke waren:

- Mit dem Jugendoffizier konnte man sachlich und offen diskutieren.
- Man konnte über alle Fragen die Bundeswehr betreffend diskutieren.
- Der Jugendoffizier war ein interessanter Gesprächspartner.
- Der Jugendoffizier schilderte auch persönliche Erlebnisse aus der Bundes wehr.
- Die Bundeswehr wurde für mich anschaulich und erlebbar.
- Mich hat die Begegnung mit dem Jugendoffizier (z.B. die Person, die Atmosphäre, das Programm) positiv überrascht.
- Der Jugendoffizier wollte uns als Zeit- und Berufssoldaten gewinnen.
- Durch den Jugendoffizier habe ich nichts Neues erfahren.

Antworten: Stimme zu / stimme nicht zu

Eindruck	**Zustimmung/ Verwerfung**	**Anzahl**	**Prozent**
Mit dem Jugendoffizier konnte man sachlich und offen diskutieren	Stimme zu	419	80,7
	Stimme nicht zu	92	17,3
	Keine Antwort	8	1,5
	Gesamt	**519**	**100**
Man konnte über alle Fragen die Bundeswehr betreffend diskutieren	Stimme zu	404	77,8
	Stimme nicht zu	106	20,4
	Keine Antwort	9	1,7
	Gesamt	**519**	**100**

Eindruck	**Zustimmung/ Verwerfung**	**Anzahl**	**Prozent**
Der Jugendoffizier war ein interessanter Gesprächspartner.	Stimme zu	391	75,3
	Stimme nicht zu	119	22,9
	Keine Antwort	9	1,7
	Gesamt	519	100
Die Bundeswehr wurde für mich anschaulich und erlebbar.	Stimme zu	344	66,3
	Stimme nicht zu	169	32,6
	Keine Antwort	5	1,0
	Gesamt	519	100
Der Jugendoffizier schilderte auch persönliche Erlebnisse aus der Bundeswehr	Stimme zu	376	72,4
	Stimme nicht zu	135	26,0
	Keine Antwort	9	1,7
	Gesamt	519	100
Mich hat die Begegnung mit dem Jugendoffizier (z.B. die Person, die Atmosphäre, das Programm) positiv überrascht.	Stimme zu	326	62,8
	Stimme nicht zu	186	35,8
	Keine Antwort	7	1,3
	Gesamt	519	100
Der Jugendoffizier wollte uns als Zeit- und Berufssoldaten gewinnen.	Stimme zu	259	49,9
	Stimme nicht zu	255	49,1
	Keine Antwort	5	1,0
	Gesamt	519	100
Durch den Jugendoffizier habe ich nichts Neues erfahren.	Stimme zu	110	21,2
	Stimme nicht zu	404	77,8
	Keine Antwort	5	1,0
	Gesamt	519	100

Frage 14:

Inwiefern hat die Begegnung mit dem Jugendoffizier Ihr Interesse an der Sicherheitspolitik und an der Bundeswehr verändert? Treffen die folgenden Aussagen zu oder treffen sie nicht zu (N=519)?

Die Aussagen lauten:

- Ich habe mich im Bekanntenkreis über die Bundeswehr unterhalten.
- Ich habe mir weiteres Informationsmaterial über die Bundeswehr angeschaut.
- Ich interessiere mich für eine berufliche Laufbahn in der Bundeswehr bzw. habe mich zeitweilig dafür interessiert.
- Ich verfolge seitdem gezielter Beiträge über die Außen- und Sicherheitspolitik in den Medien.
- Ich verfolge seitdem gezielter Beiträge über die Bundeswehr in den Medien.
- Ich habe noch einmal den persönlichen Kontakt zur Bundeswehr gesucht.

Antworten: Ja, trifft zu / Nein, trifft nicht zu

Aussage/ Eindruck	**Zustimmung/ Verwerfung**	**Anzahl**	**Prozent**
Ich habe mich im Bekanntenkreis über die Bundeswehr unterhalten.	Ja, trifft zu	406	78.2
	Nein, trifft nicht zu	111	21,4
	Keine Antwort	2	0,4
	Gesamt	**519**	**100**

Aussage/ Eindruck	Zustimmung/ Verwerfung	Anzahl	Prozent
Ich habe mir weiteres Informationsmaterial über die Bundeswehr angeschaut.	Ja, trifft zu	266	51,3
	Nein, trifft nicht zu	251	48,4
	Keine Antwort	2	0,4
	Gesamt	**519**	**100**
Ich interessiere mich für eine berufliche Laufbahn in der Bundeswehr bzw. habe mich zeitweilig dafür interessiert.	Ja, trifft zu	255	49,1
	Nein, trifft nicht zu	262	50,5
	Keine Antwort	2	0,4
	Gesamt	**519**	**100**
Ich verfolge seitdem gezielter Beiträge über die Außen- und Sicherheitspolitik in den Medien	Ja, trifft zu	216	41,6
	Nein, trifft nicht zu	299	57,6
	Keine Antwort	5	1,0
	Gesamt	**519**	**100**
Ich verfolge seitdem gezielter Beiträge über die Bundeswehr in den Medien.	Ja, trifft zu	205	39,5
	Nein, trifft nicht zu	311	59,9
	Keine Antwort	3	0,6
	Gesamt	**519**	**100**
Ich habe noch einmal den persönlichen Kontakt zur Bundeswehr	Ja, trifft zu	127	24,5
	Nein, trifft nicht zu	390	75,1
	Keine Antwort	2	0,4
	Gesamt	**519**	**100**

Frage 15:

Ich lese Ihnen im Folgenden einige Aussagen über die Bundeswehr vor. Bitte sagen Sie mir, was Sie von folgenden Aussagen halten, ob Sie der Aussage voll zustimmen, eher zustimmen, eher nicht oder überhaupt nicht zustimmen (N=2000).

Aussagen:

- Die Bundeswehr kann die Bundesrepublik und ihre Bevölkerung verteidigen.
- Die Bundeswehr handelt im Rahmen der Gesetze und wird nicht eigenständig tätig.
- In der Bundeswehr werden die Soldaten menschenwürdig behandelt.
- Die Bundeswehr trägt zum internationalen Frieden bei.
- Die Bundeswehr ist eine professionelle Armee.
- Die Bundeswehr ist für ihre Aufgaben gut ausgerüstet.
- Die Soldaten der Bundeswehr tragen bei ihren Auslandseinsätzen zum Ansehen der Bundesrepublik im Ausland bei.
- Bei ihren Auslandseinsätzen handelt die Bundeswehr im Einklang mit den internationalen Organisationen, wie UNO, NATO und EU.

Antworten: stimme voll zu, stimme eher zu, stimme eher nicht zu, stimme überhaupt nicht zu

Aussage	Zustimmung/ Verwerfung	Anzahl	Prozent
Die Bundeswehr kann die Bundesrepublik und ihre Bevölkerung verteidigen.	Stimme voll zu	445	22,3
	Stimme eher zu	942	47,1
	Stimme eher nicht zu	537	26,9
	Stimme überhaupt nicht zu	69	3,5
	Keine Antwort	7	0,4
	Gesamt	**2000**	**100**
Die Bundeswehr handelt im Rahmen der Gesetze und wird nicht eigenständig tätig.	Stimme voll zu	584	29,2
	Stimme eher zu	932	46,6
	Stimme eher nicht zu	420	21,0
	Stimme überhaupt nicht zu	42	2,1
	Keine Antwort	22	1,1
	Gesamt	**2000**	**100**
In der Bundeswehr werden die Soldaten menschenwürdig behandelt.	Stimme voll zu	424	21,2
	Stimme eher zu	934	46,7
	Stimme eher nicht zu	507	25,4
	Stimme überhaupt nicht zu	92	4,6
	Keine Antwort	43	2,2
	Gesamt	**2000**	**100**
Die Bundeswehr trägt zum internationalen Frieden bei.	Stimme voll zu	587	29,4
	Stimme eher zu	1023	51,2
	Stimme eher nicht zu	338	16,9
	Stimme überhaupt nicht zu	46	2,3
	Keine Antwort	6	0,3
	Gesamt	**2000**	**100**

Aussage	Zustimmung/ Verwerfung	Anzahl	Prozent
Die Bundeswehr ist eine professionelle Armee.	Stimme voll zu	406	20,3
	Stimme eher zu	911	45,6
	Stimme eher nicht zu	587	29,4
	Stimme überhaupt nicht zu	80	4,0
	Keine Antwort	16	0,8
	Gesamt	**2000**	**100**
Die Bundeswehr ist für ihre Aufgaben gut ausgerüstet.	Stimme voll zu	462	23,1
	Stimme eher zu	892	44,6
	Stimme eher nicht zu	532	26,6
	Stimme überhaupt nicht zu	82	4,1
	Keine Antwort	32	1,6
	Gesamt	**2000**	**100**
Die Soldaten der Bundeswehr tragen bei ihren Auslandseinsätzen zum Ansehen der Bundesrepublik im Ausland bei.	Stimme voll zu	546	27,3
	Stimme eher zu	992	49,6
	Stimme eher nicht zu	391	19,6
	Stimme überhaupt nicht zu	54	2,7
	Keine Antwort	17	0,9
	Gesamt	**2000**	**100**
Bei ihren Auslandseinsätzen handelt die Bundeswehr im Einklang mit den internationalen Organisationen, wie UNO, NATO und EU.	Stimme voll zu	750	37,5
	Stimme eher zu	1008	50,4
	Stimme eher nicht zu	196	9,8
	Stimme überhaupt nicht zu	23	1,2
	Keine Antwort	23	1,2
	Gesamt	**2000**	**100**

Frage 16:

Was ist Ihre ganz persönliche Ansicht? Soll es in Deutschland weiterhin wie bisher die allgemeine Wehrpflicht geben oder sollte die Bundeswehr in eine Berufsarmee umgewandelt werden (N=2000)?

Antworten: - Die Wehrpflicht wie bisher
- Die Bundeswehr in Berufsarmee umwandeln

Ansicht	**Anzahl**	**Prozent**
Die Wehrpflicht wie bisher	946	47,3
Die Bundeswehr in Berufsarmee umwandeln	1039	52,0
Keine Antwort	15	0,8
Gesamt	**2000**	**100**

Frage 17:

Wie beurteilen Sie einen Mann, der Grundwehrdienst bei der Bundeswehr leistet (N=2000)?

Antworten: positiv, eher positiv, eher negativ, negativ

Beurteilung eines Grundwehr-dienstleistenden	Anzahl	Prozent
Positiv	800	40,0
eher positiv	841	42,1
eher negativ	277	13,9
Negativ	47	2,4
keine Antwort	35	1,8
Gesamt	**2000**	**100**

Frage 18:

Wie beurteilen Sie einen Mann, der als Wehrdienstverweigerer Zivildienst leistet (N=2000)?

Antworten: positiv, eher positiv, eher negativ, negativ

Beurteilung eines Wehrdienst-verweigerers, der Zivildienst Leistet	Anzahl	Prozent
Positiv	735	36,8
eher positiv	800	40,0
eher negativ	320	16,0
Negativ	122	6,1
keine Antwort	23	1,2
Gesamt	**2000**	**100**

Frage 19:

Würden Sie einem Freund raten, zur Bundeswehr zu gehen und
seinen Wehrdienst bei der Bundeswehr zu leisten oder würden Sie ihm raten, den Wehrdienst zu verweigern (N=2000)?

Antworten: - zur Bundeswehr gehen
- Wehrdienst verweigern

Ratschlag	**Anzahl**	**Prozent**
Zur Bundeswehr gehen	1000	50,0
Wehrdienst verweigern	845	42,3
Keine Angabe	155	7,8
Gesamt	**2000**	**100**

Frage 20:

Warum würden Sie ihm den Rat geben, den Wehrdienst zu leisten?
Nennen Sie die drei wichtigsten Gründe.
Befragt werden nur die Probanden, die bei Frage 19 geantwortet haben, dass sie einem Freund den Rat geben, zur Bundeswehr zu gehen (N=1000), Mehrfachantworten sind möglich,

Die 10 am häufigsten genannten Gründe für den Ratschlag	Anzahl	Prozent
Erfahrungen sammeln, etwas lernen	379	37,9
Persönliche Entwicklung, Erziehung, Disziplin, Ordnung, soziales Verhalten	287	28,7
Bundeswehr ist notwendig, Beitrag zur Verteidigungsbereitschaft	205	20,5
Nationale Pflicht	202	20,2
Guter Verdienst, Aufstiegschancen	144	14,4
Überzeugung, Gewissensgründe	142	14,2
Ausbildung, Berufsvorbereitung	117	11,7
Sicherer Arbeitsplatz	110	11,0
Körperliche Ertüchtigung	94	9,4
Sicherung des Friedens, Schutz der Demokratie	59	5,9

Frage 21:

Warum würden Sie ihm den Rat geben, den Wehrdienst zu verweigern?
Nennen Sie die drei wichtigsten Gründe.
Befragt werden nur die Probanden, die bei Frage 19 geantwortet haben, dass sie einem Freund den Rat geben, den Wehrdienst zu verweigern (N=845), Mehrfachantworten sind möglich.

Die 10 am häufigsten genannten Gründe für den Ratschlag	Anzahl	Prozent
Zivildienst ist sinnvoller, gesellschaftlich notwendig	209	29,8
Gegen Militär, Waffen und Krieg als Mittel	206	29,4
Gewissensgründe, persönliche Entscheidung	132	18,9
Wehrdienst ist zu gefährlich	132	18,8
Zu weite Entfernung zum Wohnort und Umfeld	132	18,8
Drill, Autorität u. schlechte Behandlung	128	18,8
Erwartung, dass Zivildienst einfacher ist	106	18,3
Verlorene, vertane Zeit	78	11,1
Zivildienst als Vorbereitung auf das Berufsleben	59	15,2
Finanzielle und berufliche Nachteile beim Bund	58	8,3

Frage 22:

Es sind ja die Ansichten darüber geteilt, ob wir in Deutschland bei der Bundeswehr eine allgemeine Wehrpflicht für junge Männer beibehalten oder ob wir besser eine Berufsarmee haben sollten. Man kann dazu verschiedene Meinungen hören. Einige lese ich Ihnen jetzt vor. Sagen Sie mir bitte zu jeder Aussage, ob Sie ihr persönlich zustimmen oder nicht (N=2000).

Aussagen:

- In einer Berufsarmee werden die Soldaten besser für ihre Aufgaben ausgebildet als die Soldaten in einer Wehrpflichtarmee.
- Die Soldaten einer Berufsarmee sind höher motiviert als Wehrpflichtige.

- Die zukünftigen internationalen und technischen Aufgaben der Bundeswehr können künftig nur von Soldaten einer Berufsarmee erfüllt werden.
- Im Grunde können heute nur noch Soldaten einer Berufsarmee die komplizierten Anforderungen einer modernen Armee erfüllen.
- Eine Berufsarmee kostet den Steuerzahler mehr als eine Wehrpflichtarmee.
- Nur die allgemeine Wehrpflicht garantiert eine junge, moderne und bürgernahe Bundeswehr.
- Eine Bundeswehr mit allgemeiner Wehrpflicht passt besser in unsere Demokratie als eine Berufsarmee, die such leichter von der Gesellschaft isolieren könnte.
- Die allgemeine Wehrpflicht ist im Grunde veraltet, Pflicht der Bürger gegenüber dem Staat ist es, Steuern zu zahlen, nicht aber sein Leben für den Staat einzusetzen.
- Grundwehrdienstleistende besitzen Fähigkeiten, die die Bundeswehr auch im Rahmen der Auslandseinsätze benötigen kann.

Antworten: Stimme zu / stimme nicht zu.

Aussage	**Meinung**	**Anzahl**	**Prozent**
In einer Berufsarmee werden die Soldaten besser für ihre Aufgaben ausgebildet als die Soldaten in einer Wehrpflichtarmee.	Stimme zu	1476	73,8
	Stimme nicht zu	485	24,3
	Ich weiß nicht	37	1,9
	Keine Antwort	2	0,1
	Gesamt	**2000**	**100**

Aussage	Meinung	Anzahl	Prozent
Die Soldaten einer Berufsarmee sind höher motiviert als Wehrpflichtige.	Stimme zu	1489	74,5
	Stimme nicht zu	499	25,0
	Ich weiß nicht	11	0,6
	Keine Antwort	1	0,1
	Gesamt	**2000**	**100**
Die zukünftigen internationalen und technischen Aufgaben der Bundeswehr können künftig nur von einer Berufsarmee erfüllt werden.	Stimme zu	809	40,5
	Stimme nicht zu	1170	58,5
	Ich weiß nicht	17	0,9
	Keine Antwort	4	0,2
	Gesamt	**2000**	**100**
Im Grunde können heute nur noch Soldaten einer Berufsarmee die komplizierten Anforderungen einer modernen Armee erfüllen.	Stimme zu	1035	51,8
	Stimme nicht zu	947	47,4
	Ich weiß nicht	17	0,9
	Keine Antwort	1	0,1
	Gesamt	**2000**	**100**
Eine Berufsarmee kostet den Steuerzahler mehr als eine Wehrpflichtarmee.	Stimme zu	914	45,7
	Stimme nicht zu	889	44,5
	Ich weiß nicht	188	9,4
	Keine Antwort	9	0,5
	Gesamt	**2000**	**100**
Nur die allgemeine Wehrpflicht garantiert eine junge, moderne und bürgernahe Bundeswehr.	Stimme zu	878	43,9
	Stimme nicht zu	1110	55,5
	Ich weiß nicht	11	0,6
	Keine Antwort	1	0,1
	Gesamt	**2000**	**100**

Aussage	Meinung	Anzahl	Prozent
Eine Bundeswehr mit allgemeiner Wehrpflicht passt besser in unsere Demokratie	Stimme zu	933	46,7
	Stimme nicht zu	1043	52,2
	Ich weiß nicht	17	0,9

	Keine Antwort	7	0,4
	Gesamt	**2000**	**100**
Die allgemeine Wehrpflicht ist im Grunde veraltet, Pflicht der Bürger gegenüber dem Staat ist es, Steuern zu zahlen, nicht aber sein Leben für den Staat einzusetzen.	Stimme zu	1050	52,5
	Stimme nicht zu	938	46,9
	Ich weiß nicht	12	0,6
	Keine Antwort	0	0
	Gesamt	**2000**	**100**
Grundwehrdienstleistende besitzen Fähigkeiten, die die Bundeswehr auch im Rahmen der Auslandseinsätze benötigen kann.	Stimme zu	1336	66,8
	Stimme nicht zu	629	31,5
	Ich weiß nicht	29	1,5
	Keine Antwort	6	0,3
	Gesamt	**2000**	**100**

Autor:

Björn Haberer, 1972 in Kiel geboren, trat nach seinem Abitur als Zeitsoldat in die Offizierslaufbahn der Marine ein. Nach seinem Studium der Pädagogik an der Universität der Bundeswehr in Hamburg war er u.a. in Berlin als Jugendoffizier und im Besucherzentrum des Bundesministeriums der Verteidigung (2. Dienstsitz) Berlin tätig. Dabei erhielt er verschiedene Lehraufträge von der Universität der Künste Berlin, der Berliner Humboldt-Universität und der Europäischen Wirtschaftshochschule (ESCP-EAP) Berlin. Nach Ende der Verpflichtungszeit (Enddienstgrad: Kapitänleutnant) war er u.a. Pressereferent und Karrierecoach bei unterschiedlichen Bildungsträgern in Nordrhein-Westfalen und Schleswig-Holstein. Von ihm ist 1998 seine Diplomarbeit „Qualitätssicherung in der Weiterbildung – Konzeptionelle Überlegungen auf didaktischer Grundlage" und 2011 der Ratgeber „Wer Arbeit will, bekommt auch eine" erschienen.
Heute lebt er mit seiner Familie in der Nähe von Kiel.

Carola Hartmann Miles-Verlag

Politik, Gesellschaft, Militär

Uwe Hartmann, *Innere Führung. Erfolge und Defizite der Führungsphilosophie für die Bundeswehr,* Berlin 2007.

Hans Joachim Reeb, *Sicherheitskultur als kommunikative und pädagogische Herausforderung – Der Umgang in Politik, Medien und Gesellschaft,* Berlin 2011.

Hans-Christian Beck, Christian Singer (Hrsg.), *Entscheiden – Führen – Verantworten. Soldatsein im 21. Jahrhundert,* Berlin 2011.

Reiner Pommerin (ed.), *Clausewitz goes global. Carl von Clausewitz in the 21st Century, Berlin 2011.*

Eberhard Birk, Winfried Heinemann, Sven Lange (Hrsg.), *Tradition für die Bundeswehr. Neue Aspekte einer alten Debatte,* Berlin 2012.

Holger Müller, *Clausewitz' Verständnis von Strategie im Spiegel der Spieltheorie,* Berlin 2012.

Angelika Dörfler-Dierken, *Führung in der Bundeswehr,* Berlin 2013.

Cornelia Fedtke, Kai-Uwe Hellmann, Jan Hörmann, *Migration und Militär. Zur Integration deutscher Soldaten mit Migrationshintergrund in der Bundeswehr,* Berlin 2013.

Torsten Konopka, *Afrikanische Wehrsysteme und ihre Entwicklung zwischen 1990/91 und 2011,* Berlin 2014.

Wolf Graf von Baudissin, *Grundwert Frieden in Politik – Strategie – Führung von Streitkräften,* hrsg. von Claus von Rosen, Berlin 2014.

Wolf Graf von Baudissin, *Der Widerstand. „… um nie wieder in die auswegslose Lage zu geraten…“,* hrsg. von Claus von Rosen, Berlin 2014.

Marcel Bohnert, Lukas J. Reitstetter (Hrsg.), *Armee im Aufbruch. Zur Gedankenwelt junger Offiziere in den Kampftruppen der Bundeswehr,* Berlin 2014.

Arjan Kozica, Kai Prüter, Hannes Wendroth (Hrsg.), *Unternehmen Bundeswehr? Theorie und Praxis (militärischer) Führung,* Berlin 2014.

Angelika Dörfler-Dierken, Robert Kramer, *Innere Führung in Zahlen. Streitkräftebefragung 2013,* Berlin 2014.

Phil C. Langer, Gerhard Kümmel (Hrsg.), *„Wir sind Bundeswehr." Wie viel Vielfalt benötigen/vertragen die Streitkräfte?,* Berlin 2015.

Dirk Freudenberg, *Counterinsurgency. Aufstandsbekämpfung als Phase zur Überwindung schwacher Staatlichkeit und zur Etablierung des Aufbaus einer stabilen Nachkriegsordnung?,* Berlin 2016.

Alois Bach, Walter Sauer (Hrsg.), *Schützen.Retten.Kämpfen. Dienen für Deutschland,* Berlin 2016.

Dirk Freudenberg, Stephan Maninger, *Neue Kriege. Sicherheitspolitische Rahmenbedingungen, Mentalitäten, Strategien, Methoden und Instrumente,* Berlin 2016.

Jahrbuch Innere Führung

Uwe Hartmann, Claus von Rosen, Christian Walther (Hrsg.), *Jahrbuch Innere Führung 2009. Die Rückkehr des Soldatischen,* Eschede 2009.

Helmut R. Hammerich, Uwe Hartmann, Claus von Rosen (Hrsg.), *Jahrbuch Innere Führung 2010. Die Grenzen des Militärischen,* Berlin 2010.

Uwe Hartmann, Claus von Rosen, Christian Walther (Hrsg.), *Jahrbuch Innere Führung 2011. Ethik als geistige Rüstung für Soldaten,* Berlin 2011.

Uwe Hartmann, Claus von Rosen, Christian Walther (Hrsg.), *Jahrbuch Innere Führung 2012. Der Soldatenberuf zwischen gesellschaftlicher Integration und suis generis-Ansprüchen,* Berlin 2012.

Uwe Hartmann, Claus von Rosen (Hrsg.), *Jahrbuch Innere Führung 2013. Wissenschaften und ihre Relevanz für die Bundeswehr als Armee im Einsatz,* Berlin 2013.

Uwe Hartmann, Claus von Rosen (Hrsg.), *Jahrbuch Innere Führung 2014. Drohnen, Roboter und Cyborgs – Der Soldat im Angesicht neuer Militärtechnologien,* Berlin 2014.

Uwe Hartmann, Claus von Rosen (Hrsg.), *Jahrbuch Innere Führung 2015. Neue Denkwege angesichts der Gleichzeitigkeit unterschiedlicher Krisen, Konflikte und Kriege,* Berlin 2015.

Uwe Hartmann, Claus von Rosen (Hrsg.), *Jahrbuch Innere Führung 2016. Innere Führung als kritische Instanz,* Berlin 2016.

Schriften zur Geschichte der Deutschen Luftwaffe

Eberhard Birk, Heiner Möllers, Wolfgang Schmidt (Hrsg.), *Die Luftwaffe zwischen Politik und Technik*, Berlin 2012.

Eberhard Birk, Heiner Möllers (Hrsg.), *Luftwaffe und Luftkrieg*, Berlin 2015.

Claas Siano, *Die Luftwaffe und der Starfighter. Rüstung im Spannungsfeld von Politik, Wirtschaft und Militär*, Berlin 2016.

Eberhard Birk, Peter Andreas Popp (Hrsg.), *Luftwaffenoffizier 21. Das Selbstverständnis des Luftwaffenoffiziers zu Beginn des 21. Jahrhunderts*, Berlin 2016.

Eberhard Birk, Heiner Möllers (Hrsg.), *Luftwaffe und Luftverteidigung*, Berlin 2017.

Einsatzerfahrungen

Kay Kuhlen, *Um des lieben Friedens willen. Als Peacekeeper im Kosovo*, Eschede 2009.

Sascha Brinkmann, Joachim Hoppe (Hrsg.), *Generation Einsatz, Fallschirmjäger berichten ihre Erfahrungen aus Afghanistan*, Berlin 2010.

Artur Schwitalla, *Afghanistan, jetzt weiß ich erst… Gedanken aus meiner Zeit als Kommandeur des Provincial Reconstruction Team FEYZABAD*, Berlin 2010.

Uwe Hartmann, *War without Fighting? The Reintegration of Former Combatants in Afghanistan seen through the Lens of Strategic Thought*, Berlin 2014.

Rainer Buske, *KUNDUZ. Ein Erlebnisbericht über einen militärischen Einsatz der Bundeswehr in AFGHANISTAN im Jahre 2008*, Berlin [2]2016.

Standpunkte und Orientierungen

Daniel Giese, *Militärische Führung im Internetzeitalter – Die Bedeutung von Strategischer Kommunikation und Social Media für Entscheidungsprozesse, Organisationsstrukturen und Führerausbildung in der Bundeswehr*, Berlin 2014.

Dirk Freudenberg, *Auftragstaktik und Innere Führung. Feststellungen und Anmerkungen zur Frage nach Bedeutung und Verhältnis des inneren Gefüges und der Auftragstaktik unter den Bedingungen des Einsatzes der Deutschen Bundeswehr*, Berlin 2014.

Uwe Hartmann (Hrsg.), *Lernen von Afghanistan. Innovative Mittel und Wege für Auslandseinsätze*, Berlin 2015.

Fouzieh Melanie Alamir, *Vernetzte Sicherheit – Quo Vadis?*, Berlin 2015.

Hartwig von Schubert, *Integrative Militärethik. Ethische Urteilsbildung in der militärischen Führung,* Berlin 2015.

Uwe Hartmann, *Hybrider Krieg als neue Bedrohung von Freiheit und Frieden. Zur Relevanz der Inneren Führung in Politik, Gesellschaft und Streitkräften,* Berlin 2015.

Klaus Beckmann, *Treue.Bürgermut.Ungehorsam. Anstöße zur Führungskultur und zum beruflichen Selbstverständnis in der Bundeswehr,* Berlin 2015.

Florian Beerenkämper, Marcel Bohnert, Anja Buresch, Sandra Matuszewski, *Der innerafghanische Friedens- und Aussöhnungsprozess,* Berlin 2016.

Martin Sebaldt, *Nicht abwehrbereit. Die Kardinalprobleme der deutschen Streitkräfte, der Offenbarungseid des Weißbuchs und die Wege aus der Gefahr,* Berlin 2017.

Militärgeschichte

Peter Heinze, *Bundeswehr „erobert" Deutschlands Osten,* Berlin 2010.

Dieter E. Kilian, *Adenauers vergessener Retter – Major Fritz Schliebusch,* Berlin 2011.

Ingo Pfeiffer, *Gegner wider Willen. Konfrontation von Volksmarine und Bundesmarine auf See,* Berlin 2012.

Dieter E. Kilian, *Kai-Uwe von Hassel und seine Familie. Zwischen Ostsee und Ostafrika. Militär-biographisches Mosaik,* Berlin 2013.

Peter Heinze, *Berliner Militärgeschichten,* Berlin 2013.

Ingo Pfeiffer, *Seestreitkräfte der DDR,* Berlin 2014.

Ulrich C. Kleyser, *Lazare Carnot. "Le Grand Carnot". Ein Charakterbild,* Berlin 2016.

Eberhard Kliem, Kathrin Orth, *"Wir wurden wie blödsinnig vom Feind beschossen". Menschen und Schiffe in der Skagerrakschlacht 1916,* Berlin 2016.

Eberhard Birk, *"Auf Euch ruht das Heil meines theuern Württemberg!". Das Gefecht bei Tauberbischofsheim am 24. Juli 1866 im Spiegel der württembergischen Heeresgeschichte des 19. Jahrhunderts,* Berlin 2016.

Eckhard Lisec, *Der Unabhängigkeitskrieg und die Gründung der Türkei 1919–1923,* Berlin 2016.

Hans Frank, Norbert Rath, *Kommodore Rudolf Petersen. Führer der Schnellboote 1942–1945. Ein Leben in Licht und Schatten unteilbarer Verantwortung,* Berlin 2016.

Erinnerungen

Blue Braun, *Erinnerungen an die Marine 1956–1996,* Berlin 2012.

Harald Volkmar Schlieder, *Kommando zurück!,* Berlin 2012.

Reinhart Lunderstädt, *Aus dem Leben eines Hochschullehrers. Persönlicher Bericht,* Berlin 2012.

Wulf Beeck, *Mit Überschall durch den Kalten Krieg. Mein Leben für die Marine,* Berlin 2013.

Jan Becker, *Aufgewühltes Wasser,* 3 Bde., Berlin 2014.

Klaus Grot, *So war's, damals. Dienstchronik eines Pionieroffiziers im Kalten Krieg 1954–1991,* Berlin 2014.

Gustav Lünenborg, *Bürger und Soldat. Innere Führung hautnah 1956–1993, 1993–2015,* Berlin 2015.

Rainer Buske, *Eine Reise ins Innere der Bundeswehr. Wundersame Geschichten aus einer anderen Welt,* Berlin 2016.

Romane

Christoph Karich, *Bewährung im Grünen Meer,* Berlin 2009.

Robert B. Thiele, *Die Treuhänderin,* Berlin 2012 (als Taschenbuch 2013 erschienen mit dem Titel "Der General").

B. Canth, *Bleckwedel und die Schwester des Mädchens, das unter der Planierraupe starb,* Berlin 2015.